精弘文丛

新時代『枫桥经验』及其治理法治化

以检察监督为重心

主　编：石东坡
副主编：金一超

中国法制出版社
CHINA LEGAL PUBLISHING HOUSE

前言

根植实践，萃取法理

《中共中央关于党的百年奋斗重大成就和历史经验的决议》全面总结了党的百年奋斗重大历史成就和历史经验，其中充分肯定了党着眼于国家长治久安、人民安居乐业，建设更高水平的平安中国取得的成效。坚持、贯彻党的群众路线，坚持、发展“枫桥经验”，创新社会治理实践，展现其历久弥新的活力、效力和魅力，是新时代平安中国建设的必由之路。新时代“枫桥经验”是党组织领导的城乡基层治理体系的形象表达，是公众积极参与、多方依法协同、防范化解矛盾、安全正义和谐等多要素一体化的集中概括。发展中的新时代“枫桥经验”，在增强城乡韧性、促进社会和谐、实现公众权益的理念、制度和机制等方面内涵不断充实、形式更为丰富，楼宇党建、议事夜话、风险评估、合法性审查全覆盖、线上纠纷解决机制、志愿服务模块化聚合等行动生动地映现了内生性、能动性和实效性的演进机理，在社会化、法治化、智能化和专业化的进程中不断累积和发挥着民主、科学和法治的含量与力量。

以浙江省诸暨市枫桥为发源地的新时代“枫桥经验”社会治理不断满足人民群众对民主、法治、公平、正义、安全、环境等日益增长的尊严要求、品质要求、权益要求，在实践样态上“从1到N”、由一到多，在功能层级上从预防化解到参与监督，再到建设服务，在成果产出上涌现出“三治融合”“余村经验”等一系列有益做法。以此为基础，浙江提出奋力打造社区治理创新省域示范，“十四五”时期，完善党领导下的社区治理制度，着力构建“一元多方”的社区治理新格局；进一步深化数字化改革，着力建立精密智控与精准服务相结合的基层智慧治理体系；进一步加大未来社区建设试点、城乡社区治理与服务创新实验区工作力度，打造有归属感、舒适感和未来感的新型城市功能单元；进一步推进“五治一体”的农村社区治理创新发展。

历史地看，西方近代以来伴随着工业化、城镇化，个体原子化和社会碎片化似乎是不可避免的，并且是相互作用的，而维持社会黏性的常数在告别农耕文明之际付之阙如，既有社会规范及其调控在“国家—社会”“政府—市场”“权力—资本”的二元分置中缺乏整合效能，这尽管在某种意义上使得“法治化”成为可能和必然，但是社会裂解、病灶持续的问题本身并未消解。而在我国，不论是“元治理”的统筹总揽，还是“网（格化）治理”的经纬联动，都是在织就有温度的社会，以“社”而“会”，由“会”成“社”，建设社会矩阵网络，搭建“争端解决场景”，疏浚个体与社会之间良性互动机制，强化个体的自我成就与社会意识的双重面向，增进人际关系的粘合度、亲和力与互助性，赋予人的社会关怀、社会支持，实现人的社会担当、社会价值。矛盾纠纷这些客观上不能禁绝的社会冲突，绝不是要以诉讼审判为唯一介入方式，更不能听之任之、酿成恶果。“多一个球场，少一个赌场”“话有人来听，理有地方讲”“矛盾可调处，事商量着办”“平安不出事，服务不缺位”，这些真实写照和群众口碑表明，以人民群众实践首创精神为动力，活化和拓展参与、表达、协商、共建、共治、共享的组织形式、制度渠道和平台载体，“枫桥经验”的诸多应用实践推进着从社会治理到社会建设、从社会安全到社会活跃、从韧性社会到和谐社会、从传统社会到法治社会的渐次发展。

所以，对“枫桥经验”及其社会治理实践的研究，就是对我国转型发展中基层基础何以安全、稳定、和谐与进步的“解密”和“解码”，就是对社会演进、社会团结、社会调适及在此过程中良法善治的萌发、生根与实效的追问与探寻，就是要在这样的基层治理故事中发现和抽取中国原生型法治与社会发展互动联动的事理乃至于法理。以《枫桥经验：基层社会治理的实践》

《“枫桥经验”的理论构建》《新时代“枫桥经验”检察实践案例精选》等为标志[①]，这一研究在实证解析与理论归纳及其再探索上久久为功、笃行笃实。近年来，在历史发展上，有学者在制度建构、主体生成、历史发展和政治保障等四个方面对“枫桥经验”及其法治化进程进行了归纳。[②]有学者提出“枫桥经验”“是我们党探索社会主义建设规律和党的执政规律的一面旗帜和一个标杆。”[③]有学者将“枫桥经验”划分为产生、发展和创新三个阶段，归纳为七个要素。[④]在法理内涵上，有学者对“枫桥经验”的核心要义、价值属性与时代意义再度进行阐发。[⑤]有学者指出“枫桥经验”与基层社会韧性治理理论互融互通。[⑥]在要素资源上，有学者在社会规范层次提出“枫桥经验”的制度供给方面，村规民约、各类社团章程等作用突出，可以和应当进行习惯调查，推动社会规范显性化。[⑦]有学者在组织重塑层次提出整合党政组织、规范村级组织、发展社会组织这三种再组织化的途径并辅之以互联网信息科技的整合。[⑧]有学者提出“枫桥经验”实现与深化的障碍是农村事务治理存在形式化、内卷化的局限。应当促使基层组织治权与治责大致匹配，与科层部门形成合作共治结构。[⑨]有学者提出以数字经济为支撑、以人文治理为基

---

① 汪世荣主编：《枫桥经验：基层社会治理的实践》，法律出版社2008年1版、2018年2版。中国法学会“枫桥经验”理论总结和经验提升课题组：《“枫桥经验”的理论构建》，法律出版社2018年版。贾宇主编：《新时代“枫桥经验”检察实践案例精选》，浙江人民出版社2019年版。

② 雷树虎：《“枫桥经验”发展演进的四重逻辑——从毛泽东到习近平》，《科学社会主义》2020年第3期。

③ 杨明伟：《“枫桥经验”的历史来源和现实启示——毛泽东、习近平关注的一个重大问题》，《毛泽东邓小平理论研究》2018年第9期。

④ 金伯中：《“枫桥经验”的历史性贡献与重要启示》，《公安学刊（浙江警察学院学报）》2021年第5期。

⑤ 张文显：《新时代“枫桥经验”的核心要义》，《社会治理》2021年第9期。

⑥ 徐柳怡、汪涛：《“枫桥经验”在韧性社区应急治理中的运用研究》，《领导科学论坛》2021年第9期。

⑦ 汪世荣：《“枫桥经验”视野下的基层社会治理制度供给研究》，《中国法学》2018年第6期。

⑧ 刘开君、卢芳霞：《再组织化与基层社会治理创新——以“枫桥经验”为分析案例》，《治理研究》2019年第5期。

⑨ 刘锐：《事务结构、条块互动与基层治理——农村网格化管理审视》，《贵州社会科学》2020年第4期。

础纳入其结构要素。[①]在功能实效上，有学者进行了调查研究；[②]同时，也有学者对诉源治理的某些方式可能出现的伦理、法治等风险进行了反思。[③]在机制形态上，有学者提出“网上枫桥经验”，即中国的ODR（Online Dispute Resolution，线上争端解决机制）实现了非司法ODR的多元共建与源头治理。[④]在完善推广上，有学者提出，应将标准化和法治化相结合。[⑤]若干省市立法促进形成矛盾纠纷有效化解体系。如2021年6月2日，《江西省矛盾纠纷多元化解条例》表决通过。[⑥]有学者认为，“枫桥经验”作为预防性法律制度体系的核心内容。[⑦]有学者提出，预防性法律制度是为防范各类矛盾纠纷发生而制定的一系列法律规范和制度。还有学者提出，预防性法律制度的理念源起于“枫桥经验”，是制度化和规范化的“枫桥经验”。[⑧]有学者坦率、真诚地提出应将其提炼为“枫桥理论”，使之理性化、集成化、体系化。[⑨]

纵观“枫桥经验”研究历程与现状，历史学、政治学、社会学、法理学、法史学和司法学等领域均有触及，时断时续、起起伏伏，研究议题的稳定性、持久性与纵深性均待加强。学科疆域与学科融合是对立统一的，并非只有固守研究分科才会有所谓的深度，并非运用多科知识就一定会有真正的厚度，其关键在于多维度地深刻解析该研究对象，揭示其内在的特质、客观的规律、可能的意义与必要的限度。毕竟，新时代“枫桥经验”是复合的、

---

① 虞伟庆：《“枫桥经验”的本质及创新发展》，《民主与法制时报》2021年9月9日第5版。

② 黄兴瑞：《新时代“枫桥经验”视野下社会稳定风险防控机制研究》，《中国人民公安大学学报（社会科学版）》2019年第2期。

③ 周苏湘：《法院诉源治理的异化风险与预防——基于功能主义的研究视域》，《华中科技大学学报（社会科学版）》2020年第1期。

④ 韩烜尧：《论中国的线上纠纷解决机制（ODR）——“网上枫桥经验”的探索与发展》，《首都师范大学学报（社会科学版）》2021年第2期。

⑤ 褚宸舸：《基层社会治理的标准化研究——以“枫桥经验”为例》，《法学杂志》2019年第1期。

⑥ 潘剑锋：《完善预防性法律制度》，《人民日报》2021年1月19日第9版。

⑦ 靳昊、褚宸舸：《将“枫桥经验”作为预防性法律制度体系的核心》，《光明日报》2020年12月14日第5版。

⑧ 刘军：《预防性法律制度的理论阐释与体系构建》，《法学论坛》2021年第6期。

⑨ 王杰、曹兹纲：《乡村善治可持续的路径探索与理论启示：来自“枫桥经验”的思考》，《农业经济问题》2021年第1期。

开放的。不同发展阶段、不同治理层级、不同社会领域的诸多“枫桥经验”鲜活样本的要素机制各有侧重、表现形式各有千秋。当然，在其主旨、原则和目标上，则是具有共性、有着自身的质的规定性。群众路线，自律自治，理性交涉，法理汇通，便捷低廉，公德公序，这些毫无疑问是一脉相承、恒久如一的。对“枫桥经验”的解剖，是理解社会、理解治理、理解法治的钥匙或门径。

职是之故，《新时代“枫桥经验”及其治理法治化：以检察监督为中心》以“根植实践，萃取法理”为立足点，以习近平法治思想关于新时代“枫桥经验”的重要论断为基点，紧密围绕新时代“枫桥经验”社会治理及其法治化加以观察、参悟和解读，求取法治之基、法治之知、法治之理，即我国社会治理实践孕育的“法理”。《礼记·大学》有云：“致知在格物，物格而后知至。”实事求是，源物究理。“知”与“物”合一，则具有其客观性、规律性和真理性。所知为真，则“知”即为“道”，表述为“理”；起而行之，知行合一，奉“道”循“理”，信守践行，则“道理”就被尊为天理、事理、义理、常理乃至于情理，就被赋予价值性、规范性与基准性，即成为某社会历史阶段的可能的“法理”，就不仅具有其实在性，而且具有其正当性甚至伦理性。所以，在法之源，“事”与“法”之间是决定与被决定的关系；在法之中，“律”与“理”之间是表现与被表现的关系。“法理”，是“法之道”，是法律规范、法律言说的“源代码”，是法律之治乃至良法善治的“结晶体”。法理，尽管进入法之中，但却导源于法之外，在事之中，实乃事与法的媒介、理与法的桥梁，是法与律的连通。由此，“法理”方在渊源与内涵上“凝结了法的价值、法的美德、法的传统、法的通理、法的公理等”，在形式与功能上“呼应着法的理论、法的实践、法的历史、法的精神”[①]。

石东坡

于天竺书房

① 张文显：《法理泛在：法理主题致辞集》，法律出版社2020年版。

目录

新时代“枫桥经验”

社会治理法治化

检察监督新作为

新时代“枫桥经验”

总体国家安全观引领下的“枫桥经验”再解读*

余潇枫**

摘　要：习近平新时代中国特色社会主义思想包含以人民安全为宗旨的总体国家安全观。总体国家安全观在形态实质上是一种“场域安全”，在价值取向上是一种“共享安全”，是确保人民“安全感”获得的总方针，并为社会安全的范式建构与“枫桥经验”的范式转型提供了新的价值指向。“安全感”的获得是一个社会和谐与否及文明与否的基础性标志。“枫桥经验”的理论范式转型，要凸显的是总体国家安全观的指导，安全的“主体”“客体”和“主体间”相互关联的整体逻辑架构，使“安全感”的获得与保障成为社会安全的标志，“场域安全”的建构成为社会安全的实质，“共享安全”的实现成为社会安全的根本途径。

关键词：总体国家安全观；枫桥经验；安全感；场域安全；共享安全

坚持总体国家安全观，是习近平新时代中国特色社会主义思想的重要内容。总体国家安全观强调以人民安全为宗旨，政治安全为根本，统筹外部安全与内部安全、国土安全和国民安全、传统安全和非传统安全、自身安全与共同安全，这为社会安全的范式建构与“枫桥经验”的范式转型提供了新的价值指向。“枫桥经验”，是我国社会安全治理的一个样板，这个样板随着我国的发展历程，经历了风风雨雨的考验，在21世纪的今天仍然是引领平安

---

* 国家自然科学基金重点项目（71734002）。

** 余潇枫（1957-），男，浙江宁波人，浙江大学非传统安全与和平发展研究中心教授、博士、博士生导师，研究方向为哲学、伦理学和非传统安全理论。

中国建设的一面旗帜。但“枫桥经验”在新时代需要实现实践与理论范式的转型与提升。实践范式转型在于强调安全治理从“消极安全”转向“积极安全”[①]；理论范式提升在于凸显总体国家安全观的指导，构建以“安全感”为标志、“场域安全”为实质、“共享安全”为实现路径的社会安全治理新体系。

一、“安全感”：社会安全的标志

什么是安全？我们从感性体验的角度不难找到对安全的最一般表述，即“没有危险”“没有受到威胁”“没有感到恐惧”；安全的完整表述是：身体无伤害，心理无损害，财产无侵害，社会关系无迫害，生存环境无灾害。在学理上，我们把“没有‘五害’的安全状态”概括为无“生存性焦虑”与“本体性不安全”。在现实中，安全是众多要素的组合，除了客观安全、主观安全的维度，还存有“主体间”安全的维度，即安全的理想状态是“客观上没有外在威胁，主观上没有内在恐惧，主体间没有相互冲突”。没有外在威胁强调的是“安全性”的保障，没有内在恐惧强调的是“安全感”的获得，没有主体间冲突强调的是“去安全化”[②]的成功。由于人是安全的行为主体，无论是“安全性”的保障还是安全问题的消解，“安全感”的获得、保障与可持续，才是主体安全的根本。即使遭遇有上述不安全的“五害”处境，一个有坚定信仰的人依然会“没有恐惧”，安全感在实质上就是没有恐惧感。对国家行为体来说，安全是由“安全性”“安全感”“安全化”三个维度构成的立体复合体系，国家的安全功能是通过消除客观威胁来保障社会的“安全性”，通过平安建设来提升人的“安全感”，通过减少或化解冲突来实现社会安全的有效治理，而人的“安全感”的获得（“恐惧感”的消解）既离不开“安全性”的保障又离不开“冲突性”的消解，所以“安全感”的获得是社

---

① 参见余潇枫：《安全治理：从消极安全到积极安全——“枫桥经验”五十周年之际的反思》，《探索与争鸣》2013年第6期，第44-47页；《新华文摘》2013年第18期，第8-11页。

② 国际安全研究的哥本哈根学派认为，安全具有社会建构的特性，“安全化”（securitization）过程是通过政治程序等使得公共问题上升为安全问题（成为政府决策中的安全议题），而“去安全化”（desecuritization）则是使得安全问题转变为公共问题并得到消解的过程。

会安全的关键性标志。这就需要国家把人民的安全感作为社会安全的重要内容进行考量，通过新的安全范式的构建，实现转型期的社会平稳与人际和谐。

我国的国家安全总方略是：“坚持总体国家安全观，以人民安全为宗旨，以政治安全为根本，以经济安全为基础，以军事、文化、社会安全为保障，以促进国际安全为依托，走出一条中国特色国家安全道路。”①每一个国家都有其国家安全观，但中国在国家安全观前加上了前置词“总体”，则体现了中国领导人解释与改造世界的“整体观”与“系统思维”，体现了国家对人民的安全要进行全方位维护的立场与价值取向。在理论上，“总体安全”即具有“广义”性质的安全，强调“总体”也就是强调要从广义的角度把与国家安全相关的构成要素、影响因素理解为一个复合的大系统，统筹考虑国际与国内、国土与国民、传统与非传统、安全与发展、自身与共同之间的安全关系，走出一条与西方国家不同的国家安全建设道路。

从广义上看，“总体国家安全观”反映了由“价值安全—体制安全—状态安全—结构安全—共享安全”为组合的国家安全总图景，勾画了支撑社会民众“安全感”的普遍安全理想。“以人民安全为宗旨”揭示出总体国家安全是作为一种以人的安全为本质追求的“价值安全”，是一切其他安全的目的性所在。“以政治安全为根本”揭示出总体国家安全是作为一种政治导向型的“体制安全”。安全是一种政治，政治安全是政治中的政治，稳定的体制能确保政治权力的平稳与政治决策的可持续。“以经济安全为基础”揭示出总体国家安全是作为一种条件与可能的“状态安全”，是保障国家安全与服务于其他领域安全的可能条件。“以军事、文化、社会安全为保障”揭示出国家安全是作为一种关系交互与动力关联的“结构安全”，是保障国家安全必要的关联性条件。“以促进国际安全为依托”揭示出总体国家安全还是作为一种开放、共同、和合、平等、可持续的“共享安全”，表明国际社会是共生的、共和的、共创的，共享安全是国家安全促进国际安全的依托所在。

---

① 参见习近平：《坚持总体国家安全观 走中国特色国家安全道路》，http://www.xinhuanet.com/politics/2014-04/15/c_1110253910.htm，访问日期：2017年11月18日。

从总体国家安全观的广义视角重新思考“枫桥经验”，可以对“枫桥经验”的内涵作更为本质的理解。“枫桥经验”在经历55年的发展完善中具有普适性意义，那就是推行“以人为本、以安为上”的价值准则，丰富社会公共产品与保障人的安全感，在维稳与维权相结合的基础上，达成社会平安与民生改善的最大实效与可能。

无论是20世纪50年代的“小事不出村，大事不出镇，矛盾不上交”，还是21世纪初的“群众办事不出村，矛盾调解不出村，信息咨询不出村，致富求助不出村”[①]，抑或近几年在“枫桥经验”基础上形成的“网络化管理，组团式服务”“大调解、大综治”“绿、黄、红‘三色预警’”“人口流动‘互适化’管理”等一系列有效可行的基层社会治理经验，都体现了对人的“生存性焦虑”与“本体性不安全”的最大限度地消解，以保障人们“安全感”的获得与提升。

在新时代，“安全感”是人民群众对美好生活向往的最基本需求，也是社会安全的核心内容。“安全感”是“安全梦”的本质象征，而“安全梦”又是“中国梦”的第一景。只有重视“安全感”的保障与提升，才能更好地树立“安全发展”的理念，才能更好地弘扬“生命至上、安全第一”的思想。从世界范围来看，当前各国对“和平与发展”的追求使得爆发世界性战争的可能性趋小，但各类非传统安全威胁（恐怖主义、移民难民、金融危机、环境恶化、网络安全问题、气候变暖威胁等）的挑战却切切实实地导致了许多国家民众的安全感下降，引发了世界新的“安全感”危机。从国内发展来看，人民日益增长的美好生活需要和不平衡不充分的发展之间的矛盾体现在社会的各个方面，而由错综复杂因素导致的“安全感”的下降越来越成为社会安全缺失的重要标志与社会危机爆发的重要缘由。因而，在总体国家安全的广义视角下来总结55年的“枫桥经验”，“枫桥经验”给我们的重大启示是：“安全感”是社会安全的基本心理支撑，也是需要政府为主导来供给民众的

---

① 指设立各类“便民服务”的办事机构，推行群众服务代办制等。参见裘斌、孙新强：《“四不出村”：基于“枫桥经验”的乡村治理拓展与创新》，《公安学刊（浙江警察学院学报）》2013年第3期，第99–103页。

特殊的“社会公共产品”。全球化与逆全球化导致的“风险社会”最需要打造的就是民众的“安全感”。社会学家乌尔里希·贝克曾指出：在风险社会，“我饿”的人越来越少，但却因潜在性危机或威胁的“我怕”的人越来越多。所以要确保“人民安居乐业、社会安定有序、国家长治久安”，就必须在确保民众获得“安全感”上下功夫。只有让民众获得没有“我怕”的安全感，才是实现社会平安的重要标志，只有让全社会来共享新时代的普遍安全，才能更好地满足人民对社会安全与美好生活向往的需求。在这一意义上，“枫桥经验”在新时代仍有着其值得总结与推广的价值。

二、“场域安全”：社会安全的实质

现实中，社会关系决定人的本质属性，人与国家均处在“地缘场域”“利益场域”和“社会心理场域”之中，安全则是场域关系的一种构型与状态。“场域安全”是指处在复合关系状态下的“总体性安全”，或者说“场域安全”范畴强调的安全不是一种单一的事件、局部的应对、技术性的防控、随机式的应急；而是复合的场景、整体的趋势、价值性的考量与全景式的维护等，从而较好地揭示了社会安全的“整体性”“交织性”“网状性”特征。

“场域”是一个超越“场”的物理学意义的人文社会科学用词。“由‘场’的概念拓展到‘场域’的范畴，除物理时空中的关系特征与状态外，还叠加了人的活动所表现出来的某种时空集聚状态与社会某种专有活动性质。在安全研究中，‘场域’范畴较之‘场’的概念更好地表征了安全要素构成的社会关系的集合特征”[①]。布尔迪尔认为，“场域”不是一般的时空组合，而是一种特定的社会关系网络，它为人们寻究经验事实背后的关系性逻辑提供了新的分析工具[②]。马克思强调，人的本质是社会关系的总和。行为者进入交织着

---

① 参见余潇枫：《非传统安全治理能力建设的一种新思路——“检验检疫”的复合型安全职能分析》，《人民论坛·学术前沿》2014年第5期（上），第80–89页。

② 戴维·斯沃茨：《文化与权力：布尔迪尔的社会学》，陶东风译，上海译文出版社2006年版，第138页。

社会关系的“场域”，也就开启了人的价值重塑的实践过程，一切社会身份、社会知识、社会价值都在社会关系的交织中交汇、碰撞、冲突或融合，行为者既接受场域的先在规则，也在此基础上形成新的“场效应”，从而使得场域兼具“结构性”和“生产性”两种特征①。

“场域安全”思维的确立，能较好地避免“碎片化”的安全认知，有效进行“关联性安全风险”的防控，特别是对以往较少重视的“跨界安全问题”“代际安全问题”“虚拟安全问题”会被纳入安全议程进行总体考虑。在“场域安全”思维中，谁的安全？何种威胁？谁维护安全？如何维护安全？这些问题被整合为一体进行考察，避免了安全问题因地域、领域的不同而进行“离散化”的处理，甚至面对国内安全问题国际化、国际安全问题国内化的现实，有着更好的统筹性认识与系统性应对。

总体国家安全观是“场域安全”思维的较好体现，因为“总体国家安全观”超越了传统安全思维中发展与安全两分、军事安全与非军事安全对立、国土安全与国民安全双开的情况，而且还统筹了国内自身安全与国际共同安全的两难。总体国家安全观体现出了中国人对安全追求、国家安全追求与安全文明追求的当下“适然性”。总体国家安全观要求我们，从整体的角度，必须综合研判国家安全形势并避免以偏概全；从复合的角度，必须厘清并准确把握安全的主要矛盾和矛盾的主要方面；从系统的角度，必须深刻认识并把握各安全领域间的相互关联；从立体的角度，不仅要关注陆地、本土安全，还要关注太空、深海、极地等安全，不但要关注具体的安全利益，而且要关注抽象的网络空间利益，不仅要关注现实安全，还要关注长远安全与代际安全；从主动的角度，必须积极预先地塑造安全环境、应对安全威胁而避免被动应付②。

提出“场域安全的目的是要强调运用场域思维的方式来考察安全，把安全看作一种具有整体性、交织性、强弱性、动态性的‘效应’，继而对安全

---

① 参见袁小平：《“镶嵌”与“脱域”——对格兰诺维特镶嵌观的再认识》，《南通大学学报（社会科学版）》2014年第6期，第116–120页。

② 参见孟祥青：《总体国家安全观：我国国家安全观的新里程碑》，http://www.81.cnjwgz2016-01/22/content_6866206.htm，访问日期：2017年11月18日。

的维护也会具有更为合理与有效的筹划与实施”[①]。如果按照“场域安全”思维重新理解“枫桥经验”，“枫桥经验”较之于以往将会更好地凸显其新时代的丰富性。

在“枫桥经验”形成之初，如果说农业的旗帜是“大寨”，工业的旗帜是“大庆”，那么“枫桥经验”则是我国“政法战线”中的一面旗帜。随着社会的发展，如果仅仅把“枫桥经验”局限在一般“治安”意义上的样板，那么我们最多只能是在社会维稳层面来拓展“枫桥经验”，而在与“风险”和“威胁”紧密关联的“紧急事件”“信访事件”“群体性事件”“危机性事件”频发的当下，我们会把更多的精力放在“管控”“管制”“管治”的刚性式表面维稳中，而不是在完善法律、改善体制、调整政策、改变决策、提升素质、促进发展的柔性式深度上下功夫。至今，我们有必要运用“场域安全”思维对“枫桥经验”进行再思考，拓展“治安”上的综治为“平安”上的建设，提升“上访”中的应急为“法治”上的疏导，转变“维稳”上的投入为“维权”上的保障，让“枫桥经验”成为平安中国建设、法治中国建设、美丽中国建设的旗帜，成为人的安全维护、人的权利维护、人的环境维护的综合样板。

在我国社会转型期，社会发展的不充分与不平衡，社会稳定的不持久与不确定，使得安全现实十分复杂，安全因素相互交织，安全的施动者与受动者角色不断转化或多重化，社会安全态势不确定性增加。因而在“场域安全”的视角下，安全不仅有着其自身的重要意义，而且有着“安全与发展”“安全与平等”“安全与正义”“安全与质量”“安全与自由”等的复合意义。党的十九大报告强调，实现有效安全治理的根本途径是“完善国家安全制度体系，加强国家安全能力建设”，可见“安全制度”与“安全能力”是“场域安全”维护的主要方面与主导力量。目前面对“低政治”内容的非传统安全问题的大量凸显，加之非传统安全的“不对称性”“不确定性”“不单一性”“不易控性”特征，我国政府在应对非传统安全威胁挑战中仍存在诸多

① 参见余潇枫：《非传统安全治理能力建设的一种新思路——“检验检疫”的复合型安全职能分析》，《人民论坛·学术前沿》2014年第5期（上），第80–89页。

不足：如安全理念单一、安全体制离散、安全应对低效、安全评估缺少、安全能力缺项、安全研究滞后等。即使就“枫桥经验”的发源地来看，新的矛盾、新的问题、新的难题也都在考验与挑战“枫桥经验”本身。

从“场域安全”的总体角度来思考与建构社会安全治理体系十分必要。社会安全治理需要有理念、法律、制度、组织、队伍、条件诸要素的综合配制与运用。在“枫桥经验”基础上建立起来并在浙江各地开花的“全科网格”制度是一种特别形式的“场域安全”的维护方式。“全科网格”制度是社会综治的新尝试，即“将行政执法、环境保护、安全生产监管、食品药品监管等社会管理服务事项纳入网格，统筹职能、力量、资源和经费，实现全网覆盖，发挥综合性功能，打破原来各自为政局面”，目前浙江“深化网格建设，拓展网格功能，各地在行政村、城市社区以下统一划分了10.9万个网格，真正构建起一张无交叉、无重复无缝对接的基层治理网”[①]。当然“全科网格”制度的拓展与推广还有待于实践来验证，但“场域安全”视域下的社会安全治理新模式则十分值得探索。

三、“共享安全”：社会安全的实现路径

社会安全是最基本的、无排他性的公共产品，它的根本属性是行为体置身生存的共同体中没有“恐惧”或“生存性焦虑”。不管社会共同体存在多少差异，“共享安全”也可以使共同体成员获得充分的“安全感”而使其“恐惧”或“生存性焦虑”降至最低。人们融入社会共同体，追求的是生存的归属与安全的归属，在确保生存与安全的基础上再寻求发展。因而，“共享安全”是社会稳定与和谐的前提，也是生活平安与工作顺利的保障。如果安全不能共享，那么“社会稳定与和谐的前提”与“生活平安与工作顺利的保障”都不可持续。

“共享安全”强调的是安全的“共”和“享”。我们生存的是一个“共存”“共生”“共有”的社会，社会化的大生产把人们紧紧地组织在一个相互

① 参见陈东升、王春、李翔：《打造“枫桥经验”升级版》，http://epaper.legaldaily.com.cnfzrbcontent/20170329/Articel01003GN.htm，访问日期：2017年11月18日。

联系的“场域”之中，人们不可能在复杂的社会互动中建立起“安全孤岛”。在全球化时代，威胁是共有的，特别是涉及空气、水、食品、药品等的安全问题，往往是超越一切时空的。即使家家装上防盗门、防盗窗、防盗铃，但不安全的风险与威胁是防不胜防的，个人与家庭面对社会整体性风险是无能为力的。生存资源能否“共有”，生存条件能否“共依”，生活方式能否“共存”，生存发展能否“共向”，都是达成行为体“共享”的社会条件。所以，在“共存”“共生”“共有”的社会中，“共建、共创、共享”才是安全维护的实现之道。“共享安全”的现实可行性体现在：“共建主体的多元复合性、共建内容的开放互联性、共建目标的互惠共赢性、共建领域的交叉广泛性、共建形式的多种多样性、共建行动的积极建设性、共建战略的和合与非对抗性。”①

总体国家安全观在价值取向上是一种“共享安全”观。总体国家安全观强调以人民安全为宗旨，这其实是从根本上强调了“你安全我才安全，我安全你才安全”的普遍“共享性”。在国家之间的交往中，安全的“共享性”也是镶嵌于“共同安全、综合安全、合作安全、可持续安全”之中的。党的十九大报告在提出“两个一百年”目标的同时，也提出了“构建人类命运共同体”的伟大目标，其价值要旨是“坚持共建共享，建设一个普遍安全的世界”，因此，“中国主张，各国走和平发展道路，树立共同、综合、合作、可持续的安全观，共同营造公道正义、共建共享的安全格局。这是中国在国家安全与国际安全领域对世界贡献的中国方案和中国智慧”②。

“共享安全”的基本内涵有：以人的生命为价值基点、以人类共和为价值原则，以互信合作为实现路径、以共赢共享为价值目标③。总体国家安全观的“共享安全”价值取向对社会安全认知有重大指导作用。从基层社会治理

---

① 参见余潇枫：《共享安全：非传统安全研究的中国视域》，《国际安全研究（英文版）》2015年第2期，第41页。

② 参见刘江永：《可持续安全观是照亮世界和平的一盏明灯》，http://theory.people.com.cn/n1_0316/c40531-29148225.html，访问日期：2017年11月18日。

③ 参见余潇枫：《共享安全：非传统安全研究的中国视域》，《国际安全研究（英文版）》2015年第2期，第41页。

角度看，“枫桥经验”对社会安全维护的根本意义是“主体间”的“共享安全”。“枫桥经验”形成之初，枫桥人用“合伦理”与“合情理”的“主体间”互动，以安全的“说理”方式把“阶级矛盾”化解于基层；“枫桥经验”发展之时，枫桥人用“伦理参加”与“心理调适”的“情理型治理”（调解为主）以补充中国社会的“法理型治理”（诉讼为主）之不足，以安全的“维权”方式把“消极安全”转化为“积极安全”；当今“枫桥经验”的深化期，枫桥人用“靠富裕群众减少矛盾，靠组织群众预防矛盾，靠服务群众化解矛盾”的创化性实践，以安全的“人性化”方式，满足人民群众对美好生活向往的需求。

在非传统安全的理论视域中，安全是“行为体”间的“优态共存”，尤其是当人类面临的困境已经超越了传统的需要军事力量来保障的“领土主权持存”，而且是需要非军事力量来保障经济、社会、文化以及生态环境领域中关乎“生存权利持存”与“生命质量持存”时，“共享安全”才是我们要寻求的目标。既然“共享安全”是社会安全实现的根本途径，那么“共享安全”的建构必须超越当前社会的安全共识分歧不一、安全观念相互冲突、安全机制结构矛盾、安全产品供给不足、安全策略相对滞后以及安全体制过于陈旧等现实困境，这就必然需要通过自上而下的动员与自下而上的参与途径打通国家与社会两分的“共建”“共融”以达成“共享”，而安全的“共享安全”的最困难之处，便是如何对待现存的社会关系的异质性因素，如层次不同的“文化异质性”“利益异在性”“目标异向性”等因素。这些因素既可以是历时性遗在，也可以是现时性此在，还可以是具有未来取向的“异质”的可能性彼在。

在基层社会治理中，“共享安全”实现路径的创新之一是“协商民主”制度的建立。以枫桥镇为例，针对行政村撤并带来的新矛盾、新问题，创设了“三上三下”（由村民代表、党员参与的征集议题、酝酿论证、审议决定）民主决策机制，由群众共享信息、共同协商、共担责任的方式，化解并村后产生的矛盾。21世纪初以来，浙江涌现了一大批枫桥镇这样的基层协商民主先发经验，在省委省政府的积极部署下，基层政府将原来刚性维稳模式改变为柔性协商民主模式，使“协商民主已经俨然成为当前从源头预防社会矛盾和创新基层社会体制的重要方向”①。

总之，总体国家安全观是“枫桥经验”理论范式转型所必须遵循的指导思想，也是新时代社会安全维护的指导方针。如果说“枫桥经验”的实践范式转型，凸显的是“维权重于维稳”“信法重于信访”“平安重于治安”三个维度的话，那么“枫桥经验”的理论范式提升，凸显的则是安全的“主体”“客体”和“主体间”整体关联，这一整体关联的安全维护架构使“安全感”的保障、“场域安全”的建构与“共享安全”的实现成为可能。新时代破解现实安全难题的社会安全目标与蓝图应当是：“形成有效的社会治理、良好的社会秩序，使人民获得感、幸福感、安全感更加充实、更有保障、更可持续。”②“枫桥经验”将为破解现实安全难题与实现社会安全蓝图提供常用常新的样板。

---

① 参见卢芳霞：《协商民主化解基层社会矛盾的功能与实现路径——基于浙江基层协商民主经验的研究》，《中共浙江省委党校学报》2017年第4期，第46–52页。

② 参见习近平：《决胜全面建成小康社会 夺取新时代中国特色社会主义伟大胜利——在中国共产党第十九次全国代表大会上的报告》，http://www.gov.cn/zhuanti/2017-10/27/content_5234876.htm，访问日期：2017年12月30日。

基层协商民主与“枫桥经验”创新*

卢芳霞**

摘　要：传统“枫桥经验”一直蕴含着丰富的协商基因，现代协商民主又为“枫桥经验”注入新的协商元素。近年来，“枫桥经验”发源地浙江省诸暨市枫桥镇加大基层协商民主探索，从乡镇、村（社区）和企事业单位各个层面开展协商，从源头上预防化解矛盾纠纷，走出了一条基层协商民主的新路子。基层协商民主有效推动了“枫桥经验”在治理目标、理念、主体、手段和成果等方面的创新，成为打造新时代“枫桥经验”的重要切入点。建议加大基层协商民主在“枫桥经验”领域的应用与推广，并采取一系列配套措施，为协商治理的新“枫桥经验”提供更好的成长环境与制度条件。

关键词：基层协商民主；枫桥经验；新时代；创新发展

“枫桥经验”诞生于1963年，最初在社教运动中创造了要“文斗”、不要“武斗”的经验，有效教服了社教对象，实现矛盾不上交，由此得到毛泽东同志的批示肯定。改革开放以来，“枫桥经验”针对基层矛盾纠纷的变化，不断创新群众工作方法，创设了“小事不出村，大事不出镇，矛盾不上交”的经验。在新时代，基层社会矛盾急剧变化，已从原来的邻里纠纷等“小事”转变为现在的征地拆迁等“大事”，民众关注自身切身利益，积极要求参与其中，具有话语权。因此，“枫桥经验”要创新方法，加大基层协商民主和利

---

* 国家社会科学基金项目（16BZZ083）。

** 卢芳霞（1976–），女，浙江绍兴人，浙江警察学院枫桥经验与社会治理研究院教授、硕士，研究方向为基层社会治理。

益公正分配，从源头上预防和减少矛盾纠纷。

基层协商民主是中国特色社会主义协商民主的重要渠道之一，是发展中国特色社会主义协商民主的基础性工作。所谓基层协商民主，在内涵上，是指我国基层组织和基层单位的各类主体，通过有组织地协商，依法参与基层公共决策和基层社会治理的民主实践①。在外延上，基层协商民主的范围包括乡镇（街道）的协商、行政村（社区）的协商、企业（事业）单位的协商三种类型②。

“枫桥经验”与基层协商民主有着天然的内在联系，尤其是在预防和化解矛盾上有异曲同工之妙。“枫桥经验”实质是贯彻党的群众路线，通过“依靠和发动群众”，加强基层自治和协商，就地解决矛盾。基层协商民主的本质是加强协商、沟通，消除分歧，达成共识，自我化解矛盾。因此，可以把“枫桥经验”与协商民主有机嫁接，以现代协商民主的理念与方法，打造“枫桥经验”升级版。

一、基层协商民主是创新“枫桥经验”的重要方向

近年来，学者们对创新“枫桥经验”的切入点已提出多个维度：第一，以落实党的群众路线推动“枫桥经验”创新发展。这是最为经典的切入点，因为无论是最初毛泽东同志的批示还是习近平总书记的批示，都强调要发动群众，依靠群众，以人民为主体，有效解决矛盾。在新时代，学者们也依然强调“群众性是‘枫桥经验’的本质特征”③“创新发展‘枫桥经验’必须始终坚持人民主体地位，尊重群众首创精神”④。第二，以法治建设推动“枫桥

① 参见陈丽：《基层协商民主：概念的界定及其解读》，《科学社会主义》2014年第5期，第63–66页。

② 《关于加强社会主义协商民主建设的意见》，《人民日报》2015年2月10日，第1版。

③ 参见中共浙江省委政法委员会课题组：《坚持和发展“枫桥经验”——加强和创新群众工作的调查与思考》，《公安学刊（浙江警察学院学报）》2014年第3期，第18–22页。

④ 参见蒋国长：《创新发展“枫桥经验”必须始终坚持人民主体地位尊重群众首创精神》，《公安学刊（浙江警察学院学报）》2013年第3期，第40–42页。

经验”创新发展。如有学者认为，“‘枫桥经验’的实质是用党的群众路线正确处理人民内部矛盾的经验。新时期坚持和发展‘枫桥经验’，要求以群众路线统领社会管理，更要求群众路线的法治化，将群众路线与法治思维、法治方式结合起来，用制度管住权力，以维权实现维稳，守住法治底线和政治底线”[①]。“加快培育法治思维，弘扬法治精神，树立依法治理理念，依法化解矛盾，健全长效机制，是推动‘枫桥经验’法治化的有效途径。”[②]第三，以村规民约推动“枫桥经验”创新发展。如有学者把村规民约作为创新发展“枫桥经验”、建设法治型新农村建设的重要路径[③]。还有学者总结提炼了近年来“枫桥经验”以村规民约促进基层治理法治化的创新实践[④]。第四，以文化治理推动“枫桥经验”创新发展。如有学者认为，“‘枫桥经验’之所以长盛不衰，其重要原因就是它继承和发扬了传统文化中的人本主义精神，这实际上也是儒家传统文化的核心理念之一”[⑤]。“当前，创新发展‘枫桥经验’，既有基层党建为文化治理提供有力指引，又有美丽乡村建设为文化治理提供丰富资源。只要我们把握好社会转型和多元化发展的新形势，尊重群众主体作用，注重政府管理与社会自治良性互动，文化治理必将在其中大有作为。”[⑥]“乡贤调解是创新‘枫桥经验’及基层社会治理体系和能力现代化的传统文化资源。”[⑦]但是，已有研究鲜有从基层协商民主的视角来思考如何创新发展“枫桥经验”。

笔者认为，加强基层协商民主是打造新时代“枫桥经验”的很好切入

---

① 参见周望：《“枫桥经验”与群众路线法治化》，《中国浦东干部学院学报》2014年第4期，第114–119页。

② 参见马永定、戴大新：《“枫桥经验”法治化路径研究——以绍兴市坚持发展“枫桥经验”为例》，《公安学刊（浙江警察学院学报）》2014年第6期，第13–18页。

③ 参见范忠信等：《“枫桥经验”与法治型新农村建设》，中国法制出版社2013年版。

④ 参见尹华广：《“枫桥经验”：以乡规民约促进基层治理法治化的实践与启示》，《发展》2015年第12期，第75–76页。

⑤ 参见余钊飞：《“枫桥经验”与中国传统法律文化》，《人民法院报》2018年2月2日，第5版。

⑥ 参见徐东良：《发挥文化治理在创新发展“枫桥经验”中的作用》，《绍兴日报》2017年8月13日，第3版。

⑦ 参见王斌通：《乡贤调解：创新“枫桥经验”的传统文化资源》，《山东科技大学学报（社会科学版）》2018年第2期，第35–42页。

点。党的十九大报告把社会主义协商民主作为新时代中国特色社会主义思想的重要内容，全文有22处强调“协商”，并专辟一节强调“发挥社会主义协商民主重要作用”①。另外，习近平同志在浙江任职期间，也多次在讲话中强调，要通过加强民主创新发展“枫桥经验”。例如，2003年，习近平在创新“枫桥经验”大会上指出，“要大力推进基层民主政治建设，浓厚基层民主法治氛围，畅通社情民意渠道，疏导理顺群众情绪”。2006年，习近平在《之江新语》中指出：“基层矛盾要用基层民主的办法来解决。”②这些论述为学界如何更加深入研究和探讨协商民主提供了一种新的治理机制、方法和政治艺术，也为基层丰富以协商治理化解矛盾纠纷的机制体制提供了很好的政策支持。

因此，可以把社会主义协商民主有效植入“枫桥经验”中，以协商民主化解基层社会矛盾，这是创新发展新时代“枫桥经验”的一个重要方向。本文通过对“枫桥经验”发源地枫桥镇的研究，尝试提炼一条以基层协商民主推动“枫桥经验”创新发展的可行路径，以供各地借鉴。

二、“枫桥经验”有着深厚的协商传统

“枫桥经验”为何产生在浙江省诸暨市枫桥镇？这缘于枫桥有着深厚的协商传统，包括深厚的协商文化底蕴、独特的协商民风秉性和扎实的协商实践基础。这是“枫桥经验”诞生在枫桥镇的重要原因，也是55年来“枫桥经验”始终具有旺盛生命力的奥秘之一。可以说，枫桥民众经过多年协商文化和协商思维的熏陶，开始探索具有中国特色的基层协商道路和基层协商文化。

（一）“枫桥经验”有着深厚的协商文化底蕴

枫桥是具有千年历史的江南文化名镇，是浙江首批历史文化名镇、东海

---

① 参见习近平：《决胜全面建成小康社会 夺取新时代中国特色社会主义伟大胜利——习近平在中国共产党第十九次全国代表大会上的报告》，《人民日报》2017年10月28日，第1版。

② 参见习近平：《基层矛盾要用基层民主的办法来解决》，《浙江日报》2006年10月11日，第1版。

文化明珠镇。历史上北方氏族两次大南迁，中原文化和于越文化在此融合，名贤辈出，文风甚盛。著名理学家朱熹、吕宜谦，宋代词人辛弃疾、爱国诗人陆游、知名画家徐渭等都曾到枫桥讲学。元代诗画家王冕，元代文学家、书法家杨维桢，明末画家陈洪绶均是枫桥人，史称“枫桥三贤”。“枫桥三贤”人品高洁，垂誉后世，对枫桥后人影响甚大。枫桥人爱读书，宋元时期的藏书楼被誉为“越中之冠”，仅宋元明清四朝，枫桥有进士35人，举人68人。新中国成立后，枫桥又养育了一批精英名人，北大首任校长何燮侯、中国科学院院士金善宝与毛汉礼、美籍航天学家冯绥安、全国著名林学家吴仲伦、全国劳动模范梁焕木等皆为枫桥杰出人士。枫桥深厚的文化底蕴，良好的教育环境造就了较高素养的民众。枫桥人诗礼传家，遇到纠纷，互让互商，这种协商文化为现代基层协商民主奠定了良好的人文基础。

（二）“枫桥经验”有着独特的协商民风秉性

古代枫桥生活的大多是于越遗民，生性彪悍，桀骜不驯。史载三国时孙策、孙权都曾率兵亲征枫桥，使其成为镇服于越遗民的重地。至晋朝和宋代，中原人士曾先后两次南迁枫桥等地。尤其是儒学大师陈寿在枫桥宅埠寄隐草堂著书讲学20余年。理学大师朱熹曾四次莅临枫桥义安精舍传经讲学，这对枫桥民风、民俗的形成，都产生了深远的影响。另外，枫桥与绍兴毗邻，枫桥人同时受古越文化的熏陶和绍兴师爷文化的影响，个性上既有“崇尚刚果且民性质直”的特征，又有崇仁爱、尚侠义、爱说理、好讼争的特点。这种民风秉性促使枫桥人遇到地方政府有违法违规行为时，必据理力争，甚至拿着法律条文维权。但是枫桥人从来不行过激之事，多年来没有发生过恶性刑事案件和过激群体性事件，这正体现出枫桥人非常理性的一面。

（三）“枫桥经验”有着扎实的协商实践基础

20世纪60年代初，枫桥在社会主义教育运动试点过程中就提出“要‘文斗’不要‘武斗’”，这其实已经蕴含了“协商”思想。70年代初，枫桥采用教管相结合的办法，本着“教育人，改造人”的宗旨，对轻微违法犯罪人员和刑释解教人员进行帮教改造，不仅做到了过去的“管头、管脚、管肚子”，而且还帮助他们成家立业，勤劳致富。改革开放初期，针对农村治安问题突出，枫桥采用村民自治的方式，制定治安公约，跟每户签订协议，让村民加强自我协商、自我教育和自我管理，有效维护社会治安。20世纪80年代以来，枫桥致力于创新调解经验，通过说服教育和劝导协商，解决民间纠纷，创造了非常具有特色的调解制度，调解其实也是一种协商。可见，55年来“枫桥经验”一直有着扎实的协商基础。

三、新时代“枫桥经验”的协商民主实践

新时代的基层社会矛盾发生变化，涉及民生、民意与民情的矛盾增多。针对这些变化，“枫桥经验”与时俱进，加大基层民主协商力度，为广大民众提供多样化的民主参与渠道，从源头上有效预防、减少了矛盾纠纷。按照中共中央《关于加强社会主义协商民主建设的意见》（以下简称《意见》）的规定，基层协商有三个层面，即“推进乡镇（街道）的协商”“推进行政村、社区的协商”“推进企事业单位的协商”。近年来枫桥镇在这三个层面都有许多创新做法。

（一）乡镇（街道）层面的协商

《意见》规定，乡镇街道要“围绕本地城乡规划、工程项目、征地拆迁以及群众反映强烈的民生问题等，组织有关方面开展协商。加强乡镇、街道对行政村、社区协商活动的指导。跨行政村或跨社区的重要决策事项，根据需要由乡镇、街道乃至县（市、区、旗）组织开展协商”。

近年来，枫桥镇党委政府围绕当地小城镇建设规划、征地拆迁、古镇改造项目以及群众关心的民生问题等积极开展基层协商。例如，为做好平安特色小镇的规划，党委政府广泛征求意见，多次跟乡贤、企业家、村干部和群众代表民主协商，使平安小镇规划得到了各方认同与支持。平安浙江特色小镇创建入选2017—2018年省级立功竞赛项目。另外，枫桥镇党委政府在改造枫桥古镇过程中也充分开展民主协商。枫桥古镇改造工程大，涉及0.8平方公里，1845户。相关居民、企业和商铺都高度关注改造过程的政策处理、拆迁

方案和赔偿标准。枫桥镇召开了100多场不同形式、不同规模的民主协商会、座谈会、动员会，走访了4000多人，最终拿出各方满意的改造方案。目前枫桥古镇一二期已经完工，三期启动，将在今年建成一个生产、生活、生态融合，宜居、宜业、宜游并重的现代古镇。另外，枫桥镇党委政府加强对行政村（社区）协商活动的指导，出台了《民主恳谈会（听证会）制度》《党员议事会制度》《村民代表会议制度》《村级权力清单》等一系列民主制度，并指导每个行政村（社区）建立规范化的村民议事大厅、农村社区服务中心。

（二）行政村（社区）层面的协商

《意见》规定，行政村（社区）要“坚持村（居）民会议、村（居）民代表会议制度，规范议事规程。积极探索村（居）民议事会、村（居）民理事会、恳谈会等协商形式。重视吸纳利益相关方、社会组织、外来务工人员、驻村（社区）单位参加协商。通过协商无法解决或存在较大争议的问题或事项，应提交村（居）民会议或村（居）民代表会议决定”。

枫桥镇现有的29个行政村是由84个自然村合并而成的。自2006年行政村合并以来，村级事务变得繁多，上级工作任务不断增加，村干部应接不暇，需要发动广大党员和群众共同参与。另外因村干部派系、群众利益分化等原因产生治村分歧，迫切需要通过民主协商的方式统一思想。从2008年开始，枫桥镇实施村级民主恳谈会和村级重大事项“三上三下”决策机制，就村庄治理的重点、热点、难点问题进行协商。2014年开始，枫桥镇又增加村级民情分析会制度，要求行政村两委班子每周二上午集中办公，分析、协商村级事务。据统计，枫桥镇实施民主恳谈会和民情分析会以来，合计征集、讨论各类意见和建议数千条，其中合理的建议95%以上得到及时解决，有些解决确有难度的，也及时向群众解释说明。另外，枫桥镇还借助社会组织开展基层协商，依托近年来培育的乡贤联合会、枫桥大妈、枫桥义警、调解志愿者联合会等47家社会组织，在经济社会等各个领域充分民主协商，从而齐心聚力推动发展。如枫桥镇乡贤联合会搭建沟通平台，消除发展分歧，合力建设家乡。为凝心聚力，借智借谋，枫桥镇从2015年清明节开始成立了乡贤联合会，邀请70余位乡贤齐聚枫桥，为弘扬“三贤文化”，发展红色文化旅游产业及重建枫桥古镇，打造全国历史文化名镇建言献策。三年来，枫桥乡贤们积极参与家乡建设，已经筹建了乡贤馆，创办乡贤报，建立乡贤微信公众号和微信群，经常交流互动，齐心协力为枫桥发展出点子，有力助推枫桥经济腾飞。

（三）企事业单位层面的协商

《意见》规定，企事业单位要“健全以职工代表大会为基本形式的企事业单位民主管理制度。畅通职工表达合理诉求渠道，健全各层级职工沟通协商机制。积极推动由工会代表职工与企业就调整和规范劳动关系等重要决策事项进行集体协商。逐步完善以劳动行政部门、工会组织、企业组织为代表的劳动关系三方协商机制”。

枫桥镇一直在学校、企业、事业单位实践和创新“枫桥经验”，发扬民主，互协互商，从源头上预防和化解矛盾。如枫桥镇中（初中）多年来开展“‘枫桥经验’进校园”活动，通过深化教代会制度、家校联系制度、师生共管制度等不断创新工作机制，着力构建和谐校园。把“小事不出村、大事不出镇、矛盾不上交，就地解决”演绎成“小事不出班、大事不出校、矛盾不上交，和谐稳定”。同时探索学校版的“四前工作法”：组织建设走在教育前；教育工作走在预防前；预防工作走在调解前；调解工作走在激化前。即发现矛盾纠纷，突出“快”，推选“首问制”，注重“细”，实行“听证制”。近年来，枫桥镇中先后荣获诸暨市群体师德创优先进学校、廉政文化建设示范学校、教育工作先进集体等荣誉。又如，枫桥镇的步森集团按照现代企业制度的要求，推行民主决策管理，确保员工合法权益，着力营造尊重职工的良好氛围，完善多元化参与机制，建立一种有效提高职工参与积极性和责任感的利益机制。为此切实做到“四个坚持”：首先是坚持企业重大事项由职代会审议制度，确保职工代表的知情权、参与权、审议权，维护好职工民主权利。其次是坚持厂务公开制度，拓宽员工诉求渠道。再次是坚持民主决策，科学管理，发挥好职工的主人翁作用。最后是坚持工资平等协商，不断提高职工福利待遇。2011年，步森集团被评为“全国模范劳动关系和谐企业”。

四、基层协商民主对“枫桥经验”的创新作用

新时代“枫桥经验”运用基层协商民主创新社会治理和化解矛盾纠纷，取得了明显成效，在治理目标、治理理念、治理主体、治理成本和治理成果等方面都有了质的突破。

（一）基层协商民主有利于“枫桥经验”的治理目标实现

“枫桥经验”一直力求实现“小事不出村，大事不出镇，矛盾不上交”的治理目标。要实现这一治理目标，最主要是从本源上预防、减少矛盾。而要从本源上解决社会矛盾，最重要的是协调好利益关系，实现各方利益均衡①。从枫桥镇的实践来看，基层协商民主正有着这样的利益协调功能，可以理顺基层治理中千差万别的利益关系，让政府、企业、村居、个人各得其所，让社会和谐稳定，让矛盾在源头上得以杜绝。这能有效推动“枫桥经验”治理目标的实现。

（二）基层协商民主有利于“枫桥经验”的治理理念提升

“枫桥经验”一直秉承“互协互商，和谐相处”的理念，不是通过权力压制，而是通过平等协商解决矛盾。基层协商民主最大的特点是平等协商，让各方当事人都参与其中，并拥有平等的表达权、话语权和投票权，这有助于矛盾各方形成共识、消除分歧与实现和谐。从枫桥镇的实践来看，把协商民主引入“枫桥经验”领域，能进一步提升“枫桥经验”的平等协商理念，并通过现代化的协商程序与沟通方法，推动“枫桥经验”由原来传统质朴的“商量”理念向现代的“民主协商”理念转型。

（三）基层协商民主有利于“枫桥经验”的治理主体多元

“枫桥经验”一直是“党政主导、发动群众”的经验，不是依靠政府包

---

① 参见卢芳霞：《协商民主化解基层社会矛盾的功能及实现路径——基于浙江基层协商民主经验的研究》，《中共浙江省委党校学报》2017年第4期，第46–52页。

揽的经验。协商民主强调合作共治，有助于推动政府、市场、社会与公民共担责任，有利于建立起“党委领导、政府负责、社会协同、公众参与、法治保障”的多元治理格局。从枫桥镇的实践来看，把基层协商民主引入“枫桥经验”领域，改变了以往政府单一主体治理的局面，推动企业、村居、社会组织和乡贤共同参与治理。这丰富了“枫桥经验”的治理主体，构建起具有新时代特色的多元治理格局。

（四）基层协商民主有利于“枫桥经验”的治理成本降低

“枫桥经验”一直是柔性的经验，强调通过自治和协商解决矛盾。基层协商民主强调群众自我教育、自我管理、自我服务，实现矛盾自我消融和内部消化。从枫桥镇的实践来看，将基层协商民主引入“枫桥经验”领域，有助于进一步运用社会自身力量解决矛盾，而无须政府事事介入，从而有效降低政府治理成本。

（五）基层协商民主有利于“枫桥经验”的治理成果共享

“枫桥经验”是“以人为本、成果共享”的经验，强调共建、共治、共享。基层协商民主强调过程公开，方案共商，利益共沾，有助于打造共建共治共享的社会治理格局。从枫桥镇的实践来看，把基层协商民主引入“枫桥经验”领域，进一步加大了共建、共治、共享力度，实现治理过程全参与、社会治理成果共享用、公共福利的最大化，让群众有更多的获得感、满足感和幸福感。

五、创新机制，加强基层协商民主在“枫桥经验”中的应用

浙江是“枫桥经验”的发源地，有着55年的历史传承。浙江又是基层协商民主的先行者，早在20世纪90年代就涌现了温岭“民主恳谈”等协商经验。在新时代，浙江可以把“枫桥经验”与“协商民主”相互嫁接，在借鉴枫桥镇和全省各地基层协商民主经验的基础上，进一步总结、提升与推广，打造基层协商民主的新“枫桥经验”。

（一）营造基层协商民主的良好氛围

近年来基层社会治理模式日趋刚性化，基层的协商空间被压缩，协商意愿被消磨，这破坏了“枫桥经验”原来赖以成长的良好氛围。笔者曾在乡镇挂职锻炼，乡镇干部反映，原来只要用50%的精力就可以对付上级“一刀切”的任务，还剩一半精力可以结合自身特点，因地制宜开展乡镇治理，但现在用100%的精力都难以完成上级任务，疲于应付。所以，要重新恢复“枫桥经验”的良好协商氛围，必须从顶层设计着手，改变上级行政化的管理模式、运动式的任务布置，让基层有更大的自治空间。

（二）出台基层协商民主的政策文件

基层协商民主要在更大范围内推广，需要政策有力推动。因此建议顶层印发有关加强基层协商民主创新发展“枫桥经验”的文件，推动基层党委政府把加强基层协商民主作为创新“枫桥经验”的一项重要创新项目，并建立相应的领导组织和协调机制。具体可由党委领导，政协、统战部门、组织部门和民政部门联合推动，各乡镇（街道）和行政村（社区）、企事业单位具体实施。同时在实施过程中，要提倡清单式管理、项目化推进，有步骤、有节点推进，确保创新项目落地。

（三）提供富有可操作性的协商程序

制度化、规范化、程序化是社会主义民主政治的根本保障，也是推动基层协商民主复制与推广的有效手段。尤其是基层，更需要提供一套符合实际情况、富有可操作性的协商程序。因此，需要顶层制定一套相对制度化、规范化、程序化的基层协商民主机制，供基层参考。基层协商民主程序宜分类分别设计，如按乡镇（街道）的协商、行政村（社区）的协商、企业（事业）单位的协商三种类型，或按协商内容的不同分别设计，对协商议题、协商主体、协商时间地点、协商过程、协商结果以及实施监督等进行明确规定。

（四）建立适合基层协商治理的考核机制

正确的考核能激发基层协商民主的活力，错误的考核会破坏基层协商民主的意愿。当前基层考核有一个较大的问题，即以完成刚性任务、维护稳定为导向。在这种导向下，近年来“枫桥经验”的工作载体、动员方式也日趋刚性化，淡化了原来善于柔性做群众工作的特色。因此，应改变当前严苛、紧张和刚性的考核方式，建立起一种更为民主化、人性化和弹性化的考核机制，激发基层干部的自主创造力，提升基层政府的软治理能力，逐步走出一条基层协商治理的新路子。

（五）加大“枫桥经验”的普及宣传

目前许多基层干部并没有真正领会“枫桥经验”的实质内涵，所以在实践“枫桥经验”过程中，仅重视工作载体、信息平台和制度考核等外在形式，忽视入情、入理、入心地做群众工作的内在方法。因此，要加大“枫桥经验”的普及宣传，推动“枫桥经验”进课堂、进教材、进村居等。尤其要加强对“枫桥经验”从业人员（主要指基层政法综治干部）的普及宣传，使从业人员真正掌握“枫桥经验”的实质内涵，通过发动群众、依靠群众，加强自治、自管，实现矛盾自我消融、自我化解。

“枫桥经验”人权保障的演进、特点与前瞻

刘庆青，杨燮蛟*

摘　要：“枫桥经验”的人权保障道路具有十分重要的理论价值和实践意义。“枫桥经验”及其发展在人权保障事业方面主要经历了三个阶段，业绩斐然，具有内生发展的性质和形式，根植于农村基层社会优秀传统文化与马克思主义人权观的融通，具有坚实基础、思想渊源和发展动力。“枫桥经验”人权保障的体制构建、权力规范、权利实现、法制供给与机制变革均有着创新性和实效性，具备一定的普遍意义，可复制、应推广。在“枫桥经验”多层次、全方位、系统化的人权保障中，党委领导、政府主导和社会参与“三位一体”协同推动，自上而下与自下而上相结合，有着理性的人权保障意识和有序的维权行动。平等、合作、安全、包容的人权保障是“枫桥经验”传承创新的重要内容和发展任务之一。

关键词：枫桥经验；人权保障；思想渊源；内生发展；权力规范；权利实现

“枫桥经验”的人权保障发展道路，是由几千年传承下来的特定地区民族特性、传统文化、社会规则和经济发展水平决定的，是经过几代人的努力，基于中华民族传统文化、近代革命斗争历史和当代社会实际形成的，是人权普遍性理念与农村最基层社会的特殊人权意识的吸纳和融通。在毛泽东同志批示学习推广“枫桥经验”55年、习近平同志作出重要指示坚持和发展

---

* 刘庆青（1966- ），女，山东淄博人，浙江工业大学之江学院教授；杨燮蛟（1958- ），浙江工业大学法学院教授。

"枫桥经验"15年以来，浙江省的经济社会环境和条件发生了巨大变化，但是"枫桥经验"的人权保障发展道路始终没有改变，坚持党的领导，善于发动群众、紧紧依靠群众、密切联系群众的内在灵魂没有改变。人权是人生而享有的、不可或缺的基础性权利。"枫桥经验"的人权保障观主要有四个属性：其一，对四类分子基本实行"一个不杀，大部不捉"的方针，依靠广大群众实行教育、监督和改造转化为守法的社会公民，同时对刑满释放人员安置就业帮教致富；其二，对有违法犯罪行为情节轻微，恶习不深，特别是轻微违法犯罪青少年，依靠和发动社会各方面力量，落实教育挽救措施，使之转化为对社会有用的人才；其三，坚持"预防为主，教育疏导，依法调处，防止激化"原则，完善矛盾纠纷排查调处工作机制，尽量把矛盾化解在萌芽之中，避免一切不稳定因素的发生；其四，树立以中国传统道德和名人资源为内容的荣辱观，正面教育全体枫桥人，激励枫桥人努力完善自我，提升综合素质，丰盈心灵。深入挖掘"枫桥经验"人权保障道路形成的真正内在根源，进而为这一道路的不断拓展和人权保障水平的不断提高提供具有建设性的正确指引，践行和拓展浙江"枫桥经验"的人权保障道路，对于我国进一步提高人权保障意识，完善人权保障制度，显得十分重要。

一、"枫桥经验"人权保障道路的根源追溯

（一）"枫桥经验"人权保障的内生逻辑

"枫桥经验"人权保障道路的思想理念成分在中国古代社会很早就已得到一定的发育。中国传统民本思想具有丰富的人权意涵，古人从实践中领悟了人权的精髓并进行理论概括，对中国当代人权保障事业产生十分重要的影响。从中华传统文化的沿革看，在记载夏商周三代史迹的《尚书》中已有民本思想的明确表述。在奴隶制社会，"王"被认为通过"德"获得天命，此"德"的核心又在于"民"，即"民之所欲，天必从之"（《左传·襄公三十一年》），要求统治者对民间疾苦有所知晓和体谅。以儒学为代表的各个学派，也都蕴含保民的思想，如孔孟的"仁政""民贵"、墨家的"兼爱"、法家的

“令顺民心”等。明末清初黄宗羲提出“民主君客”理念（《明夷待访录·原君》），把传统民本思想推向新的理论高峰，与现今的人权保障制度存在相通之处，甚至与一些重要的、以人权保障为价值目标的法律原则相似。以儒家和道家学说为主要内容的传统文化对人的重视、对民生的敬重，是“枫桥经验”人权保障的首要逻辑起点和重要思想资源。

枫桥镇位于诸暨市东部，与绍兴市接壤，是古越民族聚居地、于越文化的发祥地之一。这一区域是西施和越王勾践的故里，承载着千年历史，哺育了一大批灿若繁星的文化名人，有着极为丰厚的山水文化、耕读文化、儒家和理学文化，又是一种有着博大胸怀和恢宏气度的大众民俗文化、兼容并蓄的开放型文化。“枫桥经验”人权保障道路的第一条内生逻辑显然是文化性的，其文化源头当可追溯及此。枫桥人既深受古越文化的熏陶，又不断受到中原文化、外来文化的影响，因此养成刚果坚毅、民性质直、敢于反抗专制压迫的维权禀性，同时秉承了绍兴师爷崇仁爱、尚侠义、爱说理、好讼争、以德服人、以理服人的率真和倔强脾气等积极正面因素。因而，“求生存”的抗争性和说理斗争是枫桥地域文化的鲜明特征，这是“枫桥经验”人权保障道路的第二条内生逻辑。近代以来，枫桥民众深受自由、民主、人权和科学思想的影响，以忧国忧民的情怀，寻求救国救民真理，以救亡图存、维护人权、振兴中华民族为己任的仁人志士不可胜数。且枫桥也是越中地区较早传播马克思主义的地方，20世纪20年代末，中国共产党在枫桥建立了比较完善的地下党组织，红色革命是中国历史上第一次以民主和人权制度为真正目标的政治启蒙运动。可以说马克思主义在中国的兴起、在枫桥的传播和浸润，使劳苦大众对命运自主、人格尊重的思想较早地确立下来。这构成了枫桥人权备受重视的第三条内生逻辑，是“枫桥经验”人权保障道路呈现内生性特征的意识形态根源。

（二）“枫桥经验”人权保障的思想基础

从过去半个多世纪“枫桥经验”人权保障道路的历史变迁中可以发现，在不同的探索阶段，“枫桥经验”的人权保障道路建设遵循的指导思想和核心价值也发生过巨大的变化。在古代的历朝，人权是用来缓解专制压力的政治工具；到辛亥革命爆发，再到马克思主义传入中国，其人权主张成为共产党人举起的一面旗帜；新中国成立以来，在曲折发展而不懈的探索中，人权保障事业逐渐成为“枫桥经验”的有机组成部分。由此可见，不仅“枫桥经验”的人权保障道路是长期探索的结果，内化于这条道路之中的核心理念也不是在一日之间确立起来的，其理念和道路形成过程的曲折性蕴含着历史的必然性。

1. 马克思主义人权思想是“枫桥经验”人权保障道路的理论基础。人权是社会主义革命和社会主义制度的重要组成部分。马克思明确指出，无产阶级的革命“不能再求助于历史权利，而只能求助于人权”①。社会主义国家在人民享受和维护人权方面提供全方位的服务，而且是真正的全面保障。这主要包括：（1）政治保障，在社会主义国家，推翻了资产阶级的政治统治，无产阶级领导下的人民彻底改变过去只有少数人才能享有权利的状况，在政治上真正确保人民当家作主，人民均有权参加国家政治建设。（2）经济保障，无产阶级在取得国家权力后，将“利用这个权力把脱离资产阶级掌握的社会化生产资料变为公共财产，通过这个行动，无产阶级使生产资料摆脱了它们至今具有的资本属性，给它们的社会性以充分发展的自由”②。换言之，广大劳动者将获得充分维系生存权和发展权的社会物质基础，这是社会主义人权制度与资本主义相比最根本的优越性。（3）立法保障，权力机关负责制定人权的保障规范，是社会主义人权制度中最基本的部分。经典作家对此也给予了高度重视，恩格斯指出，“从某一阶级的共同利益中产生的要求，只有通过下述办法才能实现，即由这一阶级夺取政权，并用法律的形式赋予这些要求以普遍的效力”③。（4）社会保障，经典作家认为，社会主义革命不仅要求将人从资本主义政治、经济中解放出来，而且要求消灭市民社会的利己主义

---

① 参见中共中央马克思恩格斯列宁斯大林著作编译局：《马克思恩格斯选集》，人民出版社1972年版。

② 参见中共中央马克思恩格斯列宁斯大林著作编译局：《马克思恩格斯全集》，人民出版社2006年版。

③ 参见中共中央马克思恩格斯列宁斯大林著作编译局：《马克思恩格斯全集》，人民出版社2006年版。

和个人主义人权观，在社会中实现对人权的真正保障，按照马克思的说法，就是消除“人的个体感性存在与类存在的矛盾”[①]。（5）司法保障，经典作家对资本主义司法制度的虚伪性给予了充分的深刻揭露，并在此基础上构想了社会主义制度下在司法过程中切实保障人权的原则，如“法律面前人人平等”等。马克思主义的基本立场观点和方法是“枫桥经验”依靠人民群众、为了人民群众的理念、方法与机制的理性支撑。

2.毛泽东同志的人权思想为“枫桥经验”人权保障道路指明了方向。在毛泽东同志极其丰富的政治思想中，十分关注人权和民生问题。主要包括：重视生存权，主张通过发展经济来保障民众生存权，以经济权利推动其他权利实现[②]；强调人权是人民群众赋予的，在阶级社会中赋予的手段主要表现为阶级斗争[③]；强调集体人权，既包括整个国家层面上的独立自主要求，也包括一些特定的社会群体如妇女群体的特殊人权保障[④]。特别是1954年第一部宪法通过前夕，他在中央人民政府委员会第30次会议上解释宪法草案时，将宪法的基本原则归纳为“民主原则”和“社会主义原则”，从而将人权提高到与国家性质等同的地位，宣布“人民民主的原则贯穿在我们整个宪法中”。毛泽东同志关于中国革命和建设的理论中丰富的人权保障思想，是“枫桥经验”其中人权保障得以彰显的直接思想根源。

二、“枫桥经验”人权保障道路的发展历程

“枫桥经验”人权保障道路从整体上看属于内生性发展的形式，其发展进程中由农村基层社会的优秀传统文化以至于马克思主义人权观的融通，使之成为源自枫桥又超越枫桥原有内容的水乳交融新形态。应该说中国传统文化是枫桥基层社会人权保障事业的在地性源泉，而在现代人权保障事业的发

① 参见戴立兴：《论毛泽东的人权思想》，《马克思主义研究》2014年第2期，第29–31页。

② 参见冉昌光：《论毛泽东的人权观》，《社会科学研究》1993年第6期，第3–10页。

③ 参见戴立兴：《论毛泽东的人权思想》，《马克思主义研究》2014年第2期，第29–31页。

④ 参见徐俊忠：《毛泽东新民主主义革命时期人权思想探要》，《学术界》1993年第4期，第16–20页，第28页。

展过程中始终贯穿的一条重要主线，则是中国特色社会主义的理论体系，对其基底塑造和引领改造都起着重大作用。

枫桥虽为诸暨一隅，却是古越文化的源头，是中原文化与古越文化的交融之地。枫桥基层社会经世致用、知行合一的传统文化是"枫桥经验"人权保障道路原初基因的所在，是枫桥在吸收、借鉴、融通的基础上能够超越、创新始终坚持的根本。改革开放以来特别是进入全面建设小康社会、加快推进社会主义现代化的新时代，枫桥的干部群众始终坚持以马克思主义人权理论为指导，贯彻落实党的十八大、十九大精神，把生存权与发展权作为首要人权，把坚持发展"枫桥经验"之人权保障道路，作为贯穿经济建设、民主政治建设、法治建设和平安社会建设的基准和归宿之一，在人权保障事业的各个方面取得了实实在在的效果。其变化发展主要经历了三大历史阶段。

第一阶段是以毛泽东同志批示为标志的"枫桥经验"人权保障道路的确立。新中国成立，中华民族获得独立，标志着人权斗争的重大胜利。枫桥基层人民群众保持优良的民本传统习惯，正确把握国内形势的大方向，创造性地运用毛泽东同志一系列关于"依靠群众""教育人、改造人"的思想，坚持"一个不杀，大部不捉"的方针，摆事实、讲道理，不戴帽子、不打棍子，规定公民的人格尊严不受侵犯，积极投身于社会主义改造和建设之中。比如，在教育、改造"四类分子"的实践中，枫桥的干部群众提出了"武斗斗皮肉、外焦里不熟，文斗摆事实、讲道理、以理服人"的观点；在就地改造流窜犯、帮教失足青年和一般违法人员过程中，枫桥的干部群众提出了"立足于拉，着眼于教，不怕反复，持之以恒""不推一把拉一把，不帮一时帮一世"和"帮人要帮心，帮人要帮富，帮人要帮到底"的观点[①]。创造了"依靠和发动群众，坚持矛盾不上交，就地解决，实现捕人少、治安好"的经验，得到毛泽东同志的充分肯定并亲笔批示"要各地仿效，经过试点，推广去做"。这些朴素而又颇具真知灼见的人本思想和人文精神，无疑是具有仁爱侠义人文传统和爱说理、好讼争禀性脾气的枫桥人民十分独特的智慧结

---

① 参见蒋国长、徐向群、施峥：《新的历史起点上"枫桥经验"的时代内涵》，《公安学刊（浙江警察学院学报）》2009年第1期，第35–41页。

晶。因此，这一历史阶段“枫桥经验”的人权保障，凸显了毛泽东同志求生存、求发展，正确处理人民内部矛盾等社会矛盾的思想，也体现了“民为国本”思想。“枫桥经验”的归纳总结和提升推广为巩固当时国家政权，加强社会主义建设，起到了普遍的示范作用。

第二阶段是以邓小平理论的人权观为指导的“枫桥经验”人权保障道路的发展。党的十一届三中全会后，邓小平作出了将党和国家的工作重心转移到经济建设上来的重大决策，并全面阐述了以“以人为本”为核心理念的建设有中国特色的社会主义事业理论。他多次指出，“不坚持社会主义，不改革开放，不发展经济，不改善人民生活，只能是死路一条”①，在这一层面上，邓小平不仅注重在改革开放和经济建设中高度重视“以人为本”的基本理念，在推动民主政治建设和社会稳定等方面同样注重通过“以人为本”有机地相互促进、相互推动，既不是仅仅体现在某些具体的问题上，也不是只在特定的情况下才加以强调的。这正如他一再强调的那样，“各项工作都要有助于建设有中国特色的社会主义，都要以是否有助于人民的富裕幸福，是否有助于国家的兴旺发达，作为衡量做得对与不对的标准”。②正是因为始终从全局的高度来贯彻落实“以人为本”的思想，中国特色社会主义建设事业才有可能取得今天这样的全面发展，我国也才有信心提出并有能力实现“在新中国成立一百年时建成富强民主文明和谐的社会主义现代化国家”③的宏伟目标。这一历史阶段的“枫桥经验”人权保障的发展道路，除了改革开放，抓经济建设，脱贫致富之外，同时注意及时发现问题和解决问题，凸显邓小平同志“稳定压倒一切”理论，主要特征是预防化解矛盾纠纷、开展社会治安综合治理，全力维护社会稳定，做到“小事不出村、大事不出镇、矛盾不上交”。这为推动改革开放事业、服务经济社会转型、让人民群众安居乐业，起到了积极的促进作用。

第三阶段是以习近平新时代中国特色社会主义思想为指导，“枫桥经验”

---

① 参见中共中央文献编辑委员会：《邓小平文选：第3卷》，人民出版社1993年版，第370页。

② 参见中共中央文献编辑委员会：《邓小平文选：第3卷》，人民出版社1993年版，第370页。

③ 参见胡锦涛：《在中国共产党第十八次全国代表大会上的报告》，人民出版社2012年版，第16页。

的人权保障道路进入了新时代。党的十九大报告指出，我国当前的社会主要矛盾已经发生了历史性的变化，社会主要矛盾已经转化为民众日益增长的美好生活需要和不平衡、不充分发展之间的矛盾。民众对美好生活的期待和需要日益广泛，尤其是民众对民主、法治、公平、正义、安全、环境等方面的要求日益增长。这集中表现为民众对平等与尊严的人权保障需要。从全国范围看，温饱生存的问题已基本上得到解决，但发展的不平衡、不充分问题更加突出。从党的十九大报告中可以看出，我国进入新时代的一个重大标志是，回应民众对美好生活的期待，推进公平、全面而均衡的发展，民众平等参与、公平发展权利得到充分保障，使民众享受有尊严的生活，这必将是我国人权保障事业的新起点与新要求。这一历史阶段的“枫桥经验”的人权保障事业，凸显习近平总书记“以人民为中心”、全心全意为人民服务的发展思想，把坚持党的领导、人民当家作主和依法治国有机统一起来，坚定办好自己的事，为高质量人权保障事业的发展注入新的推力。“枫桥经验”中更加注重共建共治共享，更加注重服务保障跟进，更加注重在自治法治德治上的协同整合治理，切实为人民群众提供更加有效的治理保障，展现以人民为中心、以人民为主体、以人民为归宿的“枫桥经验”人权保障新的时代形象。

可见，“枫桥经验”人权保障道路的三个主要阶段的不断演进、深化、拓展、丰富，契合了党与人民群众心连心的初心和使命，是领导人民站起来、富起来和强起来的伟大壮举，生动诠释了“民为国本”思想的真理性，同时也体现了“枫桥经验”人权保障道路与时俱进的鲜明特征。

三、“枫桥经验”人权保障的时代特点

（一）“枫桥经验”人权保障的体制构建与协同

枫桥镇政府形成了一种双重的嵌入型人权保障体制，第一重嵌入是党委以嵌入的方式通过政府贯彻尊重和保障人权的执政意志；第二重嵌入则是在政府治理中嵌入人权保障功能，促使人权得到切实尊重和保障。因此，枫桥政府的功能嵌入型人权保障体制主体构成，不仅仅是政府的行政机构，还有

人大、政协、司法机关共同组成的完整意义上的国家的人权保障体制。工会、共青团、妇联等人民团体虽然不是正式的政府机构，但仍然作为体制内的主体发挥着作用。在枫桥镇的功能嵌入型人权保障体制中，除体制内部拥有公共权力的政府部门承担着直接的人权保障职责外，也广泛吸纳体制外各方面的行动主体共同参与到人权保障之中。比如，社会团体与公民个人、大众传媒都是功能嵌入型人权保障体制中不可或缺的重要主体。目前枫桥共有社会组织223家，其中镇级50家，村级173家，参与人数逾万人，涵盖群防群治、维权调解、公益慈善和文化体育等领域，在人权保障事业中发挥着独特作用。比较有特色的是吸纳乡贤共同参与人权保障事务，镇级成立乡贤联合会，各村成立乡贤参事会，时至今日已吸收乡贤326名。枫桥镇有镇级综治分中心3个，村级综治中心29个，企业级综治中心32个，快递行业等新型综治组织3个，各类综治组织成员363名，治调、巡防等配套组织成员1600多名。乡贤参事会、“店口红帽子”“枫桥大妈”等一大批具有影响力的社会组织，带动广泛的社会力量参与基层人权保障事务和平安志愿服务，成为枫桥镇一条亮丽的风景线。

（二）“枫桥经验”人权保障的权力规范与能动

依法明确权力边界。枫桥镇政府积极推动“枫桥式”派出所、“枫桥式”法庭、“枫桥式”检察室、“枫桥式”司法所建设，按照“全国示范、全省一流”的要求，自加压力开展专业化建设。比如，公安派出所不断强化执法工作机制建设，以依法严格自律，严防越权滥权为刚性底线，要求每位公安干警加强学习，提升公正文明执法的能力和水平。以此为准绳，枫桥打造了“枫桥式”政法综治干部队伍，有力地提高了将矛盾化解在基层、消灭在萌芽状态、控制在局部的能力。枫桥镇政府在推进权力规范运行方面，抓实抓好“三资”管理零违规、“四不”承诺零违背、“四违”零容忍、村工程零投诉和村公务零招待村级五件事，强化农村法律顾问职责，对行政村的工程建设、集体资产运作、农村私人建房等八方面村级重大事项进行合法性审查备案，未经审备不予批准，从源头上预防因违法办事而导致的各类矛盾纠纷。

依法约束权力行使。建立权责统一、权威高效的行政执法体制。枫桥派出所坚持从群众的视角审视、谋划、改进工作，更是积极推进以"基础为上、群众为本、服务为责"的警务优先战略，确立了"警务围着民意转，民警围着百姓转"两大理念，做到警民沟通交流的"走出去""请进来"方式，形成了"互议化小事、共议解难事、群议创平安"的民意警务新常态。同时推动警务格局向下移；推动基础警力向下沉；推动基础工作向深走。让基础工作的基石实起来，实现了"矛盾不上交、平安不出事、服务不缺位"，突出多元化解决矛盾、全时空守护平安、零距离服务群众的三个重点，就地解决，舍我其谁，不负民望所归，折射出新时代"枫桥经验"人权保障、安全保障的前瞻性、服务性和充分性。

完善权力协同治理。枫桥派出所按照新时代平安建设的要求，坚持专群结合、管控综合、警民共治，积极引导社会力量参与治理。一是完善管控一体全科新网格。由社区民警担任网格警长，配套组建"一村两警三员"（责任片警、驻村辅警、治保干部、调解专员、信息专员）为主体的警务团队，实行网格化布警、责任制防控、服务式管理，实现基础管控，大事全网联动、小事一格解决。二是培育议创一体社会新组织。按照"走群众路线、凝群众智慧、聚民众之力"的理念，枫桥派出所大力开展平安红细胞工程建设，协同市红十字会成立平安基金，推行民警兼任社会组织支部书记制度，形成了"党建引领、公安指导、群众参与、基金保障"的社会治理新模式。三是搭建上下一体网络新平台。按照"覆盖全域化、信息键盘化、处置同步化"的思路，枫桥派出所健全完善"两微一端"（微信、微博、移动客户端）群防云、社区"微警务"等平台，实现社情民意网上了解，正面能量网上聚合，信息线索网上传递，为平安创建发挥了良好的网络阵地作用。

（三）"枫桥经验"人权保障的权利参与和实现

2018年，枫桥镇政府实施民生实事工程人大代表票决制，表决确定10项政府实事项目。开展重大事项风险评估，以专业机构结合民意征集的形式广泛收集、及时化解社会稳定风险点。充分尊重民意、吸收民意、表达民意，比如，在古镇改造工程实施前，先后召开107次座谈会，发放公开信、倡议书、宣传册万余份，同时走访6936户家庭，挨家挨户上门了解情况、听取意见，把政策交给群众，把蓝图交给群众，赢得了全镇百姓的理解和支持，创造了村镇改造的“枫桥速度”和“枫桥效果”。又如，枫桥派出所积极推行“议普法宣传、议安全防范、议警务工作、议矛盾调处、议案件办理、创平安社区”的“五议一创”平安议事活动，更广泛地动员民众助推平安共创。在民主治村方面，推广枫源村“三上三下三公开”议决事制度，通过广泛动员群众参与村级决策，从源头上预防各类矛盾和纠纷的发生。

基层群众自治包括民主选举、民主决策、民主管理、民主监督，是保障公民直接行使各项民主权利的重要途径和制度保障。在今天的诸暨枫桥，企事业单位普遍建立和健全了职工代表大会，社区和村级建立了居民委员会和村民委员会，职工、居民和村民可以通过这些组织行使直接管理社会事务的权利。此外，枫桥镇还建立了根据年龄、性别、职业形成的各种社会团体和各类群众组织，政府组织和鼓励它们依照法律自主地开展社会活动，充分行使宪法和法律保障的各种权利，枫桥镇基层治理更加民主化、理性化、规范化。

依法保障公众的监督权，民主公开的实现形式更加丰富有效。近年来，枫桥镇党委政府深刻诠释“以人民为中心”，以政府信息公开条例为依据，坚持以公开为常态、不公开为例外原则，重点推进行政审批、财政预决算等领域的信息公开，加强互联网政务信息数据服务平台和便民服务平台建设。并建立对行政机关违法行政行为投诉举报登记制度，畅通举报邮箱、电子信箱、热线电话等监督渠道，发挥微信、QQ等现代媒体监督作用，运用和规范网络监督。村级设立了公开栏，成立了保障民主监督的村民理财小组、村务公开监督小组等，保证村务公开、透明。

（四）“枫桥经验”人权保障的法制供给与实施

首先，完善基层法律服务体系。基层法律服务体系建设是一种为促进公平正义的人权保障事业而形成的制度安排。因此，枫桥镇党委政府高标准建设全市首个公共法律服务站，着重构建“法律服务不出镇”，有效整合律师事务所、辖区法律服务所资源，设立窗口为群众提供法律服务。与市法律服务中心建立视频连线，整合优质法律服务资源，为群众提供可视化法律解答，枫桥法庭与行政村建立视频连线，提供专业法律解答。建立镇村“法润枫桥"微信群，法律顾问进行日常普法、及时提供法律咨询、在线解答等服务。会同省人大代表、品牌律师俞岚成立以其个人命名的法律工作室，为群众提供更加优质和专业的法律服务。扩大司法援助范围，健全救助体系，对符合援助条件的困难群众司法救助实行实报实销，保障困难群众权利。开通省乔司监狱远程视频系统助力安置帮教工作，家属足不出镇即可与服刑人员视频会面。在绍兴市率先完成社区服刑工作社会化全覆盖，除年老体弱人员外，全镇30名社区服刑对象全由红枫义警监督落实帮教工作。

其次，完善矛盾纠纷多元化调解体系。专业的调解员队伍是平安枫桥的坚实保障和光荣传统。枫桥镇采用专门人员为中坚力量、志愿者组织为后备力量，品牌调解为标杆的培养模式，以课堂培训、实践锻炼的形式，不断壮大调解队伍，提升调解员的综合素质，促进调解员的代际更替。目前，派出所、法庭、交警中队、检察室等站所共配备专职调解人员11人，行政村和社区配备调解干部93名，企业综治工作站配备调解员57名，调解联合会鼓励镇、村德高望重又热衷于公益事业的新乡贤、老党员、老教师、老政法干警担任志愿者，共吸收调解志愿者110余名。拓宽第三方参与纠纷化解渠道，成立了医患、涉土、纺织和汽配等几十个行业性、专业性人民调解组织，做到专业纠纷专业化解。同时，发挥网络信息技术在化解矛盾纠纷中的作用，推动线下调解向线上调解拓展，实现跨时空、一站式解决矛盾纠纷①。

再次，2015年枫桥推动各村修订村规民约，内容包含村级治理的突出问题和村风劝导，通过"软法"约束，对农村社会中存在的不讲规矩、缺乏道德修养、违背天理良心但又不构成违法处罚的行为进行制约，轻则批评教育、舆论谴责，重则黑榜公布、微信和QQ曝光，严重则取消资格（如取消村内林果分配）、赔偿损失等。经过近三年的推行，民风大有提升，村规民约"软法"作用显露出来。在原有基础上实行"村规民约积分管理制"，加强正面引导，对照"村规民约"制定加减分细则，细化奖罚内容，激发群众新活力。

最后，枫桥镇党委政府在维护广大人民群众的合法权益问题上，始终以

① 参见王昌荣：《新时代"枫桥经验"的深刻意蕴》，《浙江日报》2018年6月11日，第6版。

防范早，矛盾少，民安、民乐、民富的思想，坚持“小事不出村、大事不出镇、矛盾不上交”的基本精神不动摇，努力创建“零上访村”“零上访镇”工作机制，实施矛盾化解甄别疏导，坚持依法处置和自愿调解有机结合，开展镇与镇、村与村之间的互学互比，激发了各级抓信访、破难题、重化解的主动性，推动各类矛盾纠纷在村、镇层面得以化解。2017年度，枫桥共化解各类矛盾纠纷1074起，其中重特大纠纷2起，疑难纠纷201起，一般纠纷179起，简易纠纷692起，调处率达98.7%。为进一步健全多元矛盾纠纷化解机制，2018年4月设立了诸暨市枫桥镇联合调解中心，打造调解工作“最多跑一次”的工作机制。健全落实领导下访和接访制度，建立“谁接待、谁跟踪、谁回访”机制，实现责任和服务对接。建立信访积案化解机制，推广“化解七法”，使历年信访积案化解率达到90%以上。

（五）“枫桥经验”人权保障的机制变革与强化

第一，深化实施“最多跑一次”改革。2016年，浙江省委省政府推出“最多跑一次”改革，是对准发展所需、基层所盼、民心所向，是浙江落实中央全面深化改革部署的重要创新实践，也是浙江将改革向纵深推进的一块金字招牌[①]。按照“中心以外无权力”的原则，枫桥镇对便民服务平台进行系统调整，将所有审批事项归入行政审批服务中心。开设10个综合受理窗口和2个出件窗口，将21个单位的408项审批事项全部纳入无差别受理，通过“一窗受理、内部流转”，打破了线办、站所独立设窗的模式，有效解决了各部门、各时段忙闲不均的问题。枫桥镇率先实行“城乡通办”，设立村便民服务中心，作为实现“最多跑一次”的城乡延伸，把“一证通办”中的48个事项下放到每个行政村，枫源村的便民服务中心更有来自公安、交警、民政等9个部门112项事项，由村代办员替老百姓跑，由“来回跑”转变为“数据跑”，老百姓足不出户在村就能办事，做到了服务不缺位。把“最多跑一次”真正落到实处，实现五证通办：一窗通办、一证通办、一码通办、一网

---

① 参见沈轩：《“最多跑一次”改革的实践创新和理论价值》，《浙江日报》2018年3月12日，第10版。

通办、城乡通办。运行24小时惠民服务热线，完善弱势群体救助体系，用信息化手段发动群众服务群众，参与基层治理，对弱势群体提供家政、应急救助、惠民等服务，打造基层人权保障事业的枫桥样本。

第二，深化实施基层治理“四个平台”建设。“四个平台”是以综合信息指挥系统为依托，形成信息收集、分流交办、执行处置、日常督办、信息反馈、督查考核一条龙，实现受理、执行、督办、考核闭环管理。目前，枫桥镇共划分197个网格，其中村居网格189个、专属网格8个，按照“三员一警”配备网格人员，并整合调解员、食安员、流管员等各类村级协辅人员，作为兼职网格员，配强网格力量。每个网格指导员和专职网格员都配备平安通手机，安装平安通APP，兼职网格员也都安装了平安浙江APP。网格员遍布枫桥，按照“下去一把抓，上来再分家”的工作原则，他们一线走访、发现问题、掌上输入。在“四个平台”具体运作中，枫桥镇特别强调增强镇综合信息指挥室的实战能力，高标准建成综合信息指挥室，有专职人员负责上报、分析、流转、指派、交办、考核等环节，实现网格、行政村（社区）、镇党委政府之间无缝对接，确保第一时间处置问题、以最大限度解决问题，确保基层人权保障事业的发展。2018年以来，上报事件6529条，已办结6015条，办结率92.1%。

可见，枫桥推进基层治理智能化，注重创新和治理两轮驱动，探索运用信息化手段，创新治理方式，切实做到资源共享、信息互通、工作联动，不断提升基层治理智能化、信息化水平和提高社会管理能力，以数字政府和政府行为标准化为重点，进一步规范政府行为，不断提高政府的公信力，确保基层人权保障事业的发展。

步入新时代，“枫桥经验”人权保障事业持续深化推进，同时，枫桥镇党委政府和基层组织在治理过程中守法的程度和依法办事能力或者说当地整合治理能力也在逐步提高。站在新的历史起点上，“枫桥经验”人权保障事业呈现新态势：第一，枫桥党委领导、政府主导和社会参与“三位一体”协同推动，成为枫桥人权保障事业发展的主体要求和基本路径；第二，枫桥镇党委政府将继续致力于探索自上而下与自下而上相结合的人权保障事业发展道路；第三，渐进式地协调推进是“枫桥经验”人权保障事业发展的基本方式；第四，理性的人权保障意识和有序的维权行动始终是枫桥人权保障事业发展的有益途径；第五，多层次、全方位、系统化、实效化是枫桥人权保障事业发展的基本趋势；第六，弱势群体的权利保障将予以更多关注和更大重视。

枫桥镇党委政府在人权保障事业上的持续、切实推动是根据枫桥基层农村社会的实际情况而进行的，同时也始终以开放的心态加强与全省乃至全国基层农村社会治理领域的交流与合作。走出一条平等、合作、安全、包容的能动、协同的人权保障特色之路，是“枫桥经验”发展创新的时代必然。

“枫桥经验”演进中的村规民约成效检视及前瞻*

余钊飞**

摘　要：“枫桥经验”源于浙江省诸暨市枫桥镇1963年的社会改造经验，历经55年的发展，已成为中国基层社会治理的典型样本。村规民约体系是基层自治中的主要自治性规范，是规范基层群众生产生活的主要依据之一。由于农村经济社会发展加快，村规民约的发展也面临着重新调整的时代压力；如何因地制宜、与时俱进地完善村规民约，直接关系到乡村治理的现代化进程，也关系到乡村振兴战略的落实。近年来，枫桥当地干部群众能够认真审视以往村规民约中存在的部分内容不合法、程序不规范、实施缺保障的现实问题，因地制宜地提出更加法治化、系统化、规范化的村规民约样本，进一步丰富和发展了“枫桥经验”。

关键词：枫桥经验；社会治理；村民自治；村规民约

“法治兴，则国运兴”，一个国家的良性发展离不开法治保障；一个地方的法治发展程度在一定意义上也反映出其文明水准和现代化程度。党的十八届四中全会作出了《中共中央关于全面推进依法治国若干重大问题的决定》，决定指出，要“推进多层次多领域依法治理。坚持系统治理、依法治理、源头治理，提高社会治理法治化水平。……发挥市民公约、乡规民约、行业规章、团体章程等社会规范在社会治理中的积极作用”。文件精神为基层法治

---

* 国家社会科学基金项目（14CFX026，18BFX001）。

** 余钊飞（1981-），男，浙江诸暨人，杭州师范大学沈钧儒法学院教授、博士，研究方向为法理学和法律史学。

建设提供了极为重要的指引，即基层法治建设的目标是实现基层社会“民主法治”，工作重点是强化“基层社会依法治理”，创新载体在于“基层自治规范建设”。党的十九大报告明确提出了乡村振兴战略，要求加强农村基层基础工作，健全自治、法治、德治相结合的乡村治理体系。乡村治理现代化进程中，一个重要的标志就是“村民自治章程和村规民约”现代化。自1977年枫桥当地村庄制定《治安公约》以来，村规民约的发展已成为“枫桥经验”的重要内容之一，对于预防乡村纠纷、维护农村稳定、规范乡村自治、调整社会关系起到了重要的作用。随着农村城镇化、村民自治、基层法治、平安建设进程的加快，村规民约随着时代的发展呈现出一定的滞后性，调整、充实、提高村规民约的规范化和法治化水平，成为新时代发展“枫桥经验”的重要样本之一。

一、村规民约的历史发展

民间规约一般都具有较强的地域性与多形态性。“它们可以是家族的，也可以是民族的；可能形诸文字，也可能口耳相传；它们或是人为创造，或是自然生成，相沿成习；或者有明确的规则，或更多表现为富有弹性的规范；其实施可能有特定的一些人负责，也可能依靠公众舆论和某种社会亚团体。”①

所谓民间规约，实际上是指人们在长期共同生活之中形成的，存在于人们的观念之中或某种特定的文本之中，在一定地域内实际调整人与人之间权利和义务关系的非官方行为规范。刘笃才教授对中国古代民间规范所做的研究证明：“民间规约是国家法律的重要补充，它的产生标志着公共领域从来都不是为国家所独占的。唐代后期的社邑规约、宋明时期的乡约、明末清初产生的民间慈善组织规约和清代晚期的乡规等都有着自己的必要生存理由。中国历来是个乡土社会，民间规约在维护基层社会秩序方面具有积极意义。”②

“枫桥经验”源于浙江省诸暨市枫桥镇，是著名的社会治理经验。当前

① 参见梁治平：《清代习惯法：社会与国家》，中国政法大学出版社1996年版，第36页。

② 参见刘笃才：《中国古代民间规约引论》，《法学研究》2006年第1期，第135–147页。

"枫桥经验"逐渐从基层综合治理经验转变为基层社会治理现代化的新样本。一般而言，村庄价值生产能力强的地区，就是具有强地方性规范的地区。地方性规范是一个地方关于应该如何行动的准则。强地方性规范使该地方的人们具有明确的行动目标和道德标准[①]。枫桥镇是我国典型的南方乡镇，其内生性地方性规范的生产能力明显较强。

2003年前后，"枫桥经验"的重心逐渐由综合治理转向基层民主法治建设。村规民约的内容也从早期侧重于村庄治安开始延伸到民主治村的方方面面。

二、枫桥等地村规民约建设进程中存在的问题

自1987年《村民委员会组织法（试行）》颁布以来，保留着我国乡治传统特色的村规民约重新获得了生命，并迅速在全国扩展开来。村规民约最大的特点之一，就在于它作为一种地方性知识，与特定的社区、地域、人群的风俗习惯、文化传统紧密相关。正由于这样一种"地方性"局限，村规民约经常超出国家法律的范围。如何使那些"溢出"部分具备相应的合法性，或使其回归国家法律，成为我们考虑村规民约时必须特别关注的问题。就是说，正确处理国家法与地方村规民约的关系，成为实施地方自治过程中村规民约体制建构的关键所在。因为村规民约建立在基层社会的土壤之中，有其独特的发展方式和适用逻辑，而国家法本身固有的局限性注定无法将这些发展逻辑包含在内。质言之，国家法不可能巨细无遗地体现这些逻辑。国家法所代表的一般是一套村民所不熟悉的逻辑，很多情况下与村民生活逻辑有一定距离。村规民约是村民自治组织依据国家法律法规，结合本村实际，为维护本村社会秩序和道德风俗而制定的一整套约束村民行为的自治规范。一般来说，它是村民自治组织自主制定的，"合法性"仍是对村规民约的最基本要求。从自治法理上讲，自治规范的主旨应该是在法治框架下，极大增进村民福祉。但如果自治规范中包含侵犯村民合法权益的条款，即使被表决通过，在法律上也应当是自始无效的。这就要求我们非常审慎地看待村规民约的制定工作，

---

① 参见贺雪峰：《村治模式若干案例研究》，山东人民出版社2009年版，第28页。

处理好村规民约与国家法律的关系。

（一）村规民约形式化倾向

当前，很大一部分村规民约缺乏实质性化解基层矛盾，保护村民合法权益的条款①。大多数村规民约制定程序存在瑕疵，村民参与程度低，认同率不高，“贴在墙上”成为形式化标志。此外，乡镇人民政府在这一领域缺乏统一指导和规范，也缺乏应有的重视。另外，近年来东部沿海地区经济迅速发展，土地资源空前紧张，土地价值迅速上升，土地补偿金分配引发的矛盾快速上升。同时，由于户口管理制度不能适应市场经济的发展，导致各地甚至各村的户口管理规则很不一致，使土地利益分配问题更加复杂化。一些土地被征用的村，在向村民发放土地补偿金时，经全体村民代表讨论，相继出台了一系列分配方案和办法。由于这些方案损害了部分有婚姻关系变化的村民对户口及相关权益的选择权，遂不断引发系列上访，成为当前农村疑难矛盾纠纷的焦点之一。

（二）部分村规民约的内容与法治精神相违背

农村社会具有一定的封闭性，个人利益、集体利益、国家利益相互交叉，部分村规民约的内容与法治国家建设理念冲突明显。

第一，村规民约中最为凸显的是妇女权益的保障问题。由于土地的价值不断增值以及村庄福利的不断提升，出嫁女、媳妇、丧偶离婚妇女的权益在父权制的村庄政治中始终处于不利状态。一方面，村庄精英中妇女过少，导致妇女在涉及自身利益的相关意见表达方面处于失声状态，或者表现出忍气吞声的状态。另一方面，政府在彻底贯彻妇女权益保护方面缺乏足够的意识和决心，一般习惯性认为涉及村庄妇女权益保护的问题属于村民自治范畴而不予以干涉。同样，基层人民法院也以此为由，将相关案件列入不予受理的范围之中。这导致妇女权益保护难以贯彻，其结果是直接将此类问题推入信

---

① 参见周铁涛：《村规民约的当代形态及其乡村治理功能》，《湖南农业大学学报（社会科学版）》2017年第1期，第49–55页。

访渠道，从而导致更大的公共资源浪费。实际上，关于出嫁女的村集体经济分配问题，各村几乎出台了一致的方案。一些具体的村规民约实施办法和细则，影响了村民农嫁非、农嫁农和离婚妇女再婚后的户口去留，以及相关子女教育、生产资料的分配、福利待遇的分享等实际利益。村民代表会议制订的方案与有关政策、法律、法规相抵触，特别是农村妇女的实际利益严重受损。这一方面与"嫁出去的女儿，泼出去的水"这种根深蒂固的传统观念有关；另一方面与村规民约缺乏内容合法性审查有关。与此相类似的还有大学生和服刑人员等户口关系较为特殊的人员的利益分配问题[①]。

第二，男女事实上的权利不平等，在各地村规民约中进一步固化甚至加剧。由于受长期以来形成的重男轻女、从夫居等观念和习俗的影响，一些地方在协商土地承包、征地补偿款分配议题时，侵犯了农村妇女合法权益，主要体现在对于出嫁女、离婚妇女和上门女婿及其子女不分或者少分土地或者补偿款，违反了《村民委员会组织法》的相关规定，也不符合男女平等的基本国策及相关法律政策，造成了土地纠纷案件增多，甚至出现集体上访事件，严重影响了社会的和谐稳定，引起了各级政府部门和妇女组织的高度关注[②]。由于我国长期传承的"从夫居"传统，使得男姓村民事实上成为"永久村民"，而女性居民则是"临时村民"；女性一旦结婚，基本上就会失去村民资格或者失去村庄集体资源分配权。媳妇、嫁城女、招赘女、上门女婿及其子女的法定权益要么被剥夺，要么被减少，要么被漠视。几乎所有村庄村规民约中都没有保护妇女土地权益的单独条款；有的地方是公开确定招赘女婿的指标数，有的地方则"一刀切"规定，嫁出去的妇女不论户口是否迁出均无权享受村庄福利。所有这些现象都与我国《妇女权益保障法》《土地承包法》《婚姻法》的精神严重违背。事实上，这些"重男轻女"式的村庄制度安排与计划生育的基本国策呈现出深层次的内在紧张。这种内在紧张表现为村民宁可超生多个也要生儿子。比如一个已生育两个女儿的村民，其再生一个

---

① 参见高其才：《村规民约在乡村治理中的作用——从法律行政法规部门规章等中央规范性文件角度的考察》，《暨南学报（哲学社会科学版）》2017年第9期，第2–10页。

② 参见全国妇联妇女研究所课题组：《村规民约与男女平等读本》，中国妇女出版社2014年版，第1–2页。

男孩就会获得宅基地申请、征地拆迁补偿、集体福利的种种宝贵机会，其被罚的几万元的社会抚养费与动辄几十万元、上百万元的土地收益和集体福利相比显得微乎其微。村民观念的落后一方面与传统思维有关，但另一方面与生儿子获得的强大的集体利益分配直接相关。如果我们不正视此类问题，男孩女孩出生的比例会越来越失衡，从而带来更大的社会问题和挑战。所以从这个层面分析，村规民约的修订不仅是一个法治建设的问题，也是一个重大的社会问题。

第三，不成文的村"老规矩""潜规则"盛行。随着1998年村民自治的深入开展，多数村庄制定了相应的村民自治章程和村规民约，但是由于形式化倾向过于严重，大多数村规民约成为应付村民自治工作检查的摆设。尽管贴在墙上的村规民约各村均有，但是教条主义式样的村规民约几乎很难内化为村民的意识和行为准则，其中核心的问题是真正主导乡村社会生活规则的恰恰是那些不成文的村规民约。那些几乎被干部群众都习惯的老规矩、潜规则成为人们心目中的"习惯法"，实际主导着村民资格认定和利益分配等村庄管理中的关键问题。部分村规民约罚则动辄采取罚款、写保证书之类的处罚手段，这些处罚规则多数是土办法、老习惯。如诸暨某村对于偷挖竹笋的行为，村委会按照每株100元进行罚款。这尽管可以有效遏制偷挖行为，但此处村委会显然没有法定的行政处罚权。如果适当修订村规民约，按照民法中损害赔偿的相关法律规定，要求其按照市场价进行赔偿，这样处理就会变得更加法治化、规范化。

由上可见，规则的制定也许是通过合法程序的，但有些内容明显背离了相关法律法规精神，属于不合法规则，类似于用"多数人的暴政"剥夺少数人的合法权益。因此，不能因为村规民约的地域性和相对独立性而忽视其本身的合法性与合理性建设。1998年的《村民委员会组织法》第20条以基本法律的形式规定"村民会议可以制定和修改村民自治章程、村规民约，并报乡、民族乡、镇的人民政府备案"，由此奠定了村规民约建设的法律基础①。但实际操作中，几乎大多数乡镇人民政府没有建立村规民约备案审查机制，

---

① 参见赵蓬：《论乡村治理视域下的民间规范》，《民间法》2011年第00期，第81-91页。

导致村规民约的合法性审查环节严重缺失。此外，村规民约的内容和范围并非无限，法律明确划定了它的边界，即“村民自治章程、村规民约以及村民会议或者村民代表所讨论决定的事项，不得与宪法、法律、法规和国家的政策相抵触，不得有侵犯村民的人身权利、民主权利和合法财产权利的内容”。因此，村规民约建设必须紧紧围绕法律的规定展开。

（三）村规民约内容简约模糊

考察当前枫桥等地的村规民约文本，我们可以发现，多数村规民约的内容过于简单模糊，各种临时性办法、细则与总纲之间不能协调匹配。同时，部分村规民约的内容显示出较大的滞后性，未能跟上国家总体法治建设的步伐。

此外，前些年由于行政村合并后，部分大村包含多个自然村，在实际村庄建设过程中，出现了“大村难以领导小村，小村不关心大村，小村之间互不关心”的局面。大村统筹全村建设发展的能力在下降，小村自我建设的水平低下。另外，几乎所有的村规民约都没有配套的执行机制，这也是一个规则体系中的显著缺陷。

三、在传承和发展“枫桥经验”中进一步完善村规民约

“枫桥经验”的核心要义在于发动和依靠群众，将矛盾纠纷化解在基层，化解在萌芽状态，实现“矛盾不上交”。村民自治中的民主管理，就是发动和依靠村民，通过制定村规民约等规章制度，规范和约束村民的权利和义务。“枫桥经验”在一定意义上指引着村民自治更加依靠群众，而村民自治则是“枫桥经验”发展创新的重要内涵，村规民约则成为村民自治发展“枫桥经验”的重要载体。自1990年以来，发展和规范村民自治成为“枫桥经验”的重要内容。作为村民自治重要内容之一的村规民约，不仅有助于基层自治制度化水平的提升，也有效引导着村民按照既定的规则调整相互之间的生产生活关系，成为基层社会预防和化解社会矛盾的重要制度基石。自2008年枫桥镇陈家村村规民约体系建成后，村规民约逐渐成为新时代“枫桥经验”的重要制度样本，在近年来完善乡村治理体系和提升乡村治理能力方面起到了

重要作用。农村是我国社会治理的重点、难点，也是法治建设的薄弱点，建设现代化的新农村除了良好的基础设施之外，必须有良好的软环境予以配套发展。村民自治章程、村规民约作为农村社会运行的主要规则，其质量高低、执行好坏直接关系到农村法治建设的水平。当前，以枫桥镇为代表的东部发达乡镇正处于工业化、城市化、现代化发展的关键时期，小城市建设取得了长足发展，但是村庄发展呈现出多样化和复杂化趋势。部分村庄基础设施建设、产业建设、软环境建设滞后，镇域内部的不均衡性要求我们更加重视乡村的全面发展。“枫桥经验”的精神实质是以人为本、发动依靠群众解决基层矛盾，做到“矛盾不上交”。按照合法、规范、实效原则修订完善村规民约，是发展“枫桥经验”的重要抓手，也是“枫桥经验”形成制度化的重要形式①。

（一）以宪法法律为基准，提升村规民约规范化水平

村规民约是村民自治的重要体现，宪法和法律赋予了村规民约一定的法律效力。村民自治章程、村规民约是《宪法》和《村民委员会组织法》明确赋予村民自治的重要内容，其合法性不仅关系到村民切身利益，也是贯彻落实现行法律的重要表现。村民自治章程、村规民约的内容必须与国家现行的法律法规和党的方针政策相符合，比如不能违反计划生育和国土保护等基本国策②。在村规民约的实施过程中，必须严格遵守国家的相关法律法规，不能逾越法律边界。比如涉及剥夺人身自由、罚款的，必须及时废除，而是采用民法中相关损害赔偿的规则进行替代。

（二）恪守民主程序，严格按法定程序修订村规民约

村民自治的过程就是按照法律程序进行民主治村的过程。村规民约是村民自治的具体体现，村规民约的制定过程，是村民自治组织通过村民代表大

① 参见彭忠益、冉敏：《乡村治理背景下村规民约发展的现实困境与重塑路径》，《中南大学学报（社会科学版）》2017年第6期，第117–123页。

② 参见陈寒非、高其才：《乡规民约在乡村治理中的积极作用实证研究》，《清华法学》2018年第1期，第62–88页。

会，协商并确定规则的过程。基层社会的一些治理规范，由于缺乏程序性的操作规则，致使宪法和法律所赋予公民的实体权利，缺乏实现权利的程序和规则，导致法律权利被虚置。在完善村规民约的过程中，必须明确村民的各项权利义务，设定村民实现权利的各项程序和途径，通过制定具有针对性和适应性的具体程序性规则，为村民权利的实现提供保障。

（三）加强村规民约保障机制建设，提升村规民约权威性

村规民约的实施关键在于有良好的保障机制。从当前村规民约实施乏力的现实情况看，村规民约的实施缺乏行政保障和司法保障。尽管村规民约按照现行法律可以报送乡镇人民政府备案，但此套机制缺乏相应的保障力度。当前村规民约送乡镇人民政府备案的制度设计，既没有配套制度予以跟进，也缺乏相应强制力，故而直接导致村规民约合法化审查环节的缺失和执行权威下降。为了提升村规民约的权威性和合法性，必须建立更加科学合理的备案审查制度。如可将《村民委员会组织法》中村规民约"报乡、民族乡、镇人民政府备案"，修改为"报县级人民代表大会常务委员会备案"。这种考虑是基于乡镇政府缺乏相应的监督手段和能力，而县级人大常委会则具有合法性的审查权威和能力，通过这种改变可以增强对村规民约事后审查的力度①。此外，应当进一步加强对村规民约的司法审查，应当允许村民对依据村规民约等自治规范作出的侵犯其合法权益的具体事项向人民法院提起诉讼。人民法院在审查案件时既可以应当事人的申请，也可以依职权附带审查相应的村规民约，如发现违法的村规民约内容，法院虽无权直接作出改变或撤销，但应向相应的县人大常委会提出司法建议，由县人大常委会或乡镇人大作出撤销和改变的决定。同时在检察机关公益诉讼的改革进程中，对于检察机关在办案过程中发现的严重破坏村民集体利益的村规民约等自治规范，可依法发挥其法律监督职能，向村民自治组织发出检察建议，若村民自治组织不采纳，则可向相应的县人大常委会提出建议，由县人大常委会或乡镇人大作出撤销和改变的决定。

---

① 参见温万民：《新农村建设与村民自治法律研究》，山西人民出版社2011年版，第146页。

（四）因村制宜，根据村情民情完善村规民约内容

村庄因其地理位置、文化传承、风俗习惯、经济发展的千差万别而显示出其独特的个性化差异。诸暨市的社区村庄已经呈现出现代化小区、城中村、城郊村、山区村并行的局面，应当根据这些实际情况设计不同类型的村规民约版本[①]。根据村庄的实际发展状况修订村规民约的相应内容，是保持村规民约与村庄现实生产生活相适应的必然之举。

“枫桥经验”历经55年发展，其核心内容依然是发动和依靠群众，实现“矛盾不上交”。村规民约的制定和完善过程是发动和依靠群众提升村民自治水平的重要举措，也是保障村民权利义务的重要制度依据。村规民约是直接关系到村民切身利益的制度依据，只有充分关注群众利益，在实体和程序上保障村民权利和义务，才能走向法治化轨道，为中国基层社会实现法治奠定坚实基础。

村规民约是我国传统法律规范体系的重要组成部分，也是最具民族精神和文化传承特质的社会治理规则之一。在传统中国，乡村社会自我管理的规则一般为乡规民约，是村民进行自我服务、自我管理、自我教育的一种习惯。乡规民约在中国古代历史久远，成为宗法社会中主导乡民生活的主要规则，如北宋年间关中吕氏家族制定的《吕氏乡约》影响千年。明清时期，最高统治者对乡治极为重视，如明洪武帝、清康熙帝分别颁布过的《教民榜文》《圣谕十六条》均对乡约村规作出重要导向性规定。由此，乡规民约成为中国古代基层社会中乡治的重要依据。在古代中国，既有刻诸碑石的乡规民约、族法家训，也有口口相传的民间习惯。乡规民约内容庞杂，不同的民族、不同的村落都有各具特色的村规民约体系。世易时移，村规民约的内容随着时代的变迁也在不断变化。既有维护治安方面的禁赌博、禁吸毒、禁斗殴、禁欺压弱小、禁偷盗方面的规则，也有禁虐待父母的礼教规则，还有禁损害

---

① 参见范忠信、武乾、余钊飞：《“枫桥经验”与法治型新农村建设》，中国法制出版社2013年版，第110页。

庄稼、禁乱伐树木等保护生产生活秩序的规则，其主要目的是维护乡村社会和宗族的日常秩序。近代以来，在乡村建设方面，以河北为著，如河北省定县翟城村，从1904年开始制定了一系列村规民约，成立了多种自治会社，以自治方式办理村中事务。到1914年，相继制定《翟城村治组织大纲》《卫生所规约》等一系列近代化村规民约，开启了村规民约与现代社会接轨的先河。陕甘宁边区时期，中国共产党在推进乡村自治建设过程中，为巩固基层民主建设，大力推进乡村自治，如绥德县延家川等地也制定过一系列村规民约，得到当地群众的热烈支持和拥护，使村规民约建设与党的群众路线实现了统一，有力巩固了当时的抗日民主政权。自1982年宪法确立了中国特色的基层群众自治制度以来，村规民约取得了长足发展，并随着村民自治的广泛深入，成为基层自治的重要标志。党的十九大确立乡村振兴战略后，作为中国基层社会治理重要制度依据的村规民约，必然迎来新的历史发展阶段。作为中国基层社会治理的样本，“枫桥经验”在新的历史时期承担的重要历史使命，就是依靠群众维护稳定、促进发展，从而为乡村振兴提供良好的治理体系和治理能力。因此，以修订完善自治章程、村规民约为契机，完善乡村治理结构，理顺乡村治理主体关系，提升乡村治理品质，将成为新时代“枫桥经验”创新发展的重要任务。

“网上枫桥经验”浙江实践及其创新*

褚宸舸，史凯强**

摘　要：“网上枫桥经验”是互联网治理的产物，是“用网”和“治网”的“枫桥经验”，是根据新时代“枫桥经验”中智能化的内涵所提炼出的新概念，是传统“枫桥经验”在治理领域的扩展和治理方式的创新。浙江省积极践行“网上枫桥经验”，在普法、问政和舆情管控、预防和打击违法犯罪、金融风险防控、矛盾纠纷化解等领域取得了显著成效。“网上枫桥经验”的浙江实践重视通过网络公共治理平台来整合资源。但是，智能化如果没有人性、人权、人文关怀的价值观“加持”，如果没有民主、法治的基础保障，极易发生异化。所以，浙江的“网上枫桥经验”更强调以人为本的服务和文化品位的提升。

关键词：“网上枫桥经验”；浙江省；网络治理；基层社会治理；公共服务

新时代“枫桥经验”的内涵已经不仅仅涉及乡村治理和矛盾纠纷化解，而是拓展到城市的社区、企业以及网络空间，更强调社会服务与管理，防范社会风险。“网上枫桥经验”是新时代基层社会治理的重要着力点之一，是根据“枫桥经验”中“智治”（智能化）内涵所提炼出的新概念，是“枫桥经验”在治理领域的扩展和治理方式的创新。浙江省是“网上枫桥经验”的先

---

* 陕西省“三秦学者”创新团队支持计划“西北政法大学基层社会法律治理研究团队”；诸暨市人民法院委托项目。

** 褚宸舸（1977-），男，山西汾阳人，西北政法大学行政法学院教授、博士、博士生导师，研究方向为基层社会法律治理、宪法学、犯罪学；史凯强，西北政法大学行政法学院。

行者和典型代表，对其要素予以解析，对其实践进行提炼总结，具有重要的实践意义和学术意义。

一、“网上枫桥经验”的内涵

2015年7月，国务院印发《关于积极推进“互联网＋”行动的指导意见》，从国家战略高度将互联网与大数据的运用和管理纳入国家治理体系之中。

党的十八届五中全会上，习近平总书记强调，要充分利用互联网、大数据、云计算等信息化技术手段和方式，有效发挥其在国家社会治理中的积极作用。

2018年1月的中央政法工作会议上，中央政法委首次明确提出“网上枫桥经验”概念：“要总结推广‘网上枫桥经验’，推动社情民意在网上了解、矛盾纠纷在网上解决，努力使社会治理从单向管理向双向互动、线下向线上线下融合、单纯部门监督向社会协同转变。”①在信息化时代背景下，互联网、大数据等信息技术手段以其高速度、大容量、交互性和开放性的优势和特点，成为基层治理的重要手段和方式。

“网上枫桥经验”概念的产生源于互联网治理的现实需要。如何防治互联网、信息化、智能化带来的负面因素，实现网络安全治理，成为互联网行业以及社会普遍关注的议题。2016年开始，互联网企业阿里巴巴集团联合有关机构召开过多次会议。其中，2016年12月，新华社《瞭望》周刊与阿里巴巴集团在北京共同召开网络“新枫桥经验”高峰研讨会，首次提出网络“新枫桥经验”的概念，并提出“警企合作、群防群治、敢于创变”的网络治理新思路。近年来，中央政法委聚焦网络管理与服务、发展与安全，相继邀请马云、周鸿祎讲解“科技创新在未来社会治理中的作用”“新时期全球网络安全形势及应对”，全国超过150万政法干警通过视频形式观看讲座。中共中央和中央政法委反复强调，要善用法治思维和法治方式治理互联网空间，深

---

① 参见中央政法工作会议：《总结推广新时代“枫桥经验”促进城乡基层社会治理现代化》，http://www.chinapeace.gov.cn/2018-01/23/content_11447076.htm，访问日期：2018年6月18日。

入推动互联网治理与法治协调发展，从而实现依法治网、依法办网、依法上网，营造良好的网络环境[①]。

党的十九大报告提出，“要加强互联网内容建设，建立网络综合治理体系，营造清朗的网络空间”。2018年年初提出的“网上枫桥经验”，将网络治理纳入基层社会治理之中予以考虑，并与政法综治战线的金字招牌“枫桥经验”相结合。这是中央政法委对网络治理的回应，既凸显了对网络治理的重视，也扩展了“枫桥经验”的外延。“网上枫桥经验”是“用网”和“治网”的“枫桥经验”。一方面，“网上枫桥经验”以“互联网＋社会治理”为手段，通过搭建网络平台，整合信息资源，创新工作载体，综合运用大数据、云计算等智能化、信息化手段和方式，提升矛盾纠纷解决智能化、精准化、高效化；另一方面，“网上枫桥经验”以网络为治理对象，综合运用“枫桥经验”的价值理念和成功做法，通过依靠和发动群众，强调自治、法治、德治“三治”结合和共建、共治、共享，实现矛盾纠纷网上解决，正面力量网上凝聚，消极因素网上消解。

二、浙江实践“网上枫桥经验”的主要领域

浙江省特别是“枫桥经验”的发源地诸暨市不断深化“网上枫桥经验”的治理内涵，创新网络治理手段和方式，优化其治理模式和机制，成为新形势下网络治理的典型样板。2016年浙江省政府出台《浙江省“互联网＋”行动计划》，提出“网上浙江”口号，新增了“互联网＋社会治理”。诸暨市委市政府制定《坚持发展“枫桥经验”三年（2016—2018年）行动计划》，提出打造全国县域“互联网＋”社会治理体系建设示范区，不断深化社会治理“两网融合”，全力打开“互联网＋”背景下社会治理转型新通道，探索形成上下打通信息化、内外打通扁平化、条块打通一体化的“互联网＋”社会治

① 参见习近平：《加快推进网络信息技术自主创新 朝着建设网络强国目标不懈努力》，http://www.chinapeace.gov.cn/2016-10/10/content_11371648.htm，访问日期：2018年7月5日；刘云山：《坚持网络安全和网络发展同步推进》，http://www.chinapeace.gov.cn/2016-09/19/content_11368182.htm，访问日期：2018年7月5日。

理新模式。浙江省积极践行“网上枫桥经验”，在普法、问政和舆情管控、预防和打击违法犯罪等领域取得了显著成效。

（一）普法

进入新时代，公众接受法律信息的渠道发生转变，新媒体从形式到内容更能迎合公众的需求。普法不是简单的“灌输”，它是一个双向、互动、交流的过程。目前，浙江省已形成了包括门户网站、网群、微博、微信等多种载体在内的浙江普法宣传新体系。如开通“浙江普法”官方微博和“浙江省普法系统资料共享库”专栏，免费提供省普法办设计、创作、编写的各类法治宣传资料电子版，实现资源共享。杭州市西湖区重点推出“普法数字虚拟展厅”，通过把普法内容与数字虚拟展厅系统相融合，实现了普法宣传和公共法律服务一体化。金华市充分发挥“电商式”普法平台优势，全面整合各方职能和资源，提供线上点课下单服务，实现了法治信息资源发布、网络在线学法考试、网络普法工作指导交流、线上法律公共服务等功能一体化。丽水市建立“我的壹家”1355社会协同管理网络平台，全市机关企事业单位干部（职工）通过该平台的网上普法自主考试系统统一参加学法用法知识考试。诸暨市整合公安、司法、法院、检察院、律师事务所等法治资源，建立“1963法润”直播平台，开设“民警说法、法官说法、检察官说法、律师说法”等直播栏目，通过典型案例以案释法，与网民实时互动交流，解答法律疑惑，并联合基层社会调解组织，将线上复杂问题引导至线上线下解决，取得了良好的普法效果。

（二）问政和舆情管控

“问政”是一个双向互动的过程。一方面，是政府问计于民，旨在制定出更为合理的政策；另一方面，是公众过问政府事务，参与政务，监督、规范乃至制约政府的权力和行为。网络问政是以网络为平台、以沟通为手段、以共识为目的而进行互动的一种政治活动。网络问政不仅是政府工作的重要组成部分，还是网民参政议政以及行使监督权的重要渠道，它极大地拓宽了公民参政议政的空间，有效地实现了政府和社会的良性互动。2015年浙江省开通浙江政务服务网，截至2018年6月，浙江政务服务网的注册用户就已超过1700万，浙江政务服务APP可提供“互联网+政务服务”功能已超240项，实现了省市县网上政务服务导航、认证、申报、查询、互动、支付、评价一体化。引入“淘宝”评价机制，通过主动发布、网络留言、问题处置、结果反馈和监督考评，真正实现了网络问政的价值和功能，充分发挥了社会监督作用。

网络问政中问题的有效解决是关键。网络作为线上平台，必须依赖线下的处置。政府通过网络宣传、政策解读、党员干部回应等方式，推动网上和网下深度融合，真正实现基础信息不漏项、社情民意不滞后、问题隐患全掌控。诸暨市通过整合论坛、微博等功能，推出集部门发布、政务互动、记者追踪等于一体的“政民e线诸暨市网络问政和民生服务互动平台”。在“五水共治”“三改一拆”等问题上，诸暨市实时追踪、反馈、解决网民提出的问题，及时疏解网民的困惑和疑虑。2016年，诸暨市共发布服务信息4.8万余条，实现互动130万余人次，其中涉民生类网帖3911个，回复落实率达98.6%。龙游县推广运用“龙游通”线上建立“村情通”民情信息库，实现村务信息资源实时共享；线下建立党员干部回应制度，实时加强村务动态化管理和监测，积极回应民意。截至2018年6月，“龙游通”的关注使用用户超过20.23万人，每天更新的动态信息达4万余条，这充分说明群众的认可程度和参与热情。

网络舆情考验着政府的治理能力。2015年12月，中共中央、国务院颁布的《法治政府建设实施纲要（2015—2020年）》将健全网络舆情监测、收集、研判、处置作为法治政府建设的重要手段和目标。浙江在线推出“浙江舆情”APP，内容涵盖“舆情定制报告”“突发舆情推送”“重大舆情专报”“舆情大讲堂”等，让用户获取舆情信息及时有效、方便快捷，以“帮领导看网”为特色，成为政企领导、舆情领域决策人士的“贴身参谋”。

通过舆情调控组织结构优化，强化网上群防群治力量，有效提升了网络舆情应对能力。一是构建覆盖全面、协调有力、规范有序的网络舆情调控体系。以绍兴市为例，已形成诸暨“政民e线”、绍兴县“民生直通车”、上虞“微上虞”公务微博、嵊州“民情微群”、新昌网络发言人平台。其中，诸暨市建立了“事前预警、事中引导、事后跟踪处置”严密的网络舆情导控体系。网络舆情本质上是社情民意的集中反映，但网络权力的治理必须遵循法治边界和价值引领，实现自由和秩序的平衡。诸暨市大唐袜业在“腾笼换鸟”（即对现有产业优化提升）专项行动初期，专门成立网评专项组，积极发帖、跟帖、引贴。网络舆情平息后，由网络发言人网上询问、电话回访、实地调查网民的满意情况，同时多部门联动约谈、督查问责、跟踪评估并上报市领导。二是加强网络人才队伍建设。充分发挥群众的积极性、主动性和创造性，搭建集“政产学研”于一体的网络舆情传播研判导控平台，组成一支以网络管理专家、资深媒体从业人员、知名高校学者和“网络大V”为主体的新型舆情联盟。如宁波市江东区创新实施“人力＋技术”工作机制，组建一支由网络发言人、舆情收集员、网络警察、网络志愿者等组成的覆盖全区的“网络大部队”，创新实施“3＋X”舆情研判、四色分级管理机制[①]，有效防范网络舆情。永康市公安局网警大队推出“网警＋各部门”“警源＋公众源”“警媒＋多媒体”网上巡查执法机制[②]，创建“公众之家”联络群，联络员时刻与网民保持联系，及时掌握各辖区舆情动态。此外，针对不同类型易受侵害人群，警方协同社会文艺创作者灵活运用各种网络流行语、表情包、视频动画等，制作提示性信息和防范知识，有效压缩网络谣言的生存空间。

（三）预防和打击违法犯罪

信息化时代背景下，网络违法犯罪呈现多发性、智能性、隐蔽性和地域广泛性，社会治安管理面临严峻挑战。为预防和打击违法犯罪，浙江省公安厅实施“云上公安、智能防控”大数据战略。为夯实平安基础，浙江省将“雪亮工程”作为社会体制改革和政法数字化协同重点项目，在建设、联网、应用三个环节上狠下功夫，推广衢州等地试点经验，坚持全域覆盖，推进重点领域及公共区域监控建设，按照“一总两分”（视频图像信息共享总平台、

① 参见严伟强、汪静芬：《积极探索与实践“网上枫桥经验”》，《宁波日报》2014年4月29日，第10版。

② 《止谣言 快破案 解民忧 促和谐——永康网警积极探索“网上枫桥经验”与民携手共筑清朗空间》，http://www.jhga.gov.cn/News/Info.aspx?i=350127，访问日期：2018年6月18日。

综治平台、公安平台）的架构，不断拓展视频监控实战应用功能。“雪亮工程”名称来自“群众的眼睛是雪亮的”，是以县、乡、村三级综治中心为指挥平台，以综治信息化为支撑，以网格化管理为基础，以公共安全视频监控联网应用为重点的“群众性治安防控工程”。它通过三级综治中心建设把治安防范措施延伸到群众身边，发动社会力量和广大群众共同参与治安防范，从而真正实现治安防控“全覆盖、无死角”。诸暨市依托“雪亮工程”，成功排查、确认出宁绍系列持枪抢劫杀人案犯罪嫌疑人。

浙江还推动公共安全物联网建设。例如，温州的物联网社会治安防控体系，“无盲区布网、非接触采集、弱人工处理、零感知管控、超视距作战、云交互服务”，建立“全息感知”，组建了以卡管车、智慧安防小区、智能门禁等“五大在线”管控感知体系，用物联网管车、房、物和重点人群。宁波市建立危化品运输全程在线监管体系。杭州市实施“城市数据大脑”。嘉善县实施“智安小区”建设[①]。诸暨市自主开发视频结构、人脸识别、车辆监测等大数据功能模块，通过导入犯罪人员车辆、人脸信息，利用车辆特征识别、人像比对、行为分析等智能化技术应用，初步实现了对人员密集区域、重点场所、要害部位犯罪风险隐患的自动感知、预警防范、目标追踪。在火车站、汽车站、旅馆等公共场所全部安装人脸识别系统，特别是在市主要宾馆全部安装了上网行为审计设备，对手机等终端上网采用“手机号码＋房间密码”方式认证，实时获取虚拟身份信息。上网行为审计能够透明地审计并管理员工的上网行为，屏蔽黄、赌、毒、邪教、黑客等不良网站，同时能够很好地满足来自信息安全市场的多种需求，如政府、教育、企业等客户，从而达到提升教育形象、化解潜在法律责任、提高企业工作效率、营造绿色校园网络环境的目的，形成横跨多种行业的专业安全审计方案。

（四）金融风险防控

网络金融风险是当前我国最突出的风险之一，并呈现高度隐蔽性、瞬时

---

① 参见编写组：《新时代“枫桥经验”的浙江实践》，浙江人民出版社2018年版，第101–115页。

爆发性、极度渗透性、交叉感染性等特点。为深入推进平安建设，浙江各地不断提升金融风险防控和治理水平。

浙江全面建设金融风险“天罗地网”监测防控系统。“天罗”主要依托互联网大数据技术平台接入的各类金融监测数据信息，对线上金融风险开展实时监测；“地网”则依托基层网格化管理平台接入的排查信息和相关管理部门平台接入的监管数据信息，对线下金融风险开展日常监测。该系统包括数据集成、实时风险监测、风险识别机制、预警核查处置、应急协同处置、定期汇总分析、辅助决策信息等功能，集互联网大数据、基层网格化排查信息及相关管理部门等信息渠道于一体，重点以小额贷款公司、担保租赁公司和各类无牌照、无监管、实际开展金融活动的主体为监测对象。此外，嘉兴南湖区构建了金融风险防控的“南湖模式”，设立举报奖励机制、落实属地责任制、多方联审工作机制[①]。中国人民银行诸暨市支行建立“金融稳定三色预警”工作机制，根据镇乡街道所属企业逃废债发生情况提示区域金融风险。绿色是逃废债现象零发生，黄色是辖区内企业出现逃废债行为，红色是发生5起以上逃废债行为或案值总额在2000万元以上。仅2017年1月至8月，诸暨市支行就通过该机制及时发送风险预警信息7条，发现、堵截冒名开户、违规开卡等非法结算业务10多次，有效防范了支付结算风险发生。此外，诸暨市全面推进个人账户分类管理和名单管理机制，健全商户信息管理系统，严厉打击金融违法犯罪行为，实现金融风险有效防控。通过整合线上线下金融风险管理资源，实现对金融风险的全天候、全流程、全覆盖监控，切实把金融风险消除在苗头，把矛盾纠纷解决在基层。

（五）矛盾纠纷化解

2016年浙江省承担中央综治委的“矛盾纠纷多元化解一体化网络平台”创新试点项目，创办了“在线矛盾纠纷多元化解平台”（Online Dispute Resolution，ODR平台）。该平台2018年向全省总结推广。截至2018年12月

---

① 参见田野：《嘉兴：构建金融风险防控的“南湖模式”》，http://zj.people.com.cn/GB/n2/2018/0524/c186327-31621901.html，访问日期：2018年6月18日。

19日，ODR平台注册工作的调解员超过3万名、咨询师近1500名，调解机构4311家，依托平台调解案件数量突破30万件。平台依托大数据、互联网、人工智能等信息化手段，将在线咨询、评估、调解、仲裁、诉讼五大功能有机结合，实现线下矛盾纠纷线上快速解决。其中，调解平台整合了司法调解、人民调解、行业调解、律师调解等多元化资源，成立家事、道交、电商、劳动等专业化在线解纷中心。健全对接机制，各解纷主体信息共享、有效衔接；增设前置调解程序，建构“漏斗式”的纠纷多元化解模式，极大地缩短了调解时间，提高了调解效率。有研究表明，ODR平台取得了满足群众多元解纷需求、公众初步形成在线非诉解纷观念、赋予调解工作智能化方法、带动各地建立类型化解纷中心并探索具有本地特色的新模式等成效①。

诸暨市人民法院不断深化“网上枫桥经验”，建立了集在线调解、在线立案、在线司法确认、在线督促程序、电子送达等于一体的ODR配套机制。一是“线上”纠纷受理、诉前委派调解、诉中委托调解、在线调解、法院协助调解、在线司法确认等，推动在线调解流程管理的智能化。例如，调解员通过ODR平台预约矛盾纠纷双方当事人进行视频面对面调解。争议较大时，调解员还可以与法官视频连线，由法官进行专业指导。二是建立“1＋5＋13＋20＋27”的矛盾纠纷多元化解对接机制。“1”是1个法院诉讼服务中心，“5”是5个基层法庭诉讼服务中心，“13”是市级13家专业调解委员会，“20”是20家律师调解室，“27”是全市27个镇乡（街道）人民调解委员会。通过诉前化解、立案调解、简案速裁“三道过滤网”，实现“法院＋社会”“专业＋群众”“现代＋传统”“线上＋线下”相结合。阿里巴巴总部所在地杭州市余杭区在全国首创行政调解、协会调解、人民调解、电商企业调解相互衔接的网络交易纠纷调解新模式，及时解决网络交易纠纷，健全网购纠纷处理制度，创立网购投诉在线调解平台。该平台集矛盾自行和解、全程在线调解、信息智能分析、一键司法确认等功能于一体，为调解员提供信息技术的平台支撑，实现了调解员与第三方交易平台、商家、消费者的信息互通和交流互

---

① 参见中国社会科学院国家法治指数研究中心：《社会治理：新时代“枫桥经验”的线上实践》，中国社会科学出版社2019年版，第25–39页。

动[①]。杭州互联网法院于2017年8月18日挂牌成立，依托智能立案系统、智慧庭审系统、裁判辅助系统等，实现了诉讼流程全程在线、电子证据一键调取、庭审多方实时交互、语音识别同步显示，有效地提升了审判效能，维护了网络安全，化解了涉网纠纷。司法程序实现“线下人工”向“线上智能”的转变，起诉、调解、立案、举证、质证、庭审、宣判、送达等诉讼环节全程网络化，打破了矛盾化解空间和时间阻碍。此外，该法院利用大数据分析技术对涉网案件数据进行多模块比对分析，梳理其规律和特点，形成结构化、标准化的互联网司法裁判规则。

三、浙江“网上枫桥经验”的创新

（一）通过网络公共治理平台整合资源

通过大数据、云存储、云计算等信息化手段，对各类数据进行系统整合，全面构建信息化、立体化、动态化的治安防控体系和智能化服务系统，为跨部门、跨业界应用和辅助决策、统计分析、业务管理等提供大数据支撑[②]。

第一，重视平台建设。信息是社会治理的关键，要实现信息资源的整合应当有效运用网络平台。浙江省搭建“政法机关一体化办案系统”作为司法协同平台的重要组成部分，以电子卷宗为核心，按照业务流、信息流、资产资金流、决策流设计，涉及公安、检察、法院、司法行政的业务流程，通过信息共享使办案更高效，通过业务协同使办案流程更规范，实现了各部门资源共享、信息联通、平台共建、社会共治，真正实现了应对互联网这个“最大变量”向善用互联网这个“最大增量”的华丽转变，切实把矛盾纠纷化解在苗头，消解在网上。

第二，以平台为依托，强化矛盾纠纷排查预警。首先，在危化物品、烟

① 参见编写组：《新时代“枫桥经验”的浙江实践》，浙江人民出版社2018年版，第101–115页。

② 参见中共诸暨市委政法委调研组：《打造“枫桥经验”升级版：构建“互联网＋社会治理”新模式》，《公安学刊（浙江警察学院学报）》2017年第3期，第17–24页。

花爆竹等危险物品管理方面，浙江省推行实名销售，并将危险物品录入省危险物品排查管控系统，消除管理盲区。其次，在利用大数据对公共安全风险预警方面，杭州市开发“热力图”系统，对旅游景区、超市等公共场所人流风险情况及时预警，及时做好人员疏散工作，增强应急处置能力。再次，在食品安全方面，杭州市启动“透明厨房”工程，消费者通过视频传输、网络平台等方式就可以实时观看食料清洗、食料烹饪等全过程，有效地发挥社会监督作用。复次，在吸毒人员服务管理平台方面，网格员可依托吸毒人员服务管理APP实现对吸毒人员的动态化、信息化管理和监测，建立吸毒人员“一人双档”，加强吸毒人员落脚点、虚拟电子身份、使用的通信号码、交往的重要关系人等信息采集，形成全面、实时、准确的电子档案，做到第一时间更新、掌握、查控和处置。最后，在安全生产智慧安监系统方面，以“信息化＋网格化”模式加强隐患排查治理，推行安全生产“一张网”工程，实行专职巡查员和网格员“互查互督”安全生产综合监管模式；建立市、镇乡（街道）和村（居、社区）三级安全监管网格；推广企业安全生产二维码，专职安全巡查员及网格员在入企检查时通过扫描二维码自动生成电子检查记录，实现动态化监管。

（二）强调以人为本的服务

智能化、信息化如果没有人性、人权、人文关怀的价值观“加持”，极易成为监控群众的“魂器”。这是因为在“互联网＋”和网络治理工作中，公权力极易形成权力扩张和权力泛化。有些地方的“网上枫桥经验”实践，强调政府在互联网安全和治理中的主导地位的多，而强调多元主体协商共治元素的少；关注矛盾纠纷解决的多，而强调公众主体性的相对少，群众自治有些淡化，“以人民为中心”落实不够。例如，有公司给南京某区的环卫工人配发有定位功能的智能手环，一旦环卫工人在原地不动超过20分钟，手环就会自动发出语音：“短暂的休息之后，继续努力工作吧，加油！”如果环卫工人在工作时间内离开了自己的工作区域，这款手环还会自动上报。在“智慧环卫”综合调度监控指挥中心，电子显示屏精确地显示着所有环卫工人所在位置。该公司解释，南京市城管局对于街面有15分钟的巡回保洁要求，于是智能手环的后台就设置了原地停留20分钟就“报警”的语音提示①。这个事例实际就是智能化、信息化“异化”的表现之一，也是对“网上枫桥经验”的误读。

社会治理的本质是管理与服务相结合。浙江“网上枫桥经验”更加强调为了人民、依靠人民，通过融合服务于管理，以服务促管理，有效实现矛盾纠纷化解。例如，“最多跑一次”改革以互联网、大数据等信息资源为载体，打破了以往公共服务管理资源部门化、碎片化弊端，有效提升了公共服务的智慧性、系统性、整体性、协作性、有效性，实现了政务数据“多跑路”，人民群众“少跑路”。新的公共服务模式从企业和群众的获得感和满意度出发，倒逼政府简政放权、放管结合、优化服务，有效推动了效率型、法治型、服务型政府现代化治理的转型与重塑。以诸暨市为例，该市大力推进“互联网＋政务服务”“一证通办一生事”，以身份证件作为唯一标识，融合市民医疗、养老、纳税等48个事项“一证”管理服务，建设“一库一窗一网一章一档”工程。建立网上审批服务平台，创新实施投资项目信息资料共享互认机制及投资项目网上全流程服务、全流程监管机制，实现由现场审验向网上审查转变，有效打通了行政审批服务的“最后一公里”，真正实现群众办事不出村、服务解决在家门。此外，诸暨市以信息化应用为主要载体，拓展多元化服务渠道，提升公共服务水平。如搭建便民服务平台、建设流动警务站、开展居家养老服务等，构建了“群众不出家门享信息、不出村子办民事、市镇村联动强服务”的良好局面。

（三）注重文化品位的提升

“网上枫桥经验”更加强调自治、法治、德治“三治”结合。通过文化的塑造和道德法律的规范，有效保证了网络技术沿着正确的方向发挥功能，从而实现文化品位的优先提升。

第一，通过社会主义核心价值观和网络的结合，提升文化品位。首先，

---

① 参见裴睿：《环卫工停留超20分钟手环就喊“努力工作”？已叫停》，《扬子晚报》2019年4月7日。

建立文化传播基地，聘请专家学者参与文化传播、创意文化产品制作、网络文化研究等工作，共同构筑网上文化传播体系。其次，设立互联网文化企业联合党支部，规范具有媒体属性的互联网企业文化。以新时代精神为引领，积极推动优秀传统文化和当代文化精品的数字化、网络化传播，鼓励互联网企业创作新产品，拓展新领域。再次，积极孵化、培育网络社会公益组织，以“互联网＋基地＋项目模式”凝聚社会各界正面能量，为群众提供网上公共服务。最后，积极培育红色意见领袖，凝聚网络名人、意见领袖、重点网站管理者和社会力量，加强正面引导。

第二，通过网上和网下无缝对接，提升文化品位。以普法为例，为适应信息化时代的需要，诸暨市推动普法宣传“网上＋网下”有机结合。诸暨日报等媒介开通普法专栏，定期提供法律咨询、法律案例宣传，通过网络普法直播、在线互动答疑有机结合，实现了基层社会治理矛盾纠纷由“情理法”向“法理情”的根本转变。推进公共法律服务体系建设，建成并运行市、镇、村三级公共法律服务网和“诸暨市公共法律服务网”，加强村（社区）法律公共服务点建设，构建城乡“半小时法律服务圈”，建立网上法律公共服务指挥调度，收集来自网络的矛盾纠纷并提供法律咨询服务。通过筛选、分类、交办，在线解答、网上预约、线上线下调解，为群众提供全方位、全天候、全流程“一站式”服务，有效提升了公众法治文化品位。

大数据时代发展“枫桥经验”的探索

杨燮蛟，劳纯丽*

摘　要：“枫桥经验”蕴含着网格化管理、人民调解制度、社区矫正等诸多良好借鉴，是被实践证明了的社会治安综合治理典范。在大数据浪潮的推动之下，传统的社会治安综合治理模式逐渐暴露出信息滞后、手段单一、管理分割等缺陷，严重阻碍了社会治安综合治理的健康发展。因此，借助大数据创新警务模式，深化风险预防机制，构筑群防群治的组织网络，有利于推进综治法治化的进程，并赋予“枫桥经验”新的历史意义。

关键词：社会治安综合治理；枫桥经验；大数据

“枫桥经验”诞生于20世纪60年代的浙江省诸暨市枫桥镇，指的是一种以社会治安综合治理为手段，依靠群众广泛参与，化解基层矛盾，维护农村稳定的基层治理经验①。从20世纪的阶级斗争经验发展到社会综合治理模式，“枫桥经验”持续发展并显示出强大的生命力的一个重要原因，便是顺应时代的变迁，不断地完善其中的要旨和内涵。随着社会的全面转型和经济的快速发展，单一的社会管理模式似乎已经不能满足社会治理的需要。2013年11月，习近平总书记在“枫桥经验”推广50周年之际，针对坚持和发展“枫桥经验”作出重要指示，强调各级党委和政府要充分认识“枫桥经验”的重大意义，发扬优良作风，适应时代要求，创新群众工作方法，善于运用法治

---

* 杨燮蛟（1958-），男，浙江台州人，浙江工业大学法学院教授，研究方向为刑法学、犯罪学；劳纯丽（1995-），浙江工业大学法学院硕士。

① 参见汪世荣主编：《“枫桥经验”：基层社会治理的实践》，法律出版社2008年版。

思维和法治方式解决涉及群众切身利益的矛盾和问题，把“枫桥经验”坚持好、发展好，把党的群众路线坚持好、贯彻好。2017年9月，在全国社会治安综合治理表彰大会上，习近平总书记指出，要着力推进社会治理系统化、科学化、智能化、法治化。习近平总书记的讲话已经明确告诉我们，需要将“枫桥经验”这一传统的社会综合治理模式与现代化的治理模式相结合，适应时代要求，创新群众工作方法。

20世纪90年代，少数欧美国家如英国、美国、澳大利亚率先致力于信息化警务改革，利用初步建立大数据的方式颠覆了传统的被动应对型警务模式。譬如在此期间，纽约市警察局依托“Compstat模式”（又称“情报引导警务”模式，全称为“计算机统计信息比照”：Computer Comparison Statistics），以犯罪数据分析为基础，形成犯罪情报传输系统。随之而来的是城市街面犯罪率的显著下降和社会管理绩效的稳步提升，使其超越了传统的警务范畴，突破了人们对于传统警务模式的狭隘观点。这样的一种警务模式转化，为减少刑事犯罪和社会治安防范工作注入了鲜活的生命力。在此影响之下，21世纪初我国也逐渐汲取国外大数据综合治理的优秀经验，将之改良并融入我国的治理模式之中，对犯罪防控、警务改革、社区管理等做出了许多有益的探索。在这些尝试中，我们看到了电子信息化的手段运用，看到了大数据平台在社会管理中的建立。

近年来，随着法治进程的不断推进，社会治安综合治理作为构建“平安中国”的重要环节，已经引起了社会各界的广泛关注。引入大数据治理手段，寻求现代化综合治理模式的呼声也越来越高。当下社会治安综合治理虽然有“枫桥经验”、南通模式等“先河”的指引，但仍然存在一些固有的如效率低下、信息滞后等缺陷掣肘，这在一定程度上限制了我国基层治理模式的进一步深化，甚至阻碍了我国法治水平的提升。因此，为了推进我国的法治进程，维护基层和社会的长治久安，必须大刀阔斧地对现有经验进行一定的改革与发展，引进以大数据为主导的社会治安综合治理模式，并对现行模式进行一定完善，方能在一定程度上缓解当下基层治理实践中的诸多问题。

一、“枫桥经验”法治化的实感

著名社会科学家费孝通先生在《乡土中国》一书中把中国广大农村基层社会的特点概括为“乡土性”。在传统乡土社会中，人口的“低流动性”和社会关系的“熟人性”决定了人们主要依靠长老、士绅等乡土精英内生性权威来平息纷争、治理社会[①]。然而，随着法治化进程的推进，国家这一强大的外生力量逐渐在基层社会治理中发挥着巨大作用。但同时，国家层面的调整手段极易过分地“高屋建瓴”而与实际的基层治理相脱节。正如奥斯本·盖布勒认为，政府靠把握大方向来实现公共服务，也就是“掌舵”，而不是具体地“直接划桨”。为了避免这一难以调和的矛盾产生，我们寻求一种介于精英管理和国家力量之间的社会治理手段。既能发挥基层的自治性，又能不脱离国家的总路线方针。枫桥，在其“爱说理，好讼争”的文化传统和耕读传家的乡风民情影响之下，由此孕育了“枫桥经验”这一强调群众参与的社会治安综合治理手段[②]。针对“枫桥经验”这一法治化的“本土资源”，下文将从多方面进行分析，并对现代化治理模式作初步的探究[③]。

（一）网格化管理

网格化管理兴起于20世纪90年代中期，是一种运用信息化手段，以网格为区域范围，通过网格化管理信息平台进行管理的一种管理新模式。“枫桥经验”中的网格化管理作为一种治理手段，尽管仍停留在“人治”层面，却无疑是网格化模式在基层综合治理中的一次初探和成功运用。它以社会管理网格化为抓手，构筑起了“纵向到底，横向到边”和“纵向联动，横向整

① 参见郭星华、任建通：《基层纠纷社会治理的探索——从“枫桥经验”引发的思考》，《山东社会科学》2015年第1期，第65-69页。

② 参见金伯中：《论枫桥经验的文化底蕴》，《公安学刊》2004年第3期，第14-18页。

③ 参见苏力：《法治及其本土资源》，中国政法大学出版社1996年版。

合”的社会管理网格系统，建立了镇、片区、村三级网格系统[1]，分别由负责主体处理大事小事，不能解决的统一上报。这样的模式使得大多数纠纷在网格组织内部得到良好的解决，提高了发现矛盾纠纷和解决问题的能力，增强了就地解决矛盾纠纷的时效性，大大提高了治理效率。群众真正成了“基层不安定因素的侦察兵、民间纠纷中的和事佬、突发性事件中的信息特快员”，有效发挥了维护社会稳定的第一道防线作用。然而，当时阶级斗争的社会背景决定了网格化管理在“枫桥经验”实施中的被动与僵化，管控理念根深蒂固，并且缺乏有效的社会民间组织。而在新时代背景下，秉持党的十九大精神，创新社会治安综合治理，如何将网格化管理与社会治安大数据结合，已是当务之急。

（二）人民调解制度

枫桥虽为诸暨一隅，但却是中原文化与古越文化的交汇之地，因此其民众既果敢豪迈，又有仁爱之心。另外，在校园文化和企业文化的熏陶之下，较好地普及了法律知识，使得人们更倾向于在最小化破坏人际关系的前提下，选择调解这一非诉讼方式来解决矛盾，营造“和为贵”的氛围。

枫桥镇成立了59个调解委员会，吸纳调解员391名，形成了镇、村、企全覆盖的调解组织网络和人民调解、行政调解、司法调解相结合的“大调解”工作格局。作为“枫桥经验”中的主导制度，人民调解制度着重从多方面发挥基层管理体系的合力。在调解方法上，通过建立“一、二、四”教育培训制度和纠纷预警体系等，把握基层矛盾的发展动向，有效地遏制矛盾的发生及恶化，充分维护群众的切身利益。通过制定《劝导书》和“四环指导法”保证了调解与审判的双向联动，减轻了诉讼压力。在调解机制方面，建立镇村联动体系，矛盾纠纷按村、管理处、镇的顺序逐级化解，实现信息共享，避免重复调解。在调解原则方面，坚持“六优先”“四统一”和“六个

---

① 参见汤晓栋：《“枫桥经验”的演进与创新社会管理浅谈》，《创新体系建设》2011年第15期，第223-224页。

心”原则，在具体的调解工作中把握主次，更好地规范调解行为①。当然，随着熟人社会向“半熟人社会甚至陌生人社会”转变，人民所依赖的共同行为准则和道德准则发生了改变，此时便无法利用统一的标准来化解社会矛盾。自然地，社会不能过分依赖于政府干涉纠纷解决，而更应该自发建立民间的调解组织，来强化社会自我解决纠纷的能力。

（三）“枫桥经验”与法治化

“枫桥经验”作为社会治安综合治理一面鲜明的旗帜，是对中国法治治理手段的有益补充。在维护社会稳定的过程中，“枫桥经验”蕴含了“以人为本”的传统思想，与中国法治化的思想不谋而合。在这种自下而上实现群防群治的模式之中，政府和群众分别是制度实施和社会治理的主体，不管在组织建设还是工作机制等众多方面都能寻觅到两者相互契合的踪迹，这正蕴含着法治化的契机。“枫桥经验”作为基层治理的典范，伴随着法治化的发展进程而逐渐自我完善，其中蕴含的丰富治理经验必将被广大基层所学习借鉴，从而进一步推动中国法治化进程②。

然而，这并不能否认“枫桥经验”在法治化建设中存在的固有缺陷。首先，治理过程中行政成本高，而社会治安综合治理的任务又不能一蹴而就，需经受时间检验，政府需要持续投入大量的人力、物力来保证这一治理手段的实施。其次，“枫桥经验”是在特定的历史环境和地域、人文条件下孕育产生的，脱离了这些条件可能就难以保证它的有效推行。尤为重要的一点是，“枫桥经验”体现自发性和自觉性，是法律解决方式之前的“过滤手段”，因而不具备强制性，也不具备法律效力。

二、大数据背景下的“枫桥经验”

在社会全面转型的新时期，大数据作为目前最为先进的数据处理技术之

---

① 张祖明：《论浙江枫桥民间调解及其启示》，浙江工业大学2013年硕士学位论文。

② 张祖明：《论浙江枫桥民间调解及其启示》，浙江工业大学2013年硕士学位论文。

一，已被运用到政府和国家决策的方方面面。根据维基百科对大数据的定义：“大数据就是指由于在各种终端、软件上产生的数据过于烦琐、杂糅很难对其整理、处理，这类数据的总和就是大数据。”由此我们可以得出，一方面组成大数据的元素是不断更新的，另一方面是大数据与传统数据相比具有非典型性特征，需要综合处理分析。面对“枫桥经验”在新的历史背景下所面临的诸多困境，我们需要利用大数据实现信息共享和资源合理利用，实现精细化管理和精准化管理。

（一）大数据基层治理的现状和困境

奥地利数据科学家维克多·迈尔·舍恩伯格在《大数据时代》中大胆预测：“在不久的将来大数据会使人类的生活有巨大的改变。大数据在创新发明和服务中已经占据了主导地位，很多领域的改变也正在计划之中。”[①]这说明大数据在当今信息爆炸的社会中具有举足轻重的作用，正逐步影响着人们的生活方式。自20世纪60年代诞生以来，“枫桥经验”顺应信息化的发展，不断引进先进的理念和技术，譬如建立了“社会服务管理中心平台”“基层社会管理综合信息系统”等，实现治理过程中的信息共享、服务共享，有利于引导基层决策向科学化发展[②]。此外，枫桥人民还重视大数据应用在衣食住行、生产各方面的作用。他们引入信息化管理人才，建立大数据分析平台，将日常生活和生产纳入精细化管理轨道。这样的一种专业化处理模式，使得基层综合治理摆脱了被动滞后的困境，事先预防和针对性决策切实地解决了群众的难题。

随着信息化社会的飞速发展，枫桥的法治模式在大数据应用中止步于数据收集和整合阶段是远远不够的，存在以下困境亟须解决：一是大数据分析缺乏切入口。大数据分析要求将海量的社会治安信息资料进行整合处理，并通过多样的分析手段整理成所需的社会治安信息。枫桥人民在法治实践中建

---

① 张兰廷：《大数据的社会价值与战略选择》，中共中央党校2014年博士学位论文。

② 参见杨安：《“枫桥经验”与乡村治理现代化——信息化、大数据在乡村治理中的应用》，《观察与思考》2015年第2期，第63-65页。

立的乡村政务云、继续教育平台等机制，都是借助了信息化这一管理平台，但大数据实际发挥的作用是微乎其微的[①]。所以应当明确数据量化分析的目的和效益，确立是否进行社会治安信息相关性分析，等等。二是“数据孤岛”问题。在枫桥人民实施层级管理的过程中，信息往往由各级负责人掌控，使得信息数据被限制于某一级管理范围内难以实现共享，影响了决策的上行下效。同时，由于基层数据文化尚未根植，人们对于大数据的碎片化理解导致了数据运行体系存在观念上的障碍。自然地，将导致政府部门或者基层组织在基层服务和治理过程中受阻，难以向整体性的跨部门协作模式转变。三是缺乏标准化的大数据分析模式。面对冗杂的基层治理事务，分类管理各类信息并建立统一的治安信息管理平台，将进一步推动基层的高效治理。从实践方面来看，各层级治安信息的管理标准、运行模式和分析手段都存在本质或是形式上的差异。这将使数据分析失去本应有的本质属性，而回归到“小数据”的典型性特征，失去其意义。

（二）大数据与社会治安防控体系

综合参考国内诸多学者的观点，社会治安防控体系是一项具有系统性，以公安部门为主体的维护社会治安稳定的工程[②]。20世纪60年代，改良的西方社区警务模式被我国所借鉴，强调了由“警察主导型”向“警民互助型”警务模式的转变。皮尔所倡导的“警察就是公众，而公众就是警察”，其实就是“枫桥经验”中早就提倡的“警察就是群众，而群众就是警察”的翻版。在这一原则下，我国已经完整地构建起符合我国城市特点的社会治安防控体系。现如今，在大数据发展背景之下，国家更加重视与倡导用“信息化为引领”加强社会治安防控工作的指导思想[③]。习总书记在加强和创新社会治理的

---

① 参见刘娇、王雷、谢磊：《大数据背景下城市社会治安防控系统构建研究》，《现代商贸工业》2016年第17期，第150–152页。

② 参见熊一鑫、周舜：《论社会治安防控体系的概念、属性及结构模式》，《中国人民公安大学学报》2004年第6期，第69–75页。

③ 参见单勇：《以数据治理创新社会治安防控体系》，《中国特色社会主义研究》2015年第4期，第97–101页。

指示中强调：“平安中国建设，要完善社会治安综合治理体制机制，加快建设立体化、信息化社会治安防控体系，落实社会治安综合治理领导责任制。”这说明社会治安防控体系向多维度、多层次、静态动态相结合转变，上升为国家治理战略。在内容上，笔者认为社会治安防控体系所涉方面广泛，警务信息化模式、犯罪防控等都可以囊括其中。

1.以被害预防为视角进行网格化治理。网格化管理，其作为新形势下“枫桥经验”在管理体制上的创新之举，是以社区为单位开展社会治安综合治理，推进基层维稳的制度化建设。沿袭传统的网格化治理思想，主要治理手段之一是发现单位区域中的“不稳定因素”，从而起到事前预防和事后打击的双效作用①。这一方式的着重点是区域内的犯罪预防和打击。在实践中，犯罪预防过分关注犯罪或犯罪人，打击手段具有滞后性和被动性。而被害预防作为在犯罪防治体系中另一条与犯罪预防并行的防范路径，将犯罪防范的视角转向已然或者潜在被害人，主张通过被害人采取主动措施规避犯罪侵犯的风险。在我国基层网格化治理的实践中，大数据该如何融入创新元素，又该如何发挥其在被害预防中的作用？2014年，欧洲警方和麻省理工研究人员利用云运营商掌握的手机信息，绘制了伦敦的犯罪事件预测地图，能够大大提高出警效率，降低警力部署成本。因而，地理信息探测系统在基层治理中的作用也日益显现出来。如果枫桥镇的信息化警务平台具有基本的犯罪数据（包含盗窃和两抢）整合和传输功能，建立网格化犯罪数据库，从被害预防的视角对利用大数据进行犯罪预测和分析，最终最大限度地消灭网格管理的“不稳定因素”，不失为一种可探究的思路②。

2.立足社区，借鉴综合治理的“邻里守望”传统习惯。“邻里守望”是我国社会治安综合治理的传统做法，也是西方社区警务引进中国特色的重要内容之一，其含义是将一定区域的居民联合起来互相帮助，共同预防犯罪，改进当地治安状况。它是西方第四次警务革命的产物，自20世纪60年代产生以

---

① 参见周连根：《网格化管理：我国基层维稳的新探索》，《社会现象与社会问题研究》2013年第6期，第83–85页。

② 参见张小虎：《犯罪学研究》，中国人民大学出版社2007年版。

来，风靡全球警界，对各国警务模式产生了深远的影响[①]。譬如丹麦在1971年实行了邻里守望制度，成立了防止犯罪委员会，增强了居民互助文化氛围，形成了良好的邻里互动模式。我们要在枫桥“邻里守望”制度的基础上进一步深化，在立足社区、强调社会参与的经验基础之上，将犯罪控制作为社会治安综合治理的重要方面，通过社会力量的加入，发挥学校、企业、社区等犯罪非控制因素的作用。在实践中，大数据在“邻里守望”中主要应用于“软技术作用”。譬如建立重要财产录入体系，将个人大宗私有财产加以标记并易于区分，有效地进行财产管理；将现有的近邻分为10户一组或企业、学校以班组为单位，相互帮助、相互解决纠纷和自我管理制度，以大数据为标准进行改良，同时，通过对区域的人流量、违法犯罪分析等，发现人流密集区或治安盲区，放置警示牌，对犯罪分子产生一定的威慑作用。

（三）大数据与人民调解

“枫桥经验”中，人民调解制度作为纠纷解决方式中的一种，使得基层民主和国家公权力找到一个平衡点，既能充分利用政府资源，又能收集群众智慧。枫桥的纠纷解决方式基本采用民间调解手段，极少数采取和解、诉讼或是仲裁的方式。但不难发现，这样的纠纷解决方式的彻底性仍有所欠缺。因此，应利用大数据建立多层次的调解体系，在各层级实现纠纷调解资料的报备，使得基层矛盾尽早核实，对有关纠纷做到心中有数，统一解决。由于受传统文化和地域因素影响，纠纷的产生可能会呈现一定相关性。因此，建立法院与民间调解组织上下流通的调解审判资料数据库，定时制作各层级、各网格的调解审判资料供决策层调解组织参考，让当事人明白历史上相类似的纠纷解决的法律依据和结果，有利于矛盾疏导工作顺利进行。此外，还应建立起多元的纠纷解决机制，使一些长期游离于调解边缘的事件通过多元的纠纷解决手段得到及时处理，节省人力、物力。

---

① 参见冯卫国：《转型期中国基层社会的犯罪治理——以“枫桥经验”为视角》，《山东警察学院学报》2011年第4期，第90-98页。

（四）大数据与社区矫正

面对社区矫正的城乡差异日益显著，枫桥镇成为我国第一批实行农村社区矫正的试点。“枫桥经验”中蕴含的以人为本的思想恰恰契合了社区矫正关心人、教育人的基本理念。同时，枫桥镇具有的良好的基层治理基础也为社区矫正的顺利进行奠定了一定的制度基础。在具体实践中，枫桥人民创造了“5＋1”监管模式，形成了多层次的监管帮教网络，组建起了一支200多人的社区矫正志愿者服务队伍。通过多样的矫正手段和科学的矫正方法，因地制宜地制定了一套具有枫桥特色的社区矫正模式。为了进一步做好社区矫正工作，也需要依靠大数据。首先，在对矫正对象调查了解的基础上，通过家庭、社会、教育背景摸查、性格分析等方式建立大数据，有针对性地选择监管人员，对矫正对象实施矫前、矫中、矫后全程化监管①。其次，有必要建立完整的社区矫正大数据档案体系，并追踪社会矫正结束后的个人社会动态。对实施不同刑罚的矫正对象情况进行全面摸底调查，及时更新个人动态，确保每个矫正对象不脱管、漏管。

三、大数据推动“枫桥经验”的发展

（一）大数据创新综治法治化

我国的法治化，强调法律的实质内容和价值取向，包括立法、执法、守法、法律实施和法律监督全过程，是一个相互配合全面治理的大数据系统工程②。“枫桥经验”自诞生以来，伴随着法治化的进程发展，经历了稳定期、改革期和繁荣期。综治法治化不等同于综治法律化，综治法治化意味着要不断扩展综治的法治元素，使得综治的政治和行政化的组织调控趋向制度化和规范化。如何做到张文显教授所说的，“在国家治理中必须遵循法治的规律和原则”，并且“正确处理改革与法治的关系”，值得我们深思。

---

① 参见夏锦文、蔡道通：《论中国法治化的观念基础》，《中国法学》1997年第5期，第43–51页。

② 参见夏锦文、蔡道通：《论中国法治化的观念基础》，《中国法学》1997年第5期，第43–51页。

1.法治是综治的制度化保障。亚里士多德在《政治学》中如是描绘：“法治应包含两重意义：已成立的法律获得普遍的服从，而大家所服从的法律又应该本身是制定的良好的法律。”由此可见，法治化大数据为法律权威的树立、社会组织的建构、基层自治的运行都提供了支撑，指引了一条具有稳定性、可行性的路径。综治法治化的核心是以民众的需求为主旨，即必须以人民群众“答应不答应”“高兴不高兴”“满意不满意”作为评判综治效果的最高标准[①]。然而，在强调民众权益保障的同时，也要谨防自由的行使超出法律的限度。在综治法治化过程中应重视自由和秩序的平衡，毕竟在秩序框架下的自由才是被法律所保护的自由，才是有意义的自由，所以大数据资料库显得格外重要。此外，程序正当也是综治法治化所应遵守的一个原则，这不仅关乎社会治理过程中制度的构建，也在一定程度上防止了社会矛盾由于执法不正当而进一步激化。

2.大数据时代综治法治化的机遇和挑战。社会治安综合治理的推进自下而上，基层治理成为最为基础和关键的一步。在当前大数据时代，更有必要把握“大数据”动态，掌握基层治理法治化发展脉络，利用大数据将公民参与政治生活的轨迹展现。我们需要掌握现有的社会治安综合管理在基层的发展现状：在体制机制方面，仍然缺乏系统的综治配套管理模式，多是“游击式”的以政府参与为主体的群防群治；在外部环境方面，基层治理面临被动局面，民众以自我为中心，法律意识淡薄，民主决策、民主管理、民主监督村与村、单位与单位之间不平衡，存在严重的形式主义，难以有效地全面落实到位；在治理手段方面，停留在传统的治理经验上[②]。因而，我们需要借助大数据平台促进传统综治经验与信息化交融，实现基层治理迈向新的高度。第一，大数据能创新基层治理理念。通过大数据分析，对基层治理实时更新信息，逐渐由“粗放式管理”向“精细化管理”转变。第二，大数据迫使基层治理方法的科学转型。譬如，我国越来越多的地区实施了地理信息化警务模式，通过警务信息交互分享治安动态，为合理配置警力提供了一定的参

---

① 刘奇耀：《社会治安综合治理的法治逻辑》，山东大学2014年博士学位论文。

② 参见季卫东：《大变局下的中国法治》，北京大学出版社2013年版。

考。大数据还在犯罪预测中发挥功能，作出社会风险的及时预警。第三，大数据使公众的治理观念发生了转变。目前我国建立大批信息工程，旨在实现知识共享和信息交互，能有效拓宽民众参与基层治理的渠道，激发参与治理的热情。

3.大数据综治模式的应用。通过对“枫桥经验”的分析探讨，综治模式的大数据应用涵盖网格化治理、警务模式、人民调解制度等各方面。笔者在前期调研与访谈过程中，了解到基层部门和相关组织对于大数据平台的掌握较为薄弱，因而迫切需要系统化的信息化综合治理模式的应用。譬如，以网格化管理为切入口，利用大数据进行犯罪地理信息探测，便能够通过多种不同的分析方法揭示犯罪分布特征及规律，真正做到有效地评估犯罪风险。数据的采集、分类与分析，需要以图像为载体展现其内在的关联性。因此，可以利用犯罪制图这一工具，将犯罪信息可视化，由“点”到“面”完整地展示出来。这样一来，可以大大缩减数据分析的冗杂，使分析结果更为直观，决策更具科学性。再者，根植于犯罪大数据挖掘和分析，通过犯罪风险评估准确把握、探测、预警及干预高危地点（或空间环境）、高发时间、高危人群、不同犯罪类型、最佳出警路线等“日常性治理”策略，形成固定的“精准防控”模式。

（二）打造“新枫桥经验”

“枫桥经验”既是一个充满历史延续性和不断积累的制度传统，又是在长期的创新和转化过程中使其内涵不断得以丰富扩大的治理实践①。它建立了一套相对完整的社会治安综合治理体系，其中的内涵有许多仍是当今社会值得借鉴和学习的，也有一些需要时间锤炼和改革的地方。

1.坚持“以人为本”的理念。“枫桥经验”坚持“相信群众、依靠群众、为了群众”的核心和灵魂，倡导以人为本的理念，这一点是值得坚持和发扬的。初始阶段，枫桥的治理经验是，只要摆事实、讲道理，认真听取群众意

---

① 参见谌洪果:《“枫桥经验”与中国特色的法治生成模式》,《法律科学》2009年第1期，第17–28页。

见，维护群众的根本利益，从根本上、源头上杜绝和化解矛盾，就能把不安定因素消除在萌芽状态。而近年来，随着改革开放的深入，利益格局深刻调整，在汲取“枫桥经验”中“以人为本、民生优先”理念的同时，要争取实现社会管理从“重管理”向“重服务”转变。如杭州西湖区、上城区在学习“枫桥经验”中，推出“居家”系列惠民工程，打造了一个“居家服务无忧在线平台”，有针对性地向民众提供个性化服务。

2.深化风险预防机制。“枫桥经验”的核心是人民调解制度。这个制度之所以有强劲的生命力，是因为它符合我国国情，有着深层次的文化底蕴。与诉讼相比，其优越性首先在于变“事后处理”为“事前解决”，及时把纠纷消灭在萌芽状态，避免矛盾进一步恶化。进一步说，矛盾的产生也是不可预估的社会风险之一，而加强基层治理的风险评估或许是“枫桥经验”值得深入挖掘的一个方面。社会风险评估不单是治理工作某一环节的任务，而是涉及多学科应用和多部门的协作完成。所以，可以借助现有的各村以近邻10户为组或企业、学校以班组为单位的自我管理的大数据平台，分析各层级管理的社会稳定风险评估，为社会治安综合治理的决策作科学的引导。

3.构建群防群治的组织网络。“枫桥经验”最为成功之处是发动群众进行基层治理，如大调解制度、“三包责任制”、10户为组150人左右为一村等治理和管理模式。其中不能忽视的一点是，各部门在治理协同合作中自觉、不自觉地利用了大数据相互配合，分析治安形势，部署工作任务。在基层社会利用大数据进行群防群治这一举措的提出，是我国公安机关在改革开放新的历史条件下，对于社会治安综合治理工作的成功探索。从国情来看，当前的中国仍处于新旧体制交替时期，社会人力、物力不足且不能得到有效配置。所以，需要发动群众的力量参与到社会治安综合治理的队伍当中。利用社会治安大数据的历史资料，既缓解了警力严重不足的问题，同时也适应了警务形势的复杂性与多变性。从社会制度来看，我国的群防群治模式是在各级党委和政府的统一领导下，齐管共抓，体现了社会主义制度集中力量办大事的优势。社会治安大数据的历史资料能使各级党委和政府工作保持连贯性、延续性、平稳性。从体制建设来看，社会治安大数据的历史资料库系统化、电脑化，有利于群防群治这一基层社区治安管理队伍建设，推进依法治理的进程。相应地，利用社会治安大数据，借鉴“枫桥经验”，可以改进我省乃至全国的以“巡防队伍”为重点推进“群防群治筑平安”、以“专业调解”为重点推进“联调联处保平安”等一些重大举措，确保社会治安的稳定，为经济建设保驾护航。

社会治理法治化

我国法治建设的新维度*

严存生**

摘　要：目前，我国国家层面的法治建设不断向行政、司法方面深化，立法建设也不仅限于成文的制定法，而是出现适合我国的“判例法”和“学术法”等新形式；在亚国家层面提出了“法治社会”或基层法治和“依法治党”的问题；“一带一路”建设中也提出了超国家层面的法治建设问题。它们是我国法治建设的新维度，有共同的价值追求和特点，即突出规则和制度的建设，追求稳定良好的社会秩序，应有机统一起来，使之相辅相成，从而使我国的法治建设呈现“法治国家、法治政府和法治社会”齐头并进的良好状态。

关键词：“法治”的新维度；国家法治；党内法治；基层法治；“一带一路”法治

自20世纪90年代正式提出并开始进行“法治国家”建设以来，我国的“法治国家”建设进度发展很快，特别是在“立法”方面，已确立了制定“社会主义法律体系”的目标，并且抓紧制定了几百个全国性法律和几千个地方性法规，最近又确立了修订宪法、刑法和制定民法典的宏伟目标。与此相适应，我们对“法治国家”的认识也日趋深刻和全面，已逐渐改变了最初的“形式法治”观念，确立了“良法而治”的观念，开始注意“融德于法”和“引礼入法”问题，使已制定出来的法律符合我国优良的道德文化传统和

---

* 国家社会科学基金重大项目（14ZDC023）。

** 严存生（1940-），男，陕西大荔人，西北政法大学刑事法学院教授，研究方向为法哲学、法理学、法社会学。

社会主义国情，而不仅仅是简单地从国外移植而来。不仅如此，在国家法方面也不再限于制定法，而是开始关注习惯法、判例法和学术法的问题。如最高人民法院试行了“案例指导制度”，罗豪才等提出了“软法”的概念，高其才等全力研究了习惯法问题，谢晖等在国内发起了“民间法”的研究。而执政党业已把“党内法规”建设提上了议事日程，并与法治国家建设联系起来，指出它是“法治国家”建设的一个重要方面。另外，在“一带一路”建设中也明确地提出法治建设是一个不可或缺的方面。这意味着，我国“法治国家”建设的内容是丰富且多维的。总体来看，它包括国家层面的法治建设、亚国家层面的法治建设和超国家层面的法治建设三个维度。

一、“法”和“法治”的新解

（一）“法”的概念解读

“法”和“法治”都有广、狭二义。广义的“法”有“必然法”“应然法”和“实然法”或“实在法”。

1.“必然法”即客观规律，指事物固有的法则，所以又叫“客观法”。它在我国古代指一种被应用的“道”，即与自觉应用的“德”相对应地被迫遵守的“道”[①]。

2.“应然法”即理想的法，西方又叫“自然法”（Natural Law）[②]或“高级法”（The Higher Law）[③]。它们是人在认识自然规律和人的社会本性及其规律的基础上对人生之道的一种概括或设想，是存在于内心的法观念，因而可以称为道义上的法。

---

① 如《黄帝四经》指出法由道生，道由法显，法为道之用。《经法·道法》曰：“道生法，法者，引得失以绳，而明曲直者也。”《鹖冠子·兵政》也有言：“一阴一阳之谓道。制而用之谓之法。”

② “自然法”一词在西方不同的学派有不同的用法，归纳起来有三：客观存在的、符合事物本性之法或规律；自然形成之法，如习惯法；应然之法或道义之法。这里仅指第三种用法，即理想的法，也就是内心的法观念。

③ 爱德华·S.考文：《美国宪法的“高级法”背景》，强世功译，北京大学出版社2015年版，第2页。

3.“实然法”又叫“实在法”（Positive Law）。它是由当权者所认可或创制的行为规则系统，可以叫权威性法。创制这种法的是社会组织，其种类很多，从国家的角度可分为“国家法”“亚国家法”和“超国家法”[①]。（1）“国家法”即由国家权力认可的法，它包括成文制定法（Statute Law）、习惯法（Customary Law）、判例法（Case Law）[②]和学术法（德文为Gelehrtes Recht）或教科书法（Text Book Law）[③]。（2）“亚国家法”又叫“民间法”（Folk Law）或“社团法”（Societies Law），它是由非国家组织或社会团体的权力所认可的法。这些非国家组织的种类非常多，因而产生了各种民间法或社团法，如家族组织的家法族规，宗教组织的清规戒律，各种经济组织（工厂、商店、银行）的行规行法，各种事业组织（文化艺术体育和教育团体）的规章制度，还有各种公益性组织（如公益性社会组织，即NGO）的规章制度，各种政治社团如政党、青年团、妇联、工会等的规章制度等。（3）“超国家法”指国际社会的各种组织的规章制度和签订的条约。有国家间签订的条约；有国家政府间筹建、组织的规章制度，如联合国的规章制度及其所制定的各种条约、法规；有全球性公益性社会组织的规章制度；还有跨国公司的规章制度等。

狭义的“法”仅指国家法中的成文制定法[④]。

（二）“法治”的概念解读

“法治”一词与“人治”一词是相对应的，均指社会治理的一种指导思想或价值观念，即在社会治理中个人的智慧与体现集体智慧结晶的法律制度谁应处于最高权威的地位。“人治”主张者认为个人或少数精英人物的智慧应处于最高权威的地位，所以他们可以独断专行，擅自决定社会大事；“法治”主张者则相反，认为少数精英人物的智慧不如体现集体智慧的法律制度可靠，因而应把后者放在最高权威的地位，反对个人独断专行，主张用法律

① 桑托斯：《迈向新法律常识》，刘坤轮等译，中国人民大学出版社2009年版。

② 即隐藏在特殊案件的判决书中的法的原理。

③ 即隐藏在学术著作中的法。

④ 关于“必然法”“应然法”和“实然法”的详细论述，参见拙著《法律的人性基础》第一部分第一章第一节：“法”之“存在”三义：“必然法”“应然法”“实然法”，中国法制出版社2016年版。

制度指导和约束执政者的行为，提出了“法律至上”的口号。

由于“法”有广、狭二义，所以“法治”一词也有广、狭二义。狭义的“法治”仅指在国家治理中严格遵守国家法，特别是国家的成文制定法，因而主张严格遵循国家成文法办事。这又有形式法治和实质法治之分。形式法治主张者只要求形式上严格遵守成文制定法，不管它的良与恶。又由于这种“法”的主要表现形式是规范性的法律文件，其构成要素是公认的行为规则，因而往往被理解为“规则之治”。实质法治主张者则认为真正的“法治”不仅要人人守法，而且所守之法必须是良法，即必须是通过民主途径产生的能体现公意、保护公益和人权的正确的法。它强调对法律的忠诚不限于法律规则，而是法律原则、法律精神或法的整体①。所以，它不仅追求形式正义，即适用法律上的平等，而且更追求实质正义，即事实上的平等；不仅要求执法上遵守平等原则，而且要求立法时也如此。狭义的“法治”由于只限于严格遵守国家法，而且强调国家执政者首先要守法，所以又往往被理解为“法治政府”。广义的“法治”使“法治”遍及全社会，故称之为“法治社会”②。由于广义的“法”有国家法、亚国家法和超国家法，种类繁多，又互相依存，所以广义的“法治”不仅意味着严格遵守国家成文制定法，而且在各个领域都依照相应的法办事。只有社会的各个领域都做到“依法办事”，使各种法都得到遵守并发挥作用，才能形成良好的社会秩序，使所有人真正养成“法治”的观念和习惯。

二、国家层面的法治建设

“国家层面的法治”在我国最初被理解为国家成文制定法之治，并被概括为四句话：“有法可依、有法必依、执法必严、违法必究。”这些年来我们一直为此而努力，做得最多的是：“有法可依”，即成文制定法的创制，而且

---

① 如昂格尔、塞尔兹尼克和德沃金对法治的理解。参见拙著《西方法哲学问题史研究》第24讲“西方的法治观念及其变迁”，中国法制出版社2013年版。

② “法治社会”一词有广、狭二义。狭义的“法治社会”仅指基层社会治理中“法治化”建设。我国基层法治建设的典型很多，如浙江省诸暨市的“枫桥经验”。

在形式上也颇有成就。近些年我们不仅注意制定法的数量，而且注意其质量，要使其成为“良法”，并使之规范化、体系化。不仅注意中央一级制定法的建设，而且注意地方制定法的建设[①]，特别是制定适应特殊情况的法律。不仅注意制定法的创制，而且注意其落实，即行政和司法的法治问题，如开始挖掘我国古代法文化中有用的东西——纠纷的调解方法，和延安革命根据地的成功经验——马锡五审判方式等，也注意守法这个法治建设最重要和最困难的建设，关注增强广大民众的法治意识，培养他们对法律的深厚感情，使他们养成自觉遵守和维护法律的习惯等。不仅注意制定法的建设，而且注意研究习惯法、判例法和学理（术）法建设，如有许多学者重视习惯法的研究，强调要摆正其地位，使其成为国家法的一个重要构成部分，重视对它们的整理，使其成为文化，以便于使用，注意研究它与其他国家法的关联及其相互转化的方式。再如，判例法的地位虽然在我国还未正名，但却在变相地使用，如上文提及的最高人民法院试行的“案例指导制度”。学理（术）法的地位与判例法相同，也未正名，但学者，特别是著名法学家对法律的解释和对疑难案件的意见在司法判决中的作用是毋庸置疑的。

这说明，依法治国的“法”已不限于成文制定法，更不限于“立法”活动，而是多种国家实在法，延伸到执法、守法。行政和司法活动也不再只是机械地“唯法是裁”，而是承担着某种形式的“造法”功能。如我国各级政府不断地出台“行政法规”，最高司法机关也在不断地以“法律解释”的形式创造着新法。这些活动“合理”“合法”，不违背“法治”精神，否则难以行使其职责。

三、亚国家层面的法治建设

亚国家即民间领域或非政府领域，它是由许多社团组织构成的，如血缘

① 对此已有许多研究成果。如葛洪义：《我国地方法制建设理论与实践研究》，经济科学出版社2012年版；文正邦、付子堂：《区域法治建构论：西部开发法治研究》，法律出版社2006年版；公丕祥：《区域治理与法治发展》，法律出版社2017年版；等等。

性的家族，宗教信仰性的教会，经济性组织的企业、商业、金融业，各种文化、学术、教育、体育团体，还有各种公益性社会组织和各种政治社团的政党、青年团、妇联、工会等。亚国家法叫民间法，即这些社团组织的规章制度。如血缘性组织的家法族规，教会的戒律，企业、商业、金融业的规章制度，文化、学术、教育、体育团体的规章制度，政党、青年团、妇联、工会的规章制度，各种公益性社会组织的规章制度，还包括各种基层组织，如村委会、居委会的规章制度等。亚国家法法治建设就是指按照法治精神，规范和完善这些社团的规章制度，使它们形成良好的内部秩序，因此给国家秩序奠定一个稳定的基础，也使国家法的产生有一个永不枯竭的源泉。在这一领域，法治建设包含上层的政治、文化（宗教、文艺、教育、科研）、经济（生产、交换）和日常生活等多个层次。当前我国突出表现在以下两个方面。

（一）基层社会治理中的法治建设

基层社会治理是一切治理的基础，是最具活力和创造性的治理部分，是社会治理规则的原生地。总体来看，基层社会治理的性质是自治，表现在主要依自己内部的组织（力量）、方式和规则。如在我国古代县以下实行乡绅之治，解决社会纠纷的主要办法是调解，主要的规则是家训、族规、宗教戒律、各种行规和各种社团的规章制度。基层社会治理的另一特点是多元性，因为它是由多种社会组织聚合而成的，故有各自的组织系统、价值目标和规则。如血缘性组织的主要目的是繁衍和优化后代；经济性组织的主要目的是物质财富的增长等。它们之间是并列且相辅相成的关系，不存在对立和隶属问题。因此，它们的治理是“各管各”，但却共同追求良好的社会秩序。

基层社会的治理虽然属于自治，但也存在“法治”问题。因为“自治”和“他治”的区别并不在于有无规则（“法”），而在于依据什么“法”和是否以法为主要手段。基层社会的治理在很长一段历史时期里属于“人治”，即马克斯·韦伯所说的“卡里玛”[①]型，主要依靠精英人物的智慧来治

① 马克斯·韦伯用语，Chrismatic的音译，即英雄（精英）治理型社会。

理。我国古代基层社会的“乡绅之治”就是一例。但这种情况进入近现代之后有所变化，一方面是因为政治国家的活动开始伸向基层，因而国家法也对其发挥作用；另一方面是因为基层社会越来越复杂，相互联系也越来越密切，并出现了许多共同的问题，如环境保护、自然灾害、社会治安等，而仅凭个人的智慧和能力难以应对，因而促使带有普遍性的规则日益发展，加上“法治”观念的传播，所以，基层社会治理的“法治化”要求提上了议事日程。

但基层社会的“依法治理”的“法”并不全是“国家法”，或者主要不是。因为如果用国家制定法来治理，就违背了基层社会治理的自治性，必然会把基层社会搞得像铁板一块，毫无生气，丧失创造性和生命力。“枫桥经验”是我国基层治理的一个成功典型，其经验之一就在于“不唯上”，不盲目地执行国家的法律和上级的政策，而是从实际情况出发，重视当地的风俗习惯、乡规民约和各种社会组织的规章制度，甚至家训、族规等，发挥它们在社会治理中的作用，把它们作为“法治”建设的主要方面来对待。当然，“枫桥经验”也注意与国家制定法的衔接，用国家制定法指导其修改，但绝对不会把其变为落实国家法的实施细则。

这样一来，基层社会也就存在“法治”的可能性，只要其治理不是仅仅依靠少数精英人物和采用德化教育的办法，而是注意规则的创制和完善，并把其放在重要的地位，作为治理的主要手段，严格贯彻执行，那么就应认为它是符合法治的。枫桥镇重视基层社会规则的整理和完善，并严格其贯彻落实，使之真正地发挥作用。他们努力构建1（一套村民自治章程）＋1（一套村规民约）＋X（多个实施细则）的乡村自治规则体系[①]，并重视民间法与国家法的对接，培养基层干部的法律意识和法律思维，注意利用既熟悉国家法律又充分了解当地社情民意的退休司法人员参与社会治理，给他们配备“个

---

① 如陈家村有：《陈家村村民会议及村民委员会组织章程》《陈家村村籍管理规约》《陈家村村务公开规约》《陈家村土地及建房管理规约》《陈家村财务管理规约》《陈家村治安与消防规约》《陈家村纠纷预防及调解公约》《陈家村外来建设者管理规约》《陈家村卫生与环保公约》《陈家村家庭关系公约》《陈家村财务管理规约》《陈家村公益与慈善事业管理规约》等，参见范忠信等：《“枫桥经验”与法治型新农村建设》，中国法制出版社2013年版。

人工作室”[①]，用调解的方法解决民间纠纷，还给企事业单位配备法律顾问，从而使他们的活动既符合民间法又符合国家法。

由此来看，我国的“法治建设”已深入社会的基层，所不同的是，它是另一种意义的“法治”，即基层社会层面的法治，它所追求的基层社会的法治状态，也就是狭义的“法治社会”。

（二）政治上层或党的“党内法规”建设

《中国共产党党内法规制定条例》[②]指出：“党内法规是党的中央组织以及中央纪律检查委员会、中央各部门和省、自治区、直辖市党委制定的规范党组织的工作、活动和党员行为的党内规章制度的总称。”国内业已有许多学者从理论和渊源上作了论述[③]。“党内法规”不是传统的或国家主义法观念[④]意义上的“法”，因而不属于“国家法”，但从新产生的法社会学的法观念来看，它也是一种“法”，它们与“国家法”有着密切的关系，是其产生的基础，因而也属于“法治建设”的一部分，并对“法治国家”建设意义重大。

1.“依法治国”的关键是“依法治党”。“依法治党”，即把党的活动纳入国家法律的轨道中，使其活动围绕着国家法的制定、实施展开，制定出良好的法律制度，并把它们落实于社会中。这之中的关键是党员领导干部要养成法律思维的习惯，学会执掌法律的技术和方法，并带头忠实地遵守国家法律。只有党员领导干部真正地树立起法治观念，带领大家制定出好的法律，并带头遵守，才能形成良好的法治秩序。

2.“依法治党”的关键是“党内法规”。一套科学严谨的“党内法规”在形式与内容上与国家法应是相统一的，是国家法关于政党活动的相关法律规定的一种延伸、一种具体适用。因此，“依法治党”也有广、狭二义，广义的

---

① 如“老杨工作室”，“老杨”即退休的司法干部杨光照。

② 该条例于2012年5月印发，已于2019年8月修订。

③ 参见王伟国：《国家治理体系视角下党内法规研究的基础概念辨析》，《中国法学》2018年第2期，第269-285页。

④ 这种法观念认为法与国家不可分，即法只能由国家制定和实施，因此，法只存在于国家之中，或者说只有国家法，特别是国家制定法。

"依法治党"之"法",既包括国家法,又包括"党内法规"。二者虽然在性质和效力上有区别,但不是截然分开或对立的,而是有内在关系的。只是在侧重点和先后顺序上有所不同。"依法治党"首先考虑并侧重于"党内法规",其次才是国家法中的政党法规范。只有将这两种法有机地结合起来,才能真正做到"依法治党"。

综上,要做到依法治国,首先得依法治党。而要"依法治党",首先得完善党内法规规章制度,使党内做到"有法可依",只有如此,才能使其依法执政,严格地遵守国家的法律。由此,党内法规建设是法治国家建设的真正逻辑起点,只有把它抓好了,才能整顿好党,才能领导全国人民制定出一套完备的国家法体系,并严格地落实于行动中。作为党员领导干部,既要严格遵守"党内法规",又要严格遵守国家的法律。首先按照合法性和民主性原则,制定"党内法规",使之符合执政党的党章和国家有关法律;其次把人民的意愿和智慧集中起来,表达为法律,并率领人民将其落实在行动中,从而形成一种良好和谐的社会秩序,使社会上的人力和物力发挥最大的效益,造福于全社会。

四、超国家层面的法治建设:"一带一路"的法治建设

(一)"一带一路"建设推动全球治理

当今世界已进入全球化时代。其之肇始是近代西方国家通过征服和殖民的暴力方式完成的,其所建立的世界秩序也是以强权为基础的,其目的是维护其霸权主义统治,使世界西化和垄断世界上的一切资源。显然,这是违背人类的本性和不利于人类长远发展的,也是造成当今世界动荡和混乱的主要原因。人类作为一种具有社会性和理性的动物,有其共同的本质,因而具有共同性和统一性。但是,它又是由许多种族、民族和与之相适应的多种文化板块构成的,因而又呈现多极、多元的状态。人类的繁荣和发展正是通过不同文化的人种之间的平等竞争、交流与合作进行的。在全球化和网络化时代,世界既是一体的,又是多元的。因此,任何种族、国家

只有采取宽容态度和开放政策，与其他种族结成人类命运共同体，构建一种新的世界秩序，通过协商和分工合作的办法，和平共处，才能求得共同发展。

这就需要一种与之相适应的国际社会秩序，因而产生了“全球治理”问题，超国家层面或国际社会的“依法治理”问题也就被提了出来。虽然国际社会不存在一个世界政府和统一的法律制度，难以形成我国那样统一的法治秩序。但是，由于人类有着共同的价值追求，是一个命运共同体，所以他们在交往中可以形成一些共同的规则，找到一个坚实的法律支撑和制度保障，营造一个稳定、公平、透明、可预期的法治化环境，进行文明、和平的交往。虽然现在国际社会的各种法律规则还不健全，也不太公平合理，所以国际社会的“秩序化”程度较低，其“法治化”程度更低，存在不讲理、不合法的野蛮行为，还没有一个稳定合理的秩序。但这种现象已为国际社会大多数人所认识和仇恨，开始以“法治”的观念为指导来探索建立新的良好的国际社会秩序。

2017年5月在北京举办的“一带一路”倡议国际合作高峰论坛上，习近平主席在会上发表了重要讲话，阐述了“一带一路”倡议的基本精神——和平合作、开放包容、互学互鉴、互利共赢，及其所要追求的价值目标：和平之路、繁荣之路、开放之路、文明之路。他指出“全球100多个国家和国际组织积极支持和参与‘一带一路’建设，联合国大会、联合国安理会等重要决议也纳入‘一带一路’建设内容。‘一带一路’建设逐渐从理念转化为行动，从愿景转变为现实，建设成果丰硕”。“我们要建立多层次人文合作机制，搭建更多合作平台，开辟更多合作渠道。”

可以看出，“一带一路”倡议的提出是我国新的改革开放的重要一步，是中国式全球化的重要尝试，它不同于西方国家强权征服式的全球化，而是一种用发展经济和文化交流的和平方式构建人类命运共同体的伟大尝试。它是我国在发展中迈出国门和走向世界的重要决策，也是向世界提出的一个倡议，其战略目标是要建立一个政治互信、经济融合、文化包容的利益共同体、命运共同体和责任共同体。“一带一路”建设的决策是非常英明的，并已取得显著的成果。五年来，通过平等协商，我国已经同80个国家和组织签署合作协议，同30多个国家开展了机制化产能合作，在沿线24个国家推进建设75个境外贸易合作区。我国同“一带一路”建设相关国家的货物贸易额累计超过5万亿美元，对外直接投资超过600亿美元，为当地创造20多万个就业岗位，我国对外投资成为拉动全球对外直接投资增长的重要引擎[①]。

（二）法律在“一带一路”建设中的作用

“一带一路”倡议的提出是我国“改革开放”政策的新一步，是中国式全球化的一种模式，与西方国家的全球化相比，它走的不是通过战争实行侵略、征服、殖民之路，而是通过和平合作、开放包容、互学互鉴、互利共赢的和平之路，因而它所依靠的不是枪炮、商品和宗教，而是经济上的共同开发、文化上的平等交流和法律上的制度保障。只有如此，才能达到经济上的发展、互利和共赢，才能达成思想上的互信和科技文化成果的共享，也才能在某种程度上以制度保障和巩固这些成果。可以设想，“一带一路”建设不会是一帆风顺的，也会遇到许多麻烦和挫折，如果只从经济上给人以好处，显然相互关系是不可能维持长久的；只从思想上进行交流，所形成的共识也不可能是牢固的。只有法律制度才能使它们有比较长久的准则和话语，从而在遇到问题时，能有统一的标准以明辨是非和化解纠纷，为“一带一路”建设营造稳定、公平、透明、可预期的法治化营商环境，为各方更好地参与“一带一路”建设提供更加坚实稳固的法律支撑和制度保障。

人有共同的本性和需要，以及满足这些需要的地球上的自然环境和自然资源。而任何一部分人，不论是一个民族还是一个国家，其能力总是有限的，不可能把这些资源全部占为已有，因而必须与其他部分人（民族或国家）分享和分工合作。也就是说必须与其他人和平交往、和平共处。这就产生了超出政治和文化意识形态的交往规则或法律。这些规则使他们的交往互利互惠，

① 参见新华社评论员：《凝聚合作公约数　共绘建设“工笔画”——学习习近平总书记在推进“一带一路”建设工作5周年座谈会重要讲话》，http://www.chinanews.com/gn/2018/08-28/8611874.shtml，访问日期：2018年8月28日。

能持续稳定地进行，并取得更好的效果。同时，由于法律只是人类交往的一种行为规则，只涉及人的外在行为的某种统一，并不要求他们内心的完全一致，即政治和文化意识形态的完全统一。由于作为人类一部分所特有的政治和文化意识形态，其特殊性并不是绝对不变的，其最终的目标也是会指向人类命运共同体这一最终目标的。所以他们在本质上是有同一性的，可以通过交流逐渐消除彼此之间的对立，甚至能达到相辅相成和共同繁荣发展的效果。当今世界的现实已证明了这一点，“二战”后联合国的建立及其相关法律的产生，已成为不同政治和文化意识形态国家交往的平台，而相关的法律则是他们交往的共同话语和区分彼此是非、解决矛盾的标准。另外，世界贸易组织（WTO）及其规则，也在解决世界贸易问题和维护世界贸易秩序中起着重要的作用。很明显，当今世界如果没有这些“国际法”，各国之间就会陷入战争状态，就不可能维持长期稳定。

（三）“一带一路”的法治建设

在“一带一路”建设中与之相适应的法律制度是其持续和稳定发展的保障，因而其法律制度的建设就成为其不可或缺的重要方面。

1.“一带一路”建设中的“法”。显然，“一带一路”建设中的“法”不可能是我国已有的“国家制定法”，因为这是帝国主义和霸权主义的思路。这个“法”也不可能是任何一种既存的“国际法”，因为一方面他们各有其适用的范围，并不适合于“一带一路”建设这一全新的事物；另一方面这些现有的“国际法”，往往不是在平等协商的基础上产生的，而是各国实力博弈的产物，难免会带有某种意识形态的偏见和服务于某种利益追求。而“一带一路”建设中各个国家是一种平等关系，因而他们交往的规则或“法”，是在双边或多边自愿、平等协商的基础上产生的。基于此，适合于“一带一路”建设的“法”只能从建设的实践中寻找、创造。它的创制必须参考已有的国内的和国际的种种法律制度，从中吸收有用的概念、原则、观念、规则，甚至借鉴有些法律的形式和解决问题的程序、方法。例如，“一带一路”建设中的安全，特别是反对恐怖主义的斗争，就应认真地借鉴国际反恐怖主义斗争的经验和已有的法律制度。另外，我国与“一带一路”建设的沿线国家已签订了许多双边和多边合作的协议，并积累了许多合作的经验，这对于我们构思“一带一路”建设的“法”也是非常有价值的。应指出的是，“一带一路”建设中的“法”是本着人类命运共同体的目的制定的，是“一带一路”建设原则的规则化，因而它对世界上已有的法律制度持审慎的批判态度，只是从形式上借鉴其中有用的东西，而注入的却是人类命运共同体的精神。因此“一带一路”建设的“法”应该包括：（1）合作开发资源和发展经济方面的“法”；（2）文化、教育、科技交流与合作方面的“法”；（3）道路交通和各种公共设施共同建设和使用管理方面的“法”；（4）安全和“反恐”方面的“法”；（5）环境保护方面的“法”；（6）网络通信方面的“法”；（7）国家和政党在政治交往方面的“法”等[①]。

2.“一带一路”建设中的“法治”。由于“一带一路”建设的体制不是单个的国家体制，没有统一严密的组织机构，又由于“一带一路”建设中的“法”不同于国家制定法那样有着严密的逻辑体系，因而“一带一路”建设中的“法治”也不同于国家层面的“法治”。其主要的含义只是要求做到有规则可依，其被遵守类似于如今的“国际法”，主要靠各个国家在理性思考利弊的基础上的自觉和别国的舆论制约，而不可能像国家那样有一套严密的机构去推动。当然，它也会逐渐形成一些跨国家的组织监督这些规则的运行情况，但不可能也不应该发展为一种“世界政府”性质的机构。这也意味着“一带一路”建设中形成的法也不是“世界法”。

综上，我国法治建设的实际已不再仅仅是国家机关活动的法治化，而是要求执政党、全体社会成员的行为都法治化，树立正确的法治意识，养成良好的守法习惯。因为“法治”的真谛是建立在法律基础上的良好的社会秩序，而这种秩序不仅表现在国家活动上，而且表现在社会的各个领域。也就是说，不仅是“法治国家”，而且是“法治社会”。没有“法治社会”的“法治国家”就缺少了根基，是建立不起来的。没有法治化的执政党，就不可能在其执政中严格依法办事。没有广大社会成员强烈的法治意识和自觉遵守法律

① 参见张鸣起：《推进“一带一路”建设的法治思考》，《中国人大》2016年第16期，第24–26页。

的良好习惯，各种社会组织没有一套严谨科学的规章制度，就难以在社会各领域形成良好的秩序，也不可能从中成长出合格的“法治国家”人才。由此来看，“法治国家”的建设仅仅停留于政治国家层面，仅仅提出“法治政府”的要求是不行的。必须向民间社会拓展，向政治社团，特别是执政党提出“法治化”的要求。这就意味着，法治建设中被建设的不仅是“国家法”，而且包括种类繁多的“民间法”，国家组织的活动不仅要严格按“国家法”办事，而且还要以“民间法”为基础，充分地尊重“民间法”。只有如此，才能使“国家法”与“民间法”融为一体，“国家法”才能被广大民众所认可和自觉遵守。这样一来，我国的法治建设就呈现出丰富多彩的局面，必然有许多新的维度和方面。虽然，它们各有不同的性质、特点和运行的方式，但在总体上有共同的价值追求和特点，即突出规则和制度的建设，追求稳定良好的社会秩序。而且它们之间是有内在联系的，其中，国家层面的法治居于主导地位；亚国家层面的基层社会法治是基础；上层的执政党层面的法治是关键，它们紧紧连接并直接影响着国家层面的法治，决定着国家法治的社会主义性质；“一带一路”建设中的法治是不可缺少的外部环境，是向外发展的法治保障，并昭示着我国对全球治理的基本价值取向。因此，我们应该把它们统一规划，分头进行，使其各尽所长，相辅相成，共同建构良好的社会秩序。而要如此，我们就应该尽快地改变原有的“法”和“法治”观念，进行观念更新，并加强对各种维度的法治建设理论的深入研究。我国的法治建设才能有新的理论阐释，也才能迅速而健康地向前发展。

“三治融合”对重大社会风险防范化解的作用*

卢芳霞，丁　丁**

摘　要：自治、法治、德治“三治融合”是浙江特色的基层社会治理经验，被誉为“新时代‘枫桥经验’的精髓，新时代基层社会治理创新的发展方向”。在此次新冠肺炎疫情防控阻击战中，浙江把“三治”有机、系统地植入疫情防控体系中，以自治织密防控网络聚民力，以法治维持防控秩序稳民情，以德治助推防控效能暖民心，探索形成基层疫情防控的新路径，并取得了明显的治理成效。浙江“三治融合”的疫情防控经验，可以给重大社会风险防范化解带来普适性启示，即要以“合”为前提加强重大社会风险防范化解的统筹能力，以“稳”为基础增强重大社会风险防范化解的控制能力，以“预”为核心提升重大社会风险防范化解的预警能力，以“活”为导向提高重大社会风险防范化解的应变能力。“三治融合”对风险常态化下的社会治理有着重要的现实意义和参考价值。

关键词：重大社会风险；防范化解；三治融合；疫情防控

浙江省首创的“三治融合”，将“自治、法治、德治”融为一体，自2013年始发以来，一直在基层社会治理和源头防范化解社会风险领域具有很强的可操作性与实效性。2020年初始，新冠肺炎疫情肆虐，全国各地面临一场社会治理能力的大考验。在这场疫情防控战中，“三治融合”基层社会治理

---

* 国家社会科学基金项目（16BZZ083）；浙江省委政法委员会、浙江省法学会重点课题（2020NB012）。

** 卢芳霞（1976-），女，浙江绍兴人，浙江警察学院枫桥经验与社会治理研究院教授、硕士，研究方向为基层社会治理；丁丁，中共新昌县委党校。

体系适时为浙江构筑起坚固的屏障壁垒，经验做法可圈可点。深入探讨“三治融合”在疫情防控中的作用，挖掘其在重大社会风险防范化解中的普遍性价值，在全国范围都颇具启示意义。

一、“三治融合”的缘起、内涵及价值

（一）“三治融合”的缘起

“三治融合”发源于浙江省桐乡市高桥镇（现为高桥街道）。2013年，高桥因周边开通高速公路、铁路，迎来了快速发展的机遇，新人流、新物流、新思潮涌入，传统社会结构被打破，利益诉求日益多元化，传统管理模式逐渐式微。高桥出现了大量因拆迁、征地等引发的矛盾纠纷，政府疲于处置信访、上访问题。现实问题倒逼着改变。当年5月，高桥镇探索组建三支根植于民间的团队——百姓参政团、道德评判团、百事服务团，探索群众参与决策、利益有机协调的常态治理机制。百姓参政团可以参与讨论镇级层面重大项目活动，给各方利益主体搭建协商对话的自治平台，这是基层丰富自治形式的重要体现。同时，百姓参政团成员中不乏法律及各相关行业专业人士，这可以约束、规范公权力行使，使决策运作置于“阳光”之下，在一定程度上又是基层法治的实践诠释。道德评判团致力于解决法律法规管不到的不良现象。公共舆论作用于法律层面之外的道德引领，让老百姓自己教育、规范和管理自己。百事服务团则是跳出矛盾源头看矛盾，发动群众服务群众，由村民自愿组成村级服务联系网。通过自治、法治、德治“三治”的方法，很快在维护社会稳定、防范处理社会矛盾乃至经济社会关系协调中显露成效。群众与党委政府的关系彼此拉进，各项中心工作的决策部署多了群众的理解与支持，贯彻落实更有实效。2013—2018年度，最初萌发的高桥镇越丰村信访事件与行政诉讼案件零发生，矛盾纠纷零上交。2019年度，高桥街道矛盾纠纷调解总量下降29.2%。

在高桥的创新做法取得成效后，桐乡市委、市政府敏锐地捕捉到了这一新生事物，从县域科学治理的高度加以总结和研究，于2013年9月下发《中共桐乡市委、桐乡市人民政府关于推进社会管理“德治、法治、自治”建设

的实施意见》，启动以"自治为目标、法治为保障、德治为基础"的"三治融合"基层社会治理创新实践。不久，嘉兴市在桐乡探索的基础上全面推广"三治融合"，以期解决改革攻坚期市域社会治理中面临的复杂难题。几年的探索取得了良好效果，自治活力有效释放，法治思维深入人心，道德风尚不断提升。治理成效越来越彰显，最直观地体现在信访数据变化上[①]。在此期间，嘉兴不断完善"三治融合"实践，2018年8月制定《自治、法治、德治"三治融合"建设规范》这一地方标准[②]，在全国属首创，清晰阐明"三治融合"的核心问题。随后，"三治融合"的嘉兴标准，又得到省级层面的认可，作为坚持发展新时代"枫桥经验"的重要创新项目在全省推广，并取得显著成效，整体提升了全省基层社会治理水平。

（二）"三治融合"的内涵

"三治"如若只论其中一项治理，全国各地实践中皆能找寻一两个典型。与众不同的是，浙江的"三治"，首次突破自治、法治、德治各自为战的常规做法，提出辩证统一的"三治融合"理念。也就是说，浙江的"三治"已经形成体系化的治理合力，这更有利于从源头防范化解社会风险。其一，自治增活力，构建社会协同、群众参与、基层民主的自治建设体系，引导基层组织和群众有序参与社会事务，春风化雨。其二，法治强保障，构建严格执法、公正司法、公民守法的法治建设体系，树立依法治理理念，定分止争。其三，德治行教化，构建以规促德、以文养德、以评立德的德治建设体系，深入挖掘历久弥新的道德元素，润物无声。这使得政府和群众不再是简单的管理者与被管理者，而是变成了共建共治共享的共同体，相互之间的信任度、合作度大大提升。有学者对"三治"的相互关系进行了比较全面的阐述，认为自治是法治与德治的基础；法治是自治与德治的保障和边界；德治是较高追求，以自治与法治为基石，并对自治与法治形成有力补充。"三治融合"是"你中

---

① 参见翁勤雄、张建章：《"三治融合"——新时代"枫桥经验"的精髓》，吴越电子音像出版社2018年版，第42页。

② 参见嘉兴市政法委：《嘉兴发布〈自治、法治、德治"三治融合"建设规范〉地方标准》，https://www.sohu.com/a/255355050_99971276，访问日期：2018年9月22日和2020年3月8日。

有我、我中有你”，其产生的治理绩效，是由自治中有法治德治、法治中有自治德治、德治中有自治法治三者形成的“乘数效应”，达到有效治理。当然反向考虑，“三治”减一治，并不仅仅是治理效果“减去一”。德治缺少，治理成本将大幅度增加；而法治或自治缺少，面临的或是基层社会治理的崩溃。由此，基层社会治理中的自治、法治与德治可以而且应当融合，缺一不可①。

（三）“三治融合”的价值

1.“三治融合”是浙江省探索基层社会治理新模式的典型实践代表。浙江省委、省政府基于嘉兴试点探索因势利导，将“三治融合”作为全省坚持发展新时代“枫桥经验”的重要举措。2013年10月，在纪念毛泽东同志批示“枫桥经验”50周年大会上，浙江省提出要探索“德治、法治与自治”相结合的理念，让人民群众自己动员组织起来，形成共建共享平安和谐的浓厚氛围。2014年，健全法治、自治、德治相结合的基层治理工作机制成为全省创新社会治理的六大机制之一，并纳入平安考核。2018年2月，浙江把“三治融合”作为总结提升新时代“枫桥经验”六大工程之一，在全省全面推广。2018年12月，浙江省乡村振兴领导小组办公室印发《浙江省善治示范村认定暂行办法》，决定五年内高水平建设1万个省级“三治融合”善治示范村。随后，全省11个地级市90个县（市、区）大力推动善治示范村创建工作，充分发挥自治基础作用、法治保障作用和德治引领作用，着力共建共治共享新格局。可见，“三治融合”已经从地方治理经验上升为省域治理经验，从个案化、零碎化走向制度化、体系化，日益成为新时代浙江推进基层社会治理现代化、深化发展平安浙江建设的有机组成部分。

2.“三治融合”是习近平新时代中国特色社会主义思想的组成部分。习近平总书记在党的十九大报告中要求“加强农村基层基础工作，健全自治、法治、德治相结合的乡村治理体系”，至此，首次完整提出“三治结合”的概念。其实，早在习近平同志浙江工作期间，就有了“三治结合”的雏形思

① 参见郁建兴、任杰：《中国基层社会治理中的自治、法治与德治》，《学术月刊》2018年第12期，第67–72页。

想。他多次在有关创新发展“枫桥经验”的讲话中强调，要依靠群众化解矛盾（自治），要与法治浙江建设结合起来（法治），要与以德治省结合起来（德治）。2013年10月，习近平总书记又对坚持发展“枫桥经验”作出重要指示，要求“创新群众工作方法，善于运用法治思维和法治方式解决涉及群众切身利益的矛盾和问题”，即强调要运用自治与法治两种方法解决矛盾。此后，随着习近平新时代中国特色社会主义思想的进一步成熟，习近平总书记完整提出“三治结合”思想。除了在党的十九大报告中明确指出要“健全自治、法治、德治相结合的乡村治理体系”，习近平总书记又在2019年1月出席中央政法工作会议讲话时强调，“要加强思想教育、道德教化”“坚持依法办事，让遵法守纪者扬眉吐气，让违法失德者寸步难行”“要完善基层群众自治机制，调动城乡群众、企事业单位、社会组织自主自治的积极性”，打造“人人有责、人人尽责的社会治理共同体”。中央政法委给予“三治融合”非常高的定位，认为其是“新时代‘枫桥经验’的精髓、新时代基层社会治理创新的发展方向”。2019年6月，中共中央办公厅、国务院办公厅印发《关于加强和改进乡村治理的指导意见》，进一步强调“以自治增活力、以法治强保障、以德治扬正气，健全党组织领导的自治、法治、德治相结合的乡村治理体系，构建共建共治共享的社会治理格局”。2019年10月，习近平总书记在党的十九届四中全会报告中再次强调要“健全党组织领导的自治、法治、德治相结合的城乡基层治理体系”。“三治融合”作为基层社会治理系统化创新实践，深刻体现了从零碎性、技术性走向集成化、成熟化的内生逻辑①，已经成为习近平新时代中国特色社会主义思想的重要内容，尤其构成了中国特色社会主义社会治理的重要方法论。

二、“三治融合”在重大社会风险防控中的检验与创新

浙江作为“三治融合”的发源地，一直紧密结合“枫桥经验”的创新

---

① 参见张文显、徐勇、何显明等：《推进自治法治德治融合建设，创新基层社会治理》，《治理研究》2018年第6期，第5–16页。

发展，将“三治”应用于社会风险防范[①]。自党的十九大、十九届四中全会将“三治结合”纳入国家治理现代化战略后，浙江又立足于推进省域治理现代化的高度，在省委第十四届六次全会《关于认真学习贯彻党的十九届四中全会精神 高水平推进省域治理现代化的决定》中强调“坚持和发展新时代‘枫桥经验’，全面建设‘党建统领、人民主体、三治融合、四防并举、共建共享’的浙江特色基层治理体系”。可以说，浙江一直把“三治融合”作为本土最有特色的社会治理经验，并最大限度地将“三治融合”特色优势转化为治理效能。在2020年年初的新冠肺炎疫情防控中，更是把“三治”元素植入疫情防控体系，探索形成基层疫情防控的新路径，其治理成效也得到了充分检验。

（一）自治织密防控网络以聚民力

城乡社区是最基本的社会单元、社会细胞。浙江在疫情防控中，聚焦城乡社区两大基础与重点，有效整合长期积累的网格化管理、“村社两约”、社会组织等“自治”元素，动员群众广泛参与，在全社会编织起自我防疫、自我抗疫和自我管理、自我服务的严密网络。

1.拓展网格化管理，筑牢防控首道防线。网格化管理把辖区内的城乡社区划分成块状单元区域，在网格内指定专兼职人员负责网格管理和信息采集，依托网络信息管理系统，及时反映网格动态，解决城乡社区出现的问题以及为群众提供服务。浙江有着良好的网格化管理基础，在新冠肺炎疫情防控中，各地城乡社区积极响应，村（居）委会整合社区人员、下沉干部，带头做好疫情排查与防控工作，累计动员城乡社区工作者14万人、网格员33万人参与疫情防控，网格化动态地毯式摸排，不留死角与盲区；动员相关人员按要求居家医学观察或集中隔离，号召普通居民不串门、不聚众，构建起覆盖全省2.4余万个村（社区）联防联控的人民防线[②]。

2.借力“村社两约”，地缘防控事半功倍。村规民约、社区公约根植于城

① 参见应培国：《坚持发展新时代“枫桥经验”源头防范化解社会风险》，党建读物出版社2019年版，第345页。

② 参见施力维、徐坊、陈锦青等：《激活社区治理“共同体”》，《浙江日报》2020年3月10日，第5版。

乡地域，是基层治理中一种接地气的自然规范。在特定的血缘与地缘条件下，人们更容易接受民间规约等柔性规范方式。因此，党的十八届四中全会强调“发挥市民公约、乡规民约、行业规章、团体章程等社会规范在社会治理中的积极作用”。疫情期间，全省各地纷纷更新“村社两约”，将新冠肺炎疫情防控相关常识和要求纳入其中，对遵守规约者予以激励奖赏，或对违反规约者进行处罚和规制。如衢州柯城区上阳村增加“使用公筷公勺”等规定，并把全村343户家庭分为10组，每组分别创建微信群，便于每天每餐线上发图打卡，由村妇女主任牵头成立“巾帼有礼团”负责记录，对遵守规约并按时打卡者给以肥皂等生活用品奖励，并将在年底评选“金筷子家庭”。绍兴越城区金家村新增“疫情期间对出租房管控不力的村民，扣除村规民约奖并通报批评”的规定。又如，台州仙居县323个村将防控新冠肺炎纳入村规民约，要求返乡人员先隔离观察再进村，并将村规民约制成临时广告牌立于村口，并设立监测点，对村民执行村规民约的行为进行检查，防患于未然。由此，“村社两约”使群众自我防控意识显著提升，为打赢疫情防控战提供自我管理、自我约束的行为准则。

3.发动社会组织，协同防控专业应对。浙江重视培育发展社会组织。据浙江省民政厅统计，至2019年年底，由各级民政部门依法登记的社会组织有6.89万个，纳入备案管理的社区社会组织达20.45万个。自疫情发生以来，全省约有3.4万家社会组织协同当地党委政府参与疫情防控。如省公羊会公益救援促进会派出突击队，对湖北省黄冈市红十字会、物资接收点、医疗队入住酒店等进行消杀作业；嘉兴市孝慈社会创新发展中心联合社工机构共同组建21人持证专业团队，线上为患者家属及隔离点居民提供心理疏导、心理支持、危机干预等服务。广大社会组织还积极通过各级慈善总会、红十字会等机构捐献物资。截至2020年2月16日，省慈善联合总会、省红十字会等累计募集捐赠资金17.54亿元，累计募集各类医用口罩1829.77万个，防护服及一次性手术衣91.99万件，护目镜13.82万副，鞋套35.31万双，其他物资折合金额2.92亿元[①]。社会组织有效弥补并衔接地方政府在紧急疫情防控中需要补充

① 参见黄珍珍：《浙江再获社会治理创新全国奖项》，https://www.zjol.com.cn/，访问日期：2017年12月23日和2020年3月6日。

的治理空间，使得政府与社会组成的“防疫共同体”专业性更为突出。

（二）法治维持防控秩序以稳民情

浙江坚持在“法治”轨道上推进疫情防控各项工作，依法有序引导政府部门、城乡社区、社会组织及广大公众抗击疫情。同时对疫情防控中出现的造谣传谣、哄抬物价、制假售假、抗拒防控等现象进行打击和制裁，形成了集“规范引导与严厉打击”于一体的依法防控疫情模式。

1.主动“立法立规”，整合防控制度优势。浙江省积极整合现有法规，及时出台新法规，将“法治”的制度优势转化为疫情防控的实际效能。2020年2月，省人大常委会及时通过《关于依法全力做好当前新型冠状病毒感染肺炎疫情防控工作的决定》，提供首个省级疫情防控法规。省高级人民法院、省人民检察院、省公安厅联合下发《关于涉新冠肺炎疫情刑事案件办理工作的若干规定》，明确涉疫情刑事案件范围与一系列办理机制，涵盖信息实时通报、案件内部报备、提前介入、案件会商、宣传协同、典型案例发布和一体化单轨制协同办案等方面①。此外，浙江省公安厅出台《全省公安机关打击涉疫违法犯罪工作方案》，浙江省检察院发出《关于坚持“两手抓”“两手硬”依法保障疫情防控和复工复产的通知》。在省级部门的带动下，地方各级政法部门也纷纷出台相应规范性文件，更加有效地防范、打击当地疫情防控中的违法行为，使得依法防疫纵向到底、横向到边。

2.合力“严格执法”，确保防控行动力度。关于合力办案，浙江省司法厅制定的《新冠肺炎疫情防控期间行政执法工作指引》中有明确规定，县（市、区）级疫情防控领导机构，如有必要可跨层级、跨领域、跨部门整合调配行政执法相关部门、乡镇街道、城乡社区、志愿组织等力量②。浙江公检法等部门迅速启动，联合执法，截至2020年2月24日，排查检查集贸市场、餐饮场所1.5万余处，办理涉及野生动物刑事案件19起，追究刑事责任26人，收缴

---

① 参见余建华：《浙江公检法联合出台规定　坚持在法治轨道上推进疫情防控工作》，《人民法院报》2020年2月16日。

② 参见陈东升：《浙江出台疫情防控期执法指引》，《法制日报》2020年2月21日。

作案工具855件，查扣各类野生动物2800余只①。此外，严格执法也注重方式方法创新。浙江借助大数据、物联网、互联网、人工智能等现代科技手段有效监督执法，提升“掌上执法”使用率，发挥浙江省行政执法监管平台的作用，并灵活运用天眼、无人机等手段，创新远程开庭、在线调解、远端调解等方式，最大限度减少疫情期间的现场执法接触。

3.教育“公民守法”，扩大防控普法范围。通过法治专项宣传行动，营造疫情防控依法行事的社会氛围。浙江省普法办第一时间出台《关于在全省迅速开展“防控疫情 法治同行”专项法治宣传行动的实施意见》，广泛组织、动员国家机关、社会团体、企事业单位、其他组织和基层群众，共同参与疫情防控普法宣传教育，形成工作合力。开通线上法律专区，让群众对疫情期间的权利义务、违法追责等法律知识了如指掌。抢占社区普法宣传这一最有效的阵地，多途径、多形式宣传疫情防控相关政策法规，两委干部带头不信谣、不传谣，积极转发权威信息弘扬正能量，社区法律工作者也在处理涉“疫”纠纷时，权衡法理与情理，及时捕捉与化解不稳定因素。

（三）德治助推防控效能以暖民心

“德治”就是要发挥道德规范的教育感化功能，形成良好社会风俗的治理机制。浙江在疫情防控中充分发挥德治的道德评价、榜样感召、舆论引领等作用，通过邻里互帮守望相助、乡贤扛起社会责任、志愿者坚守奉献等多种方式和途径，用爱汇聚疫情防控的强大能量，浸润“法治”与“自治”触及不到的角角落落。

1.邻里互帮守望相助，同心防控共克时艰。各地利用社区开展守望相助、心理慰藉等邻里互助行为，构建起共同守护家园的情感防控网络。充分发动本地村干部、党员、企业家等道德标杆，参与宣传引导、社区值守、行为劝阻、互帮互助等社区防疫行动。正是因为打好了疫情防控的“感情牌”，使得一些非常时期采取的特殊防控措施如春节禁止拜年、邻里禁止串门、禁办红事、简

---

① 参见马剑：《浙江严打破坏野生动物资源违法犯罪 26人被追究刑责》，http://www.xinhuanet.com/politics/2020-02/26/c_1125628540.htm，访问日期：2020年2月26日和2020年3月8日。

办白事，也能得到群众的理解和执行。城乡社区在疫情防控期间涌现的个人、家庭等模范标杆，与邻为善、包容乐观、互帮互助等品质及责任感、使命感在群众中彼此感染，从而强化了共同体的道德根基，促进同心协力抗疫。

2.乡贤践行社会责任，提供防控紧缺物资。疫情发生以来，浙江全省各级统战部门全面发动，浙江乡贤尽己所能，在疫情防控中践行社会责任。如全国首个跨省域的乡贤参事会——浙沪南北山塘联合乡贤参事会，利用乡贤会员资源优势，为浙沪交界处的卡点提供安保力量，减轻属地防疫警力的压力。截至2020年2月1日，浙商累计设立专项基金13.5亿元，捐资捐物累计10.42亿元。俄罗斯浙江商会爱心人士，将当地采购的2吨急需医疗物资，共计244箱医用口罩、防护服和护目镜护送回国，充分体现出浙商助力家乡抗击疫情的德馨行为[①]。

3.志愿之士投身一线，凝聚群防群治力量。疫情发生后，浙江省文明办、团省委、省政法委等各条线，第一时间倡议动员广大志愿者投身疫情防控工作。全省各地组织机关党员到高速公路收费站防控卡点开展志愿服务，赴乡镇、街道、社区、村、农贸市场及有关企业等开展疫情防控工作。据不完全统计，浙江省委政法委动员、组织全省超过33万名网格员、3.8万余名青年志愿者投身一线防控[②]。浙江省团委建立省、市、县三级动员机制。截至2020年1月30日，浙江省团组织已招募疫情防控青年志愿者3.8万名，设置志愿服务岗位8200余个，开展志愿服务18600多场次，累计志愿服务时长30.4万小时，筹集、发放物资8227万元[③]。全省16300个新时代文明实践中心（所、站）[④]及280余万名志愿者参与疫情防控[⑤]，成为基层联防联治、群防群治的强大力量。

---

① 参见何玲玲、商意盈、马剑：《浙江：众志成城战疫魔》，https://finance.sina.com.cn/roll/2020-02-15/doc-iimxyqvz3167816.shtml，访问日期：2020年2月15日和2020年3月8日。

② 参见何玲玲、商意盈、马剑：《浙江：众志成城战疫魔》，https://finance.sina.com.cn/roll/2020-02-15/doc-iimxyqvz3167816.shtml，访问日期：2020年2月15日和2020年3月8日。

③ 参见董碧水：《浙江3.8万余青年志愿者奋战防疫抗疫一线》，《中国青年报》2020年2月1日，第1版。

④ 《浙江省新时代文明实践中心凝聚战“疫”强大正能量》，http://gongyi.china.com.cn/2020-02/25/content_41071372.htm，访问日期：2020年2月25日和2020年3月8日。

⑤ 参见张璇：《荧光点点 温暖你我——浙江280余万志愿者筑牢抗疫防线》，http://www.xinhuanet.com/2020-03/06/c_1125670993.htm，访问日期：2020年3月6日和2020年3月8日。

需要指出的是，浙江的“三治”并不是简单拼接，而是有机融合。自治，通过整合网格化管理、“村社两约”、社会组织等城乡社区原有治理资源，激发全社会民众自我防疫与内生约束力量，使之常态化发生作用，为法治与德治打下基础。法治，则不仅是指依托制定抗疫相关的法律法规来制约社会行为，还指将法的精神贯穿整个社会关系调节与社会事务处理。自治与德治都在法治的刚性约束下进行，并且由此形成全社会多主体协同抗疫的自组织规则与公民守法的个人自律。德治，则作为润滑剂，以舆论评价、榜样感召等道德之力引领，既可将德治正能量内化为抗疫防疫自觉行为规范，因而成为自治与法治的有力补充，同时又起到重大社会风险的源头预防作用。由此，浙江的“三治融合”在疫情防控中彰显出特别的魅力与治理成效。

三、“三治融合”对建立防范化解重大社会风险长效机制的启示

在防范化解重大风险语境下剖析，党的建设、意识形态、政治、经济、社会、科技、外部环境等诸多领域都可能存在重大风险。社会领域风险属于以上七大领域风险之一，囊括“就业、教育、社会保障、医药卫生、食品安全、安全生产、社会治安、住房市场调控等各方面工作”[①]。而这里涉及对“重大社会风险”中“重大”的测度问题。学界对风险等级的划分，综合其发生概率及危害性等因素后，在风险矩阵图中分为最高风险、较高风险、中等风险与低级风险四级。“重大社会风险”主要指前两个（最高和较高风险）等级，此类风险发生后影响重大、损失巨大，且发生概率并不低，甚至涉及国家公共安全风险[②]。众所周知，本次新冠肺炎疫情是新中国成立以来最严重的突发公共安全事件，凸显出疫情暴发所引起的重大社会风险和危害性，涉及教育、就业、医疗卫生、社会保障、房产市场调控等社会各领域引发的诸多

---

① 《习近平在省部级主要领导干部坚持底线思维着力防范化解重大风险专题研讨班开班式上发表重要讲话》，http://www.gov.cn/ xinwen/2019-01/21/content_5359898.htm，访问日期：2019年1月21日和2020年3月6日。

② 参见李雪峰：《防范化解社会领域重大风险的若干思考》，《行政管理改革》2019年第4期，第30-37页。

不稳定风险，“事关人民群众的生命财产安全，也事关改革发展稳定大局”①。此次新冠肺炎疫情，业已构成一次重大社会风险。

浙江在此次重大社会风险应对中表现突出，这得益于浙江长期坚持和发展“枫桥经验”，注重基层基础建设和基层社会治理创新工作，并将自治、法治与德治的“三治融合”综合治理经验创新运用于疫情防控中，在重大社会风险事前“防范”、事中“控制”和事后“化解”上都能比较有效应对，因此有效地控制了疫情蔓延，并率先复工复产，被喻为本次疫情大考的“优等生”。

（一）以“合”为前提加强重大社会风险防范化解的统筹能力

战略层面防范化解重大社会风险，需从全局性、方向性的高度加以把控。浙江的特色在于，在党委、政府的主导下，全盘统筹考虑，加强系统防控、依法防控、综合防控、源头防控和专项防控，全面防范化解这场重大社会风险。尤其是在城乡社区层面，在基层党组织的领导下，将自治、法治和德治“三治”有机融合起来，从整体上提升基层社会治理能力和疫情防控能力。首先，以自治为基础，发挥村（居）自治组织的主体作用，并以网格员、“村社两约”、社会组织为辅助，将城乡社区一切能动员的自治力量整合起来共同防控疫情。而这种良好的自治基础又为疫情防控措施依法落实、德馨行为传播复制提供了良好土壤。其次，以法治为保障，通过多途径法制宣传、多方式严格执法，使宅家防疫、配合安检、禁止聚集等非常态措施得到遵守，使哄抬价格、乘机作乱等违法行为被严厉处罚，从而使得依法防疫抗疫深入人心。同时，法治也不生硬机械，在国家法之外，还给自治、德治留下较多空间，让村规民约、社区公约、道德舆论等民间法在疫情中充分发挥自我约束的作用。最后，以道德为引领，通过邻里互助、乡贤参与、志愿者助力等德馨行为，形成一种正能量气场，给本来压抑、悲惨的疫情带来温暖和希望。这种正能量的德治和气场滋养了自治，支撑了法治，使得自治自管、遵法守律更好得以实现。总之，在此次重大社会风险疫情防控中，浙江

---

① 《习近平主持中共中央政治局第二十三次集体学习》，http://www.xinhuanet.com/politics/2015-05/30/c_1115459659.htm，访问日期：2020年3月6日。

使自治、法治与德治相辅相成，使民意、法律与道德相得益彰，充分体现了“合”的指导思想，由此也彰显出较强的统筹防范化解重大社会风险能力。

（二）以“稳”为基础增强重大社会风险防范化解的控制能力

2019年1月，习近平总书记在省部级主要领导干部坚持底线思维着力防范化解重大风险专题研讨班上强调，“坚持底线思维，增强忧患意识，提高防控能力，着力防范化解重大风险，保持经济持续健康发展和社会大局稳定”。重大社会风险错综复杂，且稍有不慎极易引发一系列放大、联动效应，因而必须有底线思维，即从最难之处、最坏之处做准备，未雨绸缪、有备无患、沉稳应对。浙江在此次重大社会风险疫情防控中坚持底线思维，以维护社会稳定为前提，尽力用各种办法妥善处理疫情中出现的各类影响社会稳定的问题。其中，比较突出的是综合运用“三治融合”方法：以自治聚民力，及时发现、阻止、消除一切影响稳定的因素，把不稳定问题控制在基层和社区；以法治稳民意，适时出台首个省级疫情防控法规，及时下发办理特殊时期相关刑事案件、违法犯罪行为等的规定，把疫情中出现的损害人民群众利益、扰乱社会秩序、危害国家安全的行为绳之以法，以避免人心不稳和社会动乱；以德治暖民心，把干部示范、榜样带动、乡贤捐助、心理慰藉等各种德馨行为渗入疫情防控中，使人民群众感受到政府的力量和社会的温暖，从而增强了抗疫的信心。可见，浙江在此次重大社会风险疫情防控中，通过“三治融合”，比较有效地控制了基层的稳定，证实了“三治融合”在重大风险防控中的积极作用。

（三）以“预”为核心提升重大社会风险防范化解的预警能力

应对重大社会风险，我们“要提高风险化解能力，透过复杂现象把握本质，抓住要害、找准原因，果断决策，善于引导群众、组织群众，善于整合各方力量、科学排兵布阵，有效予以处理”[①]。浙江在此次重大社会风险防范

---

① 《习近平在省部级主要领导干部坚持底线思维着力防范化解重大风险专题研讨班开班式上发表重要讲话》，http://www.gov.cn/ xinwen/2019-01/21/content_5359898.htm，访问日期：2020年3月6日。

中，充分依靠群众，发动群众，立足于早，立足于基层，实现预警预防。无论是“自治”中拓展网格化管理筑牢第一道防线，借力“村社两约”地缘防控，发动社会组织协同专业防控等举措；还是“法治”中主动立法立规，合力严格执法，创新普法形式；抑或“德治”中邻里相助共克时艰、乡贤践行社会责任和志愿者群防群治等做法，无一不是主动出击或未雨绸缪，创造性贯彻落实党的群众路线，坚持前端处理、源头治理，预先排查风险可能引发的突发性社会问题，跳出“被动救火，应接不暇”的窠臼。习近平总书记强调要建立健全“风险研判机制”“风险评估机制”“风险防控协同机制”等①，浙江正是充分依靠人民群众和专业力量，在前端源头预防风险转化为社会问题。同时，浙江还充分利用大数据、云计算等智慧治理手段，加强疫情风险研判、监测预警、应急处置，体现了比较强大的重大社会风险防范化解的预警能力。

（四）以“活”为导向提高重大社会风险防范化解的应变能力

重大社会风险防范化解的工作方法，既需要因地制宜，又需要因时而变，浙江“三治融合”给出了很好的示范。一方面，因地制宜。浙江省有乡镇（街道）1300多个，城乡社区3.2万个，因地域、人文、经济、文化等条件各异，遇到的矛盾问题也不尽相同。浙江省在此次重大社会风险疫情防控中，虽大方向上呈现将“三治融合”经验运用其中，在城乡社区中积极引导社区、社会组织、社工“三社联动”，全面规范“党建引领＋网格管理服务”运行，但实际操作中并非简单地“一刀切”，而是根据各地差异情况，分类施策，因地制宜地实施“自治”与“德治”。即使在“法治”原则的框架下，也是合理把握，除了国家法的底线不能触及，其亦为“民间法”和“道德法”“自治”与“德治”留下发挥空间。另一方面，因时而变。在疫情防控初期、中期、后期的“三治”防范化解手段都相应变化，根据人民群众的生活需要、企业复工复产的需要、国家安全的需要及时调整，使得“三治”体现

---

①《防范化解各领域重大风险，习近平有明确要求》，http://www.xinhuanet.com/politics/leaders/2019-01/21/c_1124021712.htm，访问日期：2020年3月8日。

出人情味、应变性。需要指出的是，无论是因地制宜，还是因时制宜，浙江的"三治"充分依托了科技力量和信息技术，通过城市大脑、基层治理"四平台"、线上智能化的公共法律平台、网格员微信群等各种网络载体，将疫情信息、焦点问题、违法处置、法律宣传等及时推送，让特殊时期沟通无障碍，信息无偏差，政府有章法，民心安稳。这有效提高了政府处置能力与应变能力，增进了群众获得感与安全感。

面对云谲波诡的国际形势、复杂敏感的周边环境、艰巨繁重的改革发展稳定任务，我们必须始终保持高度警惕，既要高度警惕"黑天鹅"事件，也要防范"灰犀牛"事件[①]。在风险社会中，人类可能还会面临其他重大社会风险。如何有效应对这些不确定的重大社会风险，浙江的"三治融合"基层社会治理体系提供了比较有益的借鉴。其凭借多年积累的自治、法治与德治基础，在该次突发的重大疫情中综合运用、灵活应用和持续发力，展示出较为成熟的防范化解能力。在迈向后工业化社会的进程中，重大社会风险集聚存在不确定性与高复杂性，甚至存在冲破风险防范措施的可能性，这正是对政府前瞻防范与精准化解风险能力的考验。在常态化基层社会治理中稳扎稳打自治、法治与德治的城乡社区治理体系，充分培养群众主体意识和激发社会活力，同时发挥制度优势依法治理，并辅助运用现代信息科技手段，夯实基层基础和提升治理能力，方能以不变应万变，在重大社会风险之中稳操胜券。期待未来的风险社会中，浙江的"三治融合"经验能在与时俱进中越走越远。

① 参见习近平：《提高防控能力着力防范化解重大风险 保持经济持续健康发展社会大局稳定》，http://www.xinhuanet.com/politics/leaders/2019-01/21/c_1124021712.htm，访问日期：2020年3月8日。

新时代乡村“五治”体系创新*

李远龙，荣达海**

摘　要：新时代社会主要矛盾的转化，要求加强党对社会主义现代化建设全方位全领域的领导。实现社会主义现代化的任务之一就是推进治理体系现代化。现阶段，乡村振兴的首要任务是发展乡村经济，处理好社会治理这一关键环节，坚持党组织领导下的乡村“五治”建设，形成发展与治理兼顾的良性循环。以党组织领导为核心，坚持政治统领乡村治理全局，坚持村民自治基础不动摇，逐步推行法治，巩固发展德治，发挥现代化智能化治理助推功效，实现乡村振兴。多元治理体系是乡村发展的长久之计，也是基层完善社会治理体系和实现治理能力现代化的根本保证。

关键词：政治；自治；法治；德治；智治；乡村治理

党的十八大以来，以习近平同志为核心的党中央积极践行依法治国和以德治国，加快法治中国、法治社会建设。党的十九大提出决胜全面小康，实施乡村振兴战略。乡村要发展，离不开党的领导，必须坚持统筹兼顾，协调城乡发展，注重补齐短板，坚持问题导向，做到以人为本，结合地缘差异，做到因地制宜。要加强农村基层基础工作，健全自治、法治、德治相结合的乡村治理体系，培养造就一支懂农业、爱农村、爱农民的“三农”工作

---

* 广西社会科学规划一般项目（15BFX002）。

** 李远龙（1966–），男，湖南永顺人，广西民族大学法学院教授、博士、博士生导师，研究方向为法学理论；荣达海，广西民族大学法学院。

队伍[①]，最终实现乡村“产业兴旺、生态宜居、乡风文明、治理有效、生活富裕”的总要求和总目标。乡村治理具有多元性的特点，现阶段治理方式主要表现为政治、自治、法治、德治、智治五种。

一、新时代乡村政治体系

乡村发展需要凝聚力和发展动力。基层党组织作为乡村建设的核心力量，要实现“战斗堡垒”和“主心骨”作用，带领群众投身乡村建设，解决发展乏力的诸多问题。在实践中要注重以下三点：一是加强思想教育，注重旗帜引领；二是注重党员培养和党组织建设；三是把“政治”作为实现治理体系现代化的统领。

（一）旗帜：引领乡村“小生态”发展方向

党的农村基层组织必须高举中国特色社会主义伟大旗帜，坚持以马克思列宁主义、毛泽东思想、邓小平理论、“三个代表”重要思想、科学发展观、习近平新时代中国特色社会主义思想为指导，坚决维护习近平总书记党中央的核心、全党的核心地位，坚决维护党中央权威和集中统一领导，牢固树立“四个意识”，坚定“四个自信”，做到“四个服从”，坚持党要管党、全面从严治党，以提升组织力为重点，突出政治功能，努力成为宣传党的主张、贯彻党的决定、领导基层治理、团结动员群众、推动改革发展的坚强战斗堡垒[②]。

“小生态”是乡村社会所具有的特点，产生这种社会样态的原因主要有三点：一是乡村人口较少，生产生活相对集中；二是人际关系表现为“熟悉”，即费孝通先生笔下的“熟人社会”[③]；三是家庭、族群关系密切，存在单姓村和多个大姓村。在这种环境下，乡村治理常常表现为抱团式的帮扶和对抗，矛盾调解依靠熟人，破坏“小生态”即全村“大敌”。在乡村治理实践

---

① 参见习近平：《决胜全面建成小康社会 夺取新时代中国特色社会主义伟大胜利——在中国共产第十九次全国代表大会上的报告》，《人民日报》2017年10月28日，第1版。

② 中共中央印发：《中国共产党农村基层组织工作条例》，《人民日报》2019年1月11日，第6版。

③ 参见费孝通：《乡土中国 生育制度》，北京大学出版社1998年版，第6-11页。

中，也存在诸多问题。由于经济模式的转变，国家对乡村控制减弱，缺乏有效的监督，某些地方宗族势力抬头并长期垄断基层职务，乡村发展经济红利长期被个别利益团体把持；个别地方党建工作缺位，党群关系不融洽，国家政策在乡村难以落实。

处理乡村发展问题，扭转乡村治理困局，解决治理难题，必须依靠旗帜引领，在党的领导下摈弃乡村治理“小生态”弊端，发挥相互帮扶、团结共治的优势。实现旗帜引领治理“小生态”，关键在于基层党组织建设，发挥基层党组织战斗堡垒作用。壮大基层党组织，要从发展合格党员着手，提高基层党组织实践能力和组织水平，严防组织乱象。要依靠党员践行党的群众路线，由点到面感染乡村“生态”。在此基础上建立的基层党组织，能够弥补基层政治意识薄弱、人口素质和教育水平较低的不足，提高村民的政治觉悟。

政治是乡村建设的统领，是处理好千百年来乡村治理“小生态”的最有力抓手。基层党组织要推进基层协商，支持和保障村民依法开展自治活动，维护好基层民主。此外，积极承担起乡村政治的宣传工作，落实国家的政策，传播先进思想，敢于向乡村落后思想、家族黑恶势力等顽疾开刀，确保乡村政治的公平与正义，实现乡村“政治生态”的稳定。“小生态”是具有时代特色和地域色彩的乡村环境，要发挥其积极意义，必须尊重乡村实际，保障群众切身利益，处理好乡村矛盾，凝聚群众力量。

（二）政治：乡村治理的统领

“政治”是新时期党对乡村工作全面领导在治理方式上的体现。发挥政治的统领作用，把基层党建贯穿于基层社会治理的全过程和各方面，是实现社会主义现代化建设的总体要求。党组织统领是基层社会治理的最大政治优势，党员坚定的政治站位是开展乡村治理的首要前提。必须加强基层党组织建设，确保党组织作为推动乡村社会发展的领导力量，通过提升领导力、实践能力、治理能力，稳步推进实现农村现代化建设。

乡村政治首先要振兴基层党组织，现实原因在于：一是乡村“空心化”为普遍现象，党组织青年后备力量不足；二是乡村党员自身素质相对较低；三是个别地方党组织影响力不足，联系群众不密切；四是党组织自身建设有待健全。要实现基层党组织在乡村振兴中的战斗堡垒和主心骨作用，必须把党组织建设放在第一位。在新时代，党的领导是治理方式现代化的前提。党组织领导与“五治”是多元统一、一以贯之的关系。加强党组织领导下的乡村制度建设，完善党领导下的乡村制度，是实现乡村经济发展，协调规范多元治理，实现社会治理方式现代化建设的关键。目前，振兴基层党组织最有效的路径是从乡镇党组织入手，抓农村党员培养和党组织建设；从党员入手，恢复基层党组织活力，提升组织力量。要注重挑选党员范围和个人素质，一方面要做到吸纳党员有生力量，扩大乡村党员选拔范围，鼓励大学生返乡参与乡村建设，注重选调生和大学生村官的吸纳和培养；另一方面要紧抓党员政治素养提升，在党员的选拔标准上注重品德和才干。

基层党组织建设作为硬性标准，必须加强组织建设，提升组织力和影响力，落实党组织对乡村建设的全面领导。基层党组织作为乡村建设的领导核心，要发挥好政治治理的作用，必须从思想上着手，摒弃人治的落后观念，变管理为服务，密切联系群众，提升基层党组织在群众中的影响力，发挥党组织的桥梁纽带作用，实现党组织引领群众，参与到乡村治理工作中去，践行从群众中来、到群众中去的工作方法。基层党组织要统领多元主体参与乡村建设，吸纳更多资金、技术、人才参与到乡村发展的浪潮中来，提升乡村经济活力和创造力，统筹基层各种力量资源，形成加强和创新基层社会治理的合力。

二、新时代乡村自治体系

乡村自治有深厚的历史积淀，也有鲜明的时代指引。传统乡村自治在小农经济、家族礼法的土壤中孕育产生，形成强大族权与乡绅集团，其根本原因是国家权力下行困难。与传统乡村自治相比，基层群众自治制度是实现人民当家作主最有效、最广泛的途径，二者存在本质区别。基层群众自治是中国特色社会主义民主政治的特点和优势。党的群众工作理论，既源于马克思主义思想，又具有中国特色；既汲取国际共产主义运动的有益成果，又与时俱进不断探索创新。中国共产党近百年的光辉历史，既是一部革命、建设和改革的奋斗史，也是一部坚持群众路线、紧紧依靠并团结带领人民群众不懈努力和奋斗的历史[①]。“党是最高政治领导力量”凸显了党的领导地位以及坚持党的领导的重要意义。

（一）群众：自治的力量源泉

改革开放以后，乡村生产力发展，基层群众自治制度逐步发展完善。人民群众是基层社会治理的力量源泉，村民自治是基层自治的重要载体。党的十八大以来，新一届领导集体勇于创新，群策群力，采取了一系列新举措践行群众路线，始终坚持以人民为中心的发展思想，尊重群众主体地位；始终坚持一切相信群众、一切依靠群众、一切为了群众，从群众中来到群众中去，为人民群众进行基层社会治理创造了条件、提供了理论支撑；切实保障让人民群众成为推进基层社会治理现代化的最大受益者、最积极参与者和最终评判者，最大限度调动群众参与基层社会治理的积极性、主动性、创造性，竭力打造一个现代化的基层社会治理共同体。

没有党就没有现代意义上的群众自治，没有群众就没有党发展壮大的根基，党与群众是和谐共生的关系。党的基层群众自治制度充分证明，党的领导与群众自治是不可分割的有机整体、二者统一于人民当家作主的民主实践中。乡村自治以党领导为基础，以法律为保障，制度和法律确保基层民主在正确的轨道上运行，完美诠释党与群众是血肉相连的关系。

党领导乡村自治，要依靠群众不断深化改革发展创新。基层群众自治发展要求深化政治体制改革，削弱国家权力对基层治理的过多干预。政治体制改革需要通过不断完善制度法律，转变政府职能，才能充分释放改革动力。由于国家权力收拢过程中，乡村基层自治组织所具有的资源整合力不足，从而带来管理的缺位，基层群众自治的发展就更需要有效的政治力量支撑。在中国社会和政治生活中，这个主导力量自然是党的基层组织[②]。因此，党组织必须在基层领导权力过程中防范风险，负责相应管理工作。党的群众路线作

---

① 参见冯小敏：《根植人民 造福人民 依靠人民 永远坚持党的群众观点和群众路线》，上海人民出版社2015年版，第1页。

② 参见林尚立：《基层群众自治：中国民主政治建设的实践》，《政治学研究》1999年第4期，第47–53页。

为党的政治传统，必须继承发扬，加强党组织在基层的影响力和凝聚力。这就要求党组织能联结社会和国家，探索群众诉求解决机制，保障基层民主合法有序开展，防范重大社会风险。

（二）自治：乡村治理的基础

从历史角度看，我国乡村自治有悠久的历史。关于乡村自治与行政权的关系，向来以“皇权不下县”为常识。从北宋王安石变法至清代后期，治权所代表的官治体制从乡镇收归到县。县为基层行政组织，县以下实行以代表皇权的保甲制度为载体、以体现族权和绅权的地方贤达士绅为纽带的乡村自治体制[①]。费孝通根据乡土社会“血缘和地缘”关系得出中国乡村是在“礼治秩序”下的社会，治理方式主要是年长者居之的“长老统治”。传统自治建立在小农经济的基础上，人口流动缓慢，生育繁衍集中在相对局限的空间，因此，家族治理具有天然的稳定性和长久性。

在公社化和计划经济的影响下，农村发展前期取得不错的成绩。中国共产党建立了一个完整的国家政治体系，政府以一种前所未有的方式渗入社会的最末梢[②]。但是，国家权力向基层渗透的局限性随着国家机器的运行逐步显现出来，农村生产积极性下降，国家权力在下行的过程中逐步迷失方向，出现党的政策难以贯彻执行的现象[③]。短暂的国家权力下行已不适应基层社会发展的需要。改革开放后，《宪法》重新赋予了村民自我管理的权力。1998年11月通过的《村民委员会组织法》，为村民自治提供了各项制度保障，并规定基层党组织作为基层的正式组织发挥领导核心作用。农村基层党组织是村民自治的领导者，支持和保障村民委员会开展各项工作[④]。

在长期的基层治理实践中，有三种力量参与其中：行政机关、自治组织

---

① 参见王伟光：《建设社会主义新农村的理论与实践》，中共中央党校出版社2006年版，第58–59页。

② 参见胡洪曙：《中国农村公共产品供给的制度分析与改革路径研究》，中国财政经济出版社2006年版，第180页。

③ 参见唐鸣、陈卓荣：《农村政策和法律（下）》，中国社会出版社2008年版，第398–402页。

④ 参见李义波：《村民自治与村民委员会选举》，中国三峡出版社2007年版，第9页。

和企业。与另外两者相比，自治组织力量相对处于弱势，这也使得自治组织依赖性强，难以发挥其作用，由此而产生组织带头人向其他力量靠拢的现象。组织力量弱化的原因有三点：其一，基层党建长期不受重视；其二，法治保障和实施力度不够；其三，村民自治观念和认识不足。以上原因导致自治信息不透明、监督不到位、基层行政化明显、执政党组织与自治组织扯皮、自治组织职位家族化垄断、权力滥用等一系列问题，成为当今乡村自治的顽疾。

基于以上问题，首先，要以党建促自治。发挥党组织对其他组织的领导作用，带动基层组织参与到自治实践中。基层党员要积极践行党的群众路线，激发群众参与热情，调动自身积极性，参与到基层自治中来。要注重乡村“带头人”培养，从目前乡村选举现状来看，大量乡村实行支书主任“一肩挑”，既提高了政策落实力度和工作效率，又解决了党组织与自治组织间的矛盾。此外，部分地区将村支书、村主任纳入行政考核范围，定期进行评选民调，提供基本工资保障，录入公务员队伍，解决干部后顾之忧，打通了基层晋升通道，提拔了乡村治理人才。自治要加强党组织监督，对于不符合要求的党员干部，要及时更换，并派遣“第一书记”帮扶，也可根据乡村实际需要，由“第一书记”接替村“两委”职务。其次，自治必须提高村民参与度，激发村民参与热情。通过村民广泛参与，能够提高决策科学性，提升自治水平。值得注意的是，近年来，乡村自治主体偏向老龄化，部分地区老年人甚至成为生产劳动的主力军。为发挥老人在乡村建设中的作用，应当提高老年人的自治参与度。例如，成立“老人协会”“小村监事会”“乡贤理事会”等组织，对其进行有效引导和管理，发挥社会组织监督自治提出建议的积极作用。再次，要发挥法治保障作用。完善基层自治法律，特别是细化法律内容，让自治有法可依，加强法治的实施力度，促进法治、德治二者协调，制定相应规范。最后，调动多元主体参与基层自治。增强公民参与自治的能力，培养自治观念，增强权利与义务意识。

三、新时代乡村法治体系

鉴于传统乡村法治的缺失是全面依法治国的薄弱环节，乡村法治有待于重点加强。当前，法治建设如火如荼，培养法治思维，建立完善的机制体制，是乡村法治顺利推进的可靠保障。乡村法治建设应当遵循其路径，肯定多元法律在乡村治理中的价值，坚持在党组织的领导下践行乡村法治，培养法律底线意识，逐步推进乡村法治。

（一）法治：乡村治理的保障

传统乡土社会中，国家制定法与乡村治理是疏离的。法作为封建王权的产物，不适合于农村社会，人们抱有“厌讼”的法律观念，畏惧法律，排斥法律[①]。这种法律观念至今仍然存在。产生这种普遍现象的根本原因有两点：一是交通信息通信的落后，二是礼治秩序和家族观念的约束。熟人社会里，人情和礼俗起着重要的维系作用。

马克思认为，社会不是坚实的结晶体，而是一个能够变化并且经常处于变化过程中的有机体[②]。随着社会各要素在不同时间和不同阶段的不断变化，生产力发展打破了传统法律体系，党所代表的阶级意志，要求党必须牢牢把握领导权，通过执政解决社会矛盾，党的政策和主张必须经法定程序上升为法律[③]。经过长期的理论探索与实践检验，党形成一套自上而下完备的制度体系。基层群众自治制度经过曲折发展，也逐步走向成熟。党的十七大第一次将基层群众自治制度作为我国社会主义政治建设四项重要制度之一[④]，这是将党的意志转化为法律，通过《宪法》和《村民委员会组织法》对乡村治理进行保障。

现代社会频繁的社会变迁与人口流动冲击着不同地域的思想法度，但这并不能否认多元法律存在的价值。韦伯认为，产生法律的主体应当是多元的，“国有国法，家有家规”，党有组织纪律，民间有民间法。党组织纪律以及具

---

① 参见肖群忠：《孝与中国文化》，人民出版社2001年版，第183–185页。

② 参见马克思、恩格斯：《马克思恩格斯文集（第五卷）》，人民出版社2009年版，第10–13页。

③ 参见李中天：《新时期以来中国共产党领导的法治建设研究——基于其以立法为主导的特征》，云南人民出版社2017年版，第122页。

④ 参见于建伟、黄观鸿、唐鸣等：《中国基层群众自治制度》，中国民主法制出版社2017年版，第6–8页。

有规范性的风俗习惯，从法理上讲都属于法律范畴。因此，要辩证看待法律多元，肯定其存在的合理性，实现多元法律的优势互补。发挥民间法和村规民约的调整作用，是实现乡村法治的途径。法治作为社会治理方式之一，其产生和调整具有多元主体性和层级性的特点。在国家法律不能传达，无法解决纠纷时，为了使法律家喻户晓，常常需要习惯作为补充，因为立法者所用的概念要求借助习惯予以阐明①。村规民约在特定地域内处理最基本的社会关系，与国家法共同发挥作用。随着社会发展，村规民约效力下降，然而国家法并不能渗入社会生活的各个方面，民间法所具有的因时性、因地性使其可以承担社会治理的重任，消除国家法律治理的盲点。乡村实践证明，合理的法治具有层级性，国家法与民间法是协调共生相互促进的关系，表现为村规民约起到初次调节的作用，而国家法律成为矛盾调处的最终途径。

法律的权威来自人民的普遍遵守，践行法治必须做到以人民为中心，保障人民的切身利益。重视法律宣传教育，实现心中有法，提升民众的法律素养，营造乡村依法治理、依法办事的良好氛围，这样执法和司法才能做到依法守法，实现社会的公平正义。合理的制度是法治有效实施的前提，建立合理的乡村普法、执法、监督制度是乡村法治的重点。乡村法治以国家法为主导、村规民约为补充，多方推进，才能实现乡村治理体系的发展完善，实现真正意义上的乡村“善治”。

（二）底线：法治思维的要求

树立底线意识，坚守法治精神。法的强制性是其效力产生的根源之一，也是其区别于其他社会规范的标志之一，底线意识正是建立在这种属性之上的。底线意识作为法治思想的红线，如何树立，应当在全社会积极倡导，从立法、执法、司法、守法四个角度加以阐释和践行。毛泽东同志在《商鞅徙木立信论》中讲道：“法令而善，其幸福吾民也必多，吾民方恐其不布此法令，或布而恐其不生效力，必竭全力以保障之，维持之，务使达到完善之目

---

① 〔法〕达维德·R:《当代主要法律体系》，漆竹生译，上海译文出版社1984年版，第487页。

的而止。政府国民互相倚系，安有不信之理？”[①]他强调法律权威的产生，要做到立法为人民谋幸福。从现代意义来讲，就是法律体现国民意志和利益。毛泽东同志同时注重在实践中对法律权威的保障。因此，法律底线意识的深入人心，需要思想与实践的反复论证。

当前，乡村法治属于法治建设的薄弱环节，产生这种现状的根源不外乎历史和环境的约束。相对稳定的居住环境是道德规范和村规民约产生效力的关键。在乡土社会，处理纠纷的过程注重调解，力求达到和气，这种处理矛盾和争端的方式符合儒家中庸思想。“中也者，天下之大本也。和也者，天下之达道也。致中和，天地位焉，万物育焉。”[②]儒家中庸哲学作为民族最高生存样式，包含着中华民族的理想人格和理想社会的最高价值于其中[③]。这种内化的辩证法思想已经融入民族血液之中。然而，随着城市化的快速发展，乡村正处于巨大的变革之中，人的权利意识增强，中庸思想受到冲击，某些传统规范在乡村治理中逐渐失去权威。面对这一现状，要将社会主义核心价值观融入村规民约之中，对旧的规定做出扬弃。在村规民约订立过程中要注重自治表决，提高村规民约在村民中的认可度，加强德风、村风、家风的规范建设，制定村规民约监督机制，实施“两委”及村民监督。对村规民约发挥作用的领域做出规范，包括公共秩序、乡村生态、日常风俗等，规范其制定和实施程序。

如果说全社会的法治底线意识是对法律的遵守和肯定，那么乡村法治底线意识则是对法治的认可和尝试。法律的权威来自人民的内心拥护和真诚信仰。党组织和党员率先宣传践行法治底线，乡村法治必然充满活力，尚法终将成为社会发展的长期追求。村民对法的了解认知不足是法治建设遇到的难题，必须着力推进法治在乡村的普及，提高村民的法律意识。在乡村法律普及以及人才培养方面，各地做出了许多创新举措。例如，江西实施“法律明白人”培养工程，参与法治宣传与实践，以点带面，带动家庭，辐射群众；

---

① 参见中共中央文献研究室、中共湖南省委《毛泽东早期文稿》编辑组：《毛泽东早期文稿（1912.6—1920.11）》，湖南出版社1990年版，第1–2页。

② 参见朱熹：《新编诸子集成（第一辑）：四书章句集注》，中华书局1983年版，第18页。

③ 参见董根洪：《儒家中和哲学通论》，齐鲁书社2001年版，第62页。

湖北部分地区建立“谁执法谁普法”的普法责任制度。此外，乡村法治建设要多元主体参与，包括立法、行政、司法部门以及教育教学机构组织。从简单的法律小读本、顺口溜编写，到知识案例讲解、公共服务法律援助等，助力乡村法治建设。

四、新时代乡村德治体系

中华民族尚德的特性铸就了其深厚的德治根基，使道德的弘扬、人心的向善与国家的荣辱兴衰紧密联系在一起。长久以来，德治在乡土社会发挥着重要作用，坚持党组织领导下的乡村德治建设，建立德治规范和评价体系，是新时代乡村治理体系建设的新突破，也是德化千年的血脉传承。

（一）德治：乡村治理的先导

我国“德治”治理方式由来已久，儒家德礼思想贯穿传统社会的始末。自上古时代始，就已经产生德治观念。古文献中记载：“尧克明俊德，以亲九族。九族既睦，平章百姓。百姓昭明，协和万邦。”尧以民为本，以德化民，受惠于民，从而达到和谐。可以说尧是施德济民、以德化民的创始人，开创了中华民族崇尚德治的传统。“舜让于德，弗嗣。”让位于有贤德的人，而不是自己的子嗣，舜同样重民、惠民、亲民，从而达到德治的目的。《礼记·月令》说：“孟春之月，命相布德，和令，行庆，施惠。”对此，郑玄注曰：“德谓善教。”德是最好的教育施政方式。孔子说，“道之以政，齐之以刑，民免而无耻；道之以德，齐之以礼，有耻且格”“为政以德，譬如北辰，居其所而众星共之”。孔子对于“德”的论述和他所持的关于“德治”的思想，对中国古代的伦理观念和政治思想的发展具有深远的影响。宋明理学的代表者朱熹提出“德礼政刑”“相为终始”的德、刑关系说[1]，真正将道德和法律统一于封建道德规范之中。道德的内化作用和礼教的外在约束，在古代人们心中有法的约束力，这种近乎自然的理念与国家政治完美结合，小到个

① 参见张国华、饶鑫贤：《中国法律思想史纲（下）》，甘肃人民出版社1987年版，第26–32页。

人大至国家，成为维系社会秩序的“柔”性法令。

近代新文化运动提倡新道德，反对旧道德。道德的部分糟粕逐渐被排除，其内容也在时代的变迁中逐渐更新，德治在社会治理中的作用也随着时代的更迭而淡化。当代社会以社会主义新道德作为道德建设的前进方向。新道德以集体主义为原则，以为人民服务为根本追求。社会主义核心价值观作为当代道德的精髓，从社会、职业、家庭、个人四个方面提出了道德建设的价值标准。

现代德治与法治相辅相成，虽然失去了古代的强制作用，但是，道德被全体人民普遍认同，可通过立法成为法律。从法的角度思考，现代德治是平等主体间义务的对等，类似于我为人人、人人为我，提倡“己所不欲，勿施于人”。现代德治体系的建设主要是精神文明建设，践行社会主义核心价值观，通过建立德治规范体系和评价体系，引导道德建设，破除思想顽疾，彰显德治的新价值。

（二）崇德：“乡风文明”的标杆

发挥德治的支撑作用，使基层社会治理建立在较高的道德水平之上。我国农村传统文化根基深厚，有着丰富的非正式制度资源，通过农村党组织的引导和挑选，可以把这些资源充分应用于乡村治理的规范之中，建立起一种独特的乡村共有体系和规则，使每个村民都愿意接受与遵守，从而达到提高乡村治理水平，最终实现乡村治理现代化的目标。

现代意义上的德治是在传统德治基础上的创新与发展，突破了传统的“三从四德”“二十四孝”等价值观念，创造了新的道德价值与观念模式。德治在乡村治理的过程中注入新的力量，创新乡村的治理模式，突破乡村的传统价值观念，把一种新的道德价值观念注入乡村的每一位个体，用这些价值观念约束和指导他们的观念和行为，使个体不断进步。个体更加注重自己的道德行为对社会规范与社会秩序的影响，摒弃糟粕的传统价值观念，学习吸收先进的道德理念。

德治在乡村治理体系的实施过程中，要切实考虑到乡村实际。村庄社会是一个高度整合的共同体，有自身形成的一套适用于每个村民的地方性规范，有自身特有的价值观念和价值体系，如“面子”“人情”等文化规范①。要做到对乡村传统的、业已形成的道德文化观念的尊重，恢复乡村习惯法，重视乡村不同的风俗习惯，用社会主义核心价值观改造落后的乡土价值观念。注重乡村精神文明建设，坚持基层党建引领党员示范，设置党员义务劳动日，对群众进行对点帮扶；开展民主评比“文明户”“美丽家庭”“道德模范”活动；重视乡村公共文化设施建设，如村图书室、文化站、老年活动中心、健身广场、戏台，组建文化队伍，定期开展戏曲、文艺表演、电影放映等娱乐活动；构建乡风文明道德评价体系，建立文明积分制度，包括社会公德、家庭美德、遵纪守法、教育文化积分，配套以奖励激励制度；表彰道德标兵，树立崇德典型，并给以相应物质奖励。通过建立道德评价体系，发挥德治教育引导作用。通过党组织联系，吸纳主体参与乡村德治建设，联合企业、高校开展文化下乡、对口支援、乡村志愿服务活动。

五、新时代乡村智治体系

智治是大数据、云计算、人工智能等先进科学技术应用于社会治理中的新提法，其涉及领域广泛，涵盖内容丰富，为政府提供新的治理手段。智治以网络和大数据智能处理为依托，通过政府网络平台收集信息，在数据库中进行整理计算，从而得出治理建议。这种治理方式从信息产生到得出结论，需要联结包括群众、政府、企业、科研机构等多个主体，有利于实现共治共建共享的社会治理格局。

（一）纽带：联结多元乡村治理主体

基层智治可实现生产信息与市场信息的互通共享，传达党和国家的方针政策，督促基层党员学习，引导乡村生态。此外，发挥好智治的联结、创新功效，能够充分调动农民群众在生产生活中的积极性和创造力，增加农民

① 参见乔惠波：《德治在乡村治理体系中的地位及其实现路径研究》，《求是》2018年第4期，第88–97页。

收入，促进产业兴旺。智治广泛应用是时代发展的必然趋势，能够推动乡村经济发展，促进乡村智治在内的政治、自治、法治、德治等治理方式发展进步，带动多元社会主体参与到乡村治理中，成为实现国家治理体系和治理能力现代化的重要动力。

智治的应用需要强有力的组织领导，如果任由市场选择，城乡间、地域间必然产生技术治理断层。大数据时代竞争参与者众多，数据成为企业间竞争的技术筹码，数据交换共享存在障碍。智治作为新的治理方式，如果不经过系统科学的学习实践，容易产生理解偏差和使用不当。因此，乡村智治的“纽带”具有双层含义。一是智治的应用能够联结多元社会主体参与乡村治理；二是党组织作为强有力的正式组织，凭借强大的组织后盾和资源整合能力，能够弥补乡村经济科技弱势及人才资源的不足。党组织的领导能够保证智治服务于人民。党组织领导与智治的关系是相互促进的关系，各级党组织通过智治形成强大的组织后盾。新时期党组织借助互联网、人工智能等媒介，加强自身建设，不断学习、宣传党的理论政策，成为乡村“政治”新手段。通过智治培养新人才，提高党员政治素养，充分发挥党组织的桥梁纽带作用。智治在普及应用方面，一方面要联结高校的智能化产品创新资源，为乡村治理提供技术支撑；另一方面要吸收企业投资，保障智治的经济支撑。

智治助力全方位的资源整合。在全面建成小康社会的攻坚期，智治的合理有效使用，为地处不同区域的乡村提供智力支撑，实现国家对贫困地区乃至贫困户的精准对接。智治平台作为中间媒介，起到数据分析处理的作用，智能算法的分析、预测准确性取决于数据的数量[①]。基层工作人员的数据采集和纳入，是智治数据产生的第一道工序。大量数据不仅需要整合，而且需要具备真实性。因此，在数据整合的过程中，基层党组织要监督数据收集，保证数据的真实性。此外，在全国范围或文化习俗相近区域建立乡村治理专有数据库成为可行选项。基层党组织联结多元主体相互合作，成为项目实施的有效途径。

---

① 参见郑戈：《国家治理法治化语境中的精准治理》，《人民论坛·学术前沿》2018年第10期，第45–57页。

（二）智治：乡村治理的支撑

智治应用到乡村治理实践中，为“三农”工作提供动力，为精准扶贫提供技术支撑。《“十三五”农业农村科技创新专项规划》指出，我国农业发展进入“结构升级、方式转变、动力转换”的新时期，农业主要矛盾已经由总量不足转变为结构性矛盾，主要表现为阶段性的供过于求和供给不足并存①。供需不平衡和核心竞争力不足，是当前农业经济发展的最大挑战。智治的使用对于盘活农村经济活力，提高生产效率，应对市场化带来的风险和挑战，实现农业供给侧具有推动作用。

智治便于灵活掌握市场信息，提供信息串联服务。针对现存农业发展矛盾，创新“互联网＋合作社”“互联网＋企业”“党支部＋合作社＋龙头企业＋农户”，加强产出地与市场的联系，建立市场为主导的基层农业信息平台，不仅为农业开拓了广阔的市场，而且对于提升农业管理水平，实现产业整合，提高生产技术和市场化适应能力起到了助推作用。智治不仅是治理方式的创新，而且其本身还是一个巨大的新兴市场，它实现了人才的开放共享，促进了资金流动。从目前资金投入与产出的短期收益来看，投入大于产出。但随着市场完善，运用水平提高，合理分配智治产生的经济收益，无疑会推动智治迅速发展完善。

智治可以节约行政资源，减少人力投入。决策信息的收集、决策方案“成本—收益”的比较分析、行政问询等很多常规性和程序性的事务工作，可以交由人工智能平台来完成，不仅成本大幅降低，而且准确度和效率也得到大幅提升，有利于很好地控制政府规模②，提高决策科学化、专业化水平。从实践来看，智治与行政投入成反比。乡村劳动力流失，“空心化”问题突出，必须加大人力投入，防止城乡差距扩大，必要时注重财政倾斜。目前，

---

① 参见中华人民共和国科学技术部：《关于印发〈“十三五”农业农村科技创新专项规划〉的通知》，http://www.most.gov.cnfggwzfwj/zfwj2017/201706/t20170627_133762.htm，访问日期：2017年6月14日和2020年2月13日。

② 参见陈鹏：《人工智能时代的政府治理：适应与转变》，《电子政务》2019年第3期，第27–34页。

乡村治理智能化水平较低且未普及，智治发挥空间比较狭窄，不能完全适应乡村治理的现实需求。对此，收集第一手资料是智治的当务之急。采集资料工作量巨大，需要实地考察并准确上传，一方面要求基层工作者认真细致核准信息，另一方面要防止“面子工程”以及利益纠纷所产生的虚假信息。同时，必须加强党组织成员培训教育，适应新时代治理现代化的需要。

提高服务水平和效率，加强党组织与群众之间的联系。智治的宗旨是服务人民，建立便民网络服务平台，提高村民办事效率，杜绝“办事在路上”，推行“网络预约”“最多跑一次”服务改革，实现服务与效率的双赢，加强各级党组织及政府与群众的联系，为民意开辟更多反映渠道。智治新媒体的发展，便于深入传达中央决策部署精神，反馈基层群众真实生活现状，监督乡镇及基层党组织，疏通上传下达渠道，从而极大地提升基层社会治理效率。

涉侨多元纠纷解决的反思与前瞻*

樊玉成**

摘　要：中国涉侨利益保护与纠纷化解的历史实践源远流长。新中国成立后的涉侨纠纷某种程度上有政治社会运动的阶段性因素，而改革开放后的涉侨纠纷多与投资贸易、婚姻家庭等相关。为保障地方各项大局工作，地方法院更愿意规避严格的诉讼程序，而采用灵活的多元纠纷化解机制。多元解纷是司法能力提升的重要指标。各地法院推进涉侨多元纠纷化解机制建设，尽管各有特色，但解纷实际效果未有大的改观。目前涉侨多元纠纷解决仍存在违背纠纷解决规律，缺乏司法资源保障，忽视当事人诉讼解决的需求等问题。除改善司法内部生态环境，激活行政解纷能力外，更要尊重当事人对纠纷解决的选择权。

关键词：涉侨；多元纠纷化解；司法资源；行政解纷

涉侨多元纠纷解决是一个亟待法学研究关注的细分领域，毕竟这里存在有相关法律联系的近1亿①潜在群体。从涉侨纠纷特质来看，由于纠纷当事人经常身属法域各异，距离远隔，习惯法律殊异，当事人难以“在场”，因而诉讼解决不具有优势。由于基数庞大，涉侨纠纷处理效果不佳的“蝴蝶效应”

---

* 上海市教育委员会科研创新计划之人文社会科学重大项目（2019-01-07-00-13-E00004）。

** 樊玉成（1978-），男，安徽淮南人，华东政法大学司法学研究院助理研究员、法学博士，研究方向为司法学和司法制度。

① 截至2012年度统计，海外华侨人数在5000万人左右。如果按每位华侨在国内有1位侨眷侨属计算，那么中国涉侨人口总数至少有1亿人。今天来看，这个数据过于保守。参见庄国土：《全球华侨华人知多少》，《四川统一战线》2012年第24期，第19页。

会十分明显。在这个看似特殊的法律利益保护领域，纠纷当事人的实体特征以及纠纷化解的程序特性共同构成了涉侨纠纷化解的独特品格。探索涉侨多元纠纷解决的司法研究，聚焦人民法院的纠纷解决能力建设，不仅是第五轮司法改革的核心议题，而且对深化落实“一带一路”倡议，全面推进法治战略，提升国家治理能力具有现实意义。

一、涉侨多元纠纷解决的法理基础

根据2009年修订的《归侨侨眷权益保护法》第2条规定，“涉侨”概念所指称的“侨”包括归侨、华侨和侨眷。该条界定如下：“归侨是指回国定居的华侨。华侨是指定居在国外的中国公民。侨眷是指华侨、归侨在国内的眷属。本法所称侨眷包括：华侨、归侨的配偶，父母，子女及其配偶，兄弟姐妹、祖父母、外祖父母，孙子女、外孙子女，以及同华侨、归侨有长期扶养关系的其他亲属。”很显然，“涉侨”概念的外延群体是中国公民，都是依据《国籍法》所规定的拥有中国国籍的自然人。

（一）涉侨纠纷管辖的私人法益正当性

依据上述法条概念，对海外定居的华侨，法条将其作为立法保护对象。司法文件①所使用的“涉侨”概念，业已把定居在海外的华侨纳入其中。对于华侨利益保护，司法实践延伸更远。华侨具有中国国籍，在宪法和法律上属于中国公民，理应受到中国法律的平等保护。海外华侨虽长期定居在外，但多有家族亲属仍在国内，在亲属关系、行政管理关系、经济商贸关系等诸多方面，华侨与国内法律主体之间存在长期频繁的法律关系往来。国内侨眷因与其长期分离等而产生一系列特有的权益纠纷，其中以婚姻家庭等居多，其次就是华侨在国内的经济利益纠纷。

---

① 2018年3月8日，最高人民法院与中华全国归国华侨联合会联合发布《关于在部分地区开展涉侨纠纷多元化解试点工作的意见》（法〔2018〕69号）。

（二）涉侨纠纷管辖的国家利益正当性

人口迁徙是人类社会的普遍现象。中国自秦代就有海外“侨民”，但当时其称谓不固定。《隋书·食货志》载：“晋自中原丧乱，元帝寓居江左，百姓之自拔南奔者，并谓之侨人。”中国古代法中缺乏现代意义上的领土、主权、公民等法律概念，对颠沛流离的“侨民”，只有政治上的怜悯而缺乏利益上的国家保护[①]。清末，清政府仿效西方设置海外领事馆，开始对华侨利益进行特别保护。1904年，清政府外务部在官文中提出“在海外设领，经费支出无多，而华侨受益甚大”。晚清民国时期，清政府《大清国籍条例》（1909年）、北洋政府《修正国籍法》（1914年）和国民政府《国籍法》（1929年）三部国籍法，对“数世不归”的华侨，保留其中国国籍，“冀其后裔绵延”，其子孙后代都是中国国籍。清末是中国现代化和法制现代化的肇始时期，清末北洋政府推出一系列的国籍立法，构建起国家利益的身份边界，把民族身份国家化和法律化。在每个海外中国人身上体现出中国政府的存在，是国家利益的核心需要，但由于政府的孱弱，这种国家利益仅是一种立法上的姿态，而难以实例化。

（三）涉侨纠纷管辖的法律利益基础

20世纪是人类法律身份大变动时期。从早期的民族成员身份逐步过渡到国家公民身份。全球现代公民国家普遍建立，使得海外“侨民”与原住国之间的民族利益纽带逐步脆弱，进而影响到原有侨民利益保护的法律利益基础——国籍制度。1949年新中国成立后，中华人民共和国逐步建立起否定双重国籍的基本公民制度。中国是世界上为数不多的社会主义国家，这与西方国家的性质、阶级构成及意识形态都截然不同。中国天然地对外部世界抱有警惕和抵制的态度，自然也对双重国籍身份抱有否定观念。对已取得他国国籍的中国人，中国政府视为外国人。1955年，中国正式不承认双重国籍。“华侨”一词的政治外延开始限缩。1980年9月，《国籍法》颁行，其中第

---

① 参见吴乃华：《华人华侨与中国的现代化：上》，《民主》2011年第1期，第39–42页。

3条规定，“中华人民共和国不承认中国公民具有双重国籍”；第9条规定，“定居外国的中国公民，自愿加入或取得外国国籍的，即自动丧失中国国籍”。以国家和阶级立场确立的单边国籍原则，成为涉侨纠纷管辖的法律利益基础。中国政府逐步完善归侨与侨眷的权益保护法律体系，设定代表华侨群体的各级群团组织。国务院也专设侨务办公室，代表中央政府对侨务事项行使统一管辖权。从法治观念发展的角度看，保护华侨利益就是保护国家利益，涉侨纠纷属于国内法律纠纷，中国政府全面承担起侨民利益保护的国家责任。

二、涉侨多元纠纷解决的演进历程与试点经验

有关归侨侨眷权益保护的司法实践，从新中国成立以后就没有中断过。因社会主义改造、国有化、人民公社化等政治社会运动而产生的涉侨财产所有权转移以及侵权问题，长期以来是人民法院面临的重大复杂敏感问题。改革开放后，随着民商事立法的逐步完善，以及人民法院正规化、专业化、职业化建设的发展，涉侨纠纷的实质化审理才有开端。2018年，最高人民法院与中华全国归国华侨联合会联合发布《关于在部分地区开展涉侨纠纷多元化解试点工作的意见》（法〔2018〕69号）（以下简称《涉侨多元解纷意见》），在推进涉侨多元纠纷解决制度建设中具有里程碑式的意义。

（一）司法改革前的涉侨多元纠纷解决

由于革命与反革命、人民群众与敌对势力等政治标签的影响，很多涉侨纠纷无法通过常规的民商事法律规范或乡村社会习惯等来裁判。另外，边境侨民的经济社会来往，割不断的血缘联系，使得涉侨纠纷不因政治环境的变化而中断。因此，新中国成立后的司法实践中，对于涉侨纠纷的化解，有一大部分需要法院之外的政府、社会、行业或宗族等深度参与和支持。

人民法院以专业的诉讼制度及其执行机制，如受案范围、原被告资格、诉讼时效、证据规则，来处置一大批棘手的涉侨遗留纠纷，但实际效果并不理想。由于很多纠纷发生在“政策治国”的年代，用现代法治来审视过去的

红头文件或各种政治社会运动，实在是“难为”了司法，超越了裁判能力范围。由此，涉侨多元解纷的实践需求主要来自司法系统内部。今日司法改革后的诉讼“爆炸”更是令人民法院愈加期盼有更多的司法之外的解纷资源。

（二）当前涉侨多元纠纷解决的改革试点

中国改革开放创造出巨大的经济机遇，许多华侨以敏锐的海外嗅觉抓住政策红利，实现了财富与事业的大发展，但也由此带来一大批不同于以往的涉侨纠纷，有关投资、外贸、公司、金融等领域的涉侨纠纷不断涌现。这类案件的司法裁判不再有法律和事实上的困扰，用现有的民商事诉讼程序可以解决，但事实上此类涉侨纠纷的化解也并非一帆风顺。因国际舆论影响、地方招商引资服务大局的需要，以及当事人可能存在的滥用“华侨”身份谋求法外利益的情况，使得本应合乎于事实与法律的明确裁判，在政策和利益博弈中也难下法槌。“服务大局”长期成为人民法院开展工作的政治红线。对于这样一批可能触及“服务大局”的涉侨案件，人民法院亟须司法之外的解纷力量来参与和支持。在上述多重因素作用以及多维目标导向下，涉侨多元纠纷化解成为现阶段解决涉侨法律纠纷的刚需之举。

与以往涉侨纠纷解决不同，当前改革试点有着新时代中国发展的时代任务。涉侨多元纠纷解决是要凝聚中华民族复兴的各方面力量，保障“一带一路”倡议实施，提升中国的国际地位和影响力。改革试点强调顶层引领、协同一致推进。具体的涉侨纠纷解决方案应内容灵活、务实，最大限度地调动各方面的资源、技术、经费与制度，投入试点工作中来。

（三）涉侨多元纠纷解决的试点经验

1.司法主导。法院牵头是涉侨多元纠纷解决的权威性保障。中国的纠纷解决需要有公权力的介入。当事人之间的利益争斗模式超越合作模式，双方缺乏足够的诚信来构建私力解决模式。要充分动员当事人的解纷意愿，法院至少要在名义上把控纠纷解决的组织和程序。如有的试点地方高院选定若干试点基层法院进行集中管辖。试点法院选定牵头部门（如立案庭、诉讼服务中心）作为主导，对外与相关司法部门与侨联沟通协调，设立涉侨巡回法庭、巡回办案点及建立特邀调解员名册等相关工作也陆续展开，确保各项规定要求全面落实[①]。

2. 机制协同。在机制建设方面，涉侨多元纠纷解决的试点工作各地有着高度的一致性，这是新时代改革试点的特色。试点工作机制建设的一致性有利有弊。有利的方面，如机制同构，有利于各层次区域之间的工作交流联系与比较参考；信息互动，经验互用，容易形成试点改革一盘棋的协同性和整体性。不足的方面，比如有一定的政策实施投机风险；过于一致的工作机制容易形成“套路”；等等。

3. 人尽其用。纠纷由人产生，最终也消解于人，人是纠纷解决系统中最有价值的要素。尽管大的方面各地试点工作机制要“齐步走”，但对于选人用人，各有其地方考量和特色。（1）涉及海外财产分割的涉侨纠纷，需要调解员十分熟悉海外财产价值及意义，而不是涉外法律法规情况[②]。（2）侨胞聚集的地方，选用当地侨乡有影响力的社会代表作为特邀调解员。（3）边境地方少数民族侨民与接壤国家往来密切的，选用懂得少数民族语言文化的法官、调解员能够得到当事人的民族文化认同[③]。（4）选用当地有一定影响力的律师事务所负责人任特聘调解员，从而带动整个律所律师群体参与，并形成律所涉侨纠纷化解的品牌特色。（5）对于行业商会以及投资经贸领域的涉侨纠纷，往往从纠纷当事人的朋友圈中选取行业组织领袖或共同信赖的人来进行调解。（6）打好侨眷侨属牌。需要特别关注法律纠纷背后的情感冲突，用能够亲近和接近纠纷当事人的眷属朋友，从心理和情感上融通化解心结，从而消融法律冲突[④]。

---

① 参见黄诗曼：《容县法院：积极开展涉侨纠纷多元化解试点工作》，http://ylrxfy.chinacourt.gov.cn/article/detail/2018/10/id/4269838.shtml，访问日期：2020年2月10日。

② 参见俞海萍：《11省市将开展涉侨纠纷多元化解试点工作，审理难送达难执行难有了破解之道》，《光明日报》，2018年3月30日，第4版。

③ 参见黄为：《牢记使命，砥砺前行，努力构建陇川涉侨纠纷多元化解新机制》，http://www.dhzf.gov.cn/content-29-38251-1.html，访问日期：2020年2月10日。

④ 参见李周恩、杨帆：《云南法院全力打造涉侨纠纷多元化解试点工作样本》，http://nmg.mzyfz.com/detail.asp?dfid=34&cid=844&id=387905，访问日期：2020年2月10日。

三、涉侨多元纠纷解决的问题剖析

纠纷多元化解的中国方案被定义为：以诉讼为主体、多元并存、相互协调、有机配套的纠纷解决总体格局。这是一个符合纠纷解决规律，被已有经验所验证的普遍性纠纷解决体系。从概念和逻辑上看，这个方案没有大的问题。但制度的价值在于实践，从现有改革实践上看，包括涉侨多元纠纷解决试点在内，多元解纷机制探索仍避重就轻，司法的纠纷解决压力越来越大。

（一）制度建设的套路化

涉侨多元纠纷解决机制的试点经验，从签约、挂牌、发聘书、做宣传、选个案等，有可能滑向缺乏生机的形式主义[①]。涉侨多元解纷的制度内容，千篇一律且大同小异。在机制名称上，很多概念称谓华而不实，反而把简单问题复杂化。如原“调解组织”，各地冠以涉侨纠纷诉调对接服务站、涉侨诉调工作室、侨界观察调解团等；“调解员”的称谓有：特邀、特聘、金花调解、双语法官调解、人民陪审员调解等。对于制度建设而言，当今的司法改革早已不缺形式和数字。数据分析则强化了技术壁垒，构建起形式合理的司法偏颇。“套路化”之所以如此顽固，一方面是我们信奉“科技是进步”的观念，这或许是当代社会的知识迷信；另一方面就是司法仍旧缺乏第三方和社会媒体的独立观察与评估。从根本上讲，矛盾纠纷的化解既有利益关系的重新调整，也是情感是非观念的重新定位。矛盾冲突要递交司法，意味着纠纷当事人立场对立的严重性。在这样的利益与情感博弈中，能够理性接受事实和法律的当事人其实并不多，大部分人穷尽司法程序后并不服输、不放弃。除非能触及当事人根深蒂固的观念和灵魂，否则多元纠纷解决机制的效果并不会比司法来得更好。

---

① 参见镇江市侨联：《镇江市召开涉侨纠纷多元化解试点工作推进会》，http://sql.zhenjiang.gov.cnjjqw201809/t20180927_2068567.htm，访问日期：2020年2月10日。

（二）资源配置的执念化

从2013年到2018年，全国法院结案数增加近1倍，但法官人数依然原地踏步[①]。法院“案多人少”的窘境，既是司法之外的社会问题，也是司法之内的改革“副产品”。人类行为模式中有一种叫作“压力决策模式”，是指人在压力中做出的决策是缺乏远见与合理性的。法院在面对办案压力时，同样也受到“压力决策模式”支配。司法机关常认为，所谓“好钢用在刀刃上”，是指把主要的优质司法资源用在办理重大疑难复杂案件上，而那些“鸡毛蒜皮”的小事，应当分流出去。但如果我们轻视纠纷解决的基层治理，则可能让“小事化大”然后成为有资格占用优质司法资源的“大要案”。如此执念的司法资源配置思路，存在结构性弊端[②]。司法资源的配置必须以当事人和社会对司法的需求为根本指标，人为地干预和引导当事人硬性地选择其他纠纷解决方式，到头来只能是更低的解纷效率、更多的矛盾纠纷，以及对司法资源的更多占用。对于司法而言，最重要的改革就是做大这块蛋糕，这是成本最低且效果最好的多元解纷方案。

（三）纠纷调解的诉讼化

在探索涉侨多元纠纷解决机制中有一种声音：把调解改为诉讼前置程序，使其诉讼法化。其背后的学理分析指出：（涉侨）纠纷多元解决机制效果不彰的主因是调解制度缺乏刚性[③]。调解程序前置的确是一个世界性司法趋势，推进前置调解立法，有利于诉讼制度的发展和完善，但如果把多元纠纷解决寄托在前置调解程序设置上，那未免过于天真。纠纷当事人不理睬调解员，不是单靠一个强制的前置程序就能解决的。涉侨多元纠纷解决能力建设，

---

① 参见周强：《最高人民法院工作报告——二〇一九年三月十二日在第十三届全国人民代表大会第二次会议上》，《人民日报》2019年3月20日，第2版。

② 参见侯明明：《中国司法回应社会的方式、策略及其风险与出路》，《法商研究》2020年第37（1）期，第121–122页。

③ 参见邹乐：《北京市高院院长杨万明建议试点设立调解前置程序》，http://bj.people.com.cn/n2/2018/0311/c82837-31329362.html，访问日期：2020年2月10日。

主要不是诉讼制度完善的问题。从司法实践看，人民法院早已不遗余力地把调解见缝插针般填满于诉讼程序之中，但效果依旧不乐观。

四、涉侨多元纠纷解决的机制再造

对于涉侨多元纠纷解决机制的问题，要从现有的诉讼外纠纷解决机制的内部来寻找症结。我们要认清当下“陌生人社会”普及化的国情，综合行政、司法和社会等多种力量，尊重纠纷解决的自身规律。

（一）尊重纠纷解决规律

对于涉侨多元纠纷解决的能力建设，外部有形的机构组织、人员以及规则都是容易拷贝复制的，而内部无形的纠纷化解能力才是问题关键[①]。内在的解纷能力有两个重要内容：一个是实质性化解能力，另一个是可持续解纷能力。对于实质性化解能力而言，司法无疑是最强大的。它有精心设计的诉讼程序可以将矛盾纠纷在特定时间、空间内终局性化解，只是司法的成本可能有点高。但多元解纷制度能埋单吗？如果给多元解纷制度打造一个硬性的程序铠甲，那与诉讼程序又有何区别？如果依靠现有的组织和人力资源，那么如何提升其内在解纷能力？无论是人民司法经验中的马锡五审判方式，还是基层社会治理的“枫桥经验”，我们不能只看到“矛盾不上交”的机制效果，而忽略机制作用环境。任何一个方法或政策都有特定语境的支撑，上述成功的解纷机制之所以有效，最不能忽视的是“熟人社会”的小环境存在。在这样一个经常性交往和持续性利益互动的社会关系中，纠纷的解决不仅是当下的而且还面向今后未来。人们常说“赢得了一时，赢不了一世”，就是在传统熟人社会中处理纠纷的黄金指南。经验告诉我们，熟人社会的纠纷解决，对于事实和法律的认知不是最重要的，个案解决必须服从于长期利益的最大化。退一步海阔天空，才是理性人应该有的利益常识。而当今人类社会的发展趋势是陌生人社会，尤其是互联网、大数据和人工智能的出现，会更深刻

---

① 参见卢上需、樊玉成：《审判权运行机制改革研究》，人民出版社2017年版，第207-209页。

地摆脱熟人社会。那种依靠特定地方特定群体才能生存和发展的利益模式会不断被彻底打破。如今还存在的利益共同体越来越变得松散和脆弱，很多行业协会的凝聚力降低，利益关系弱化。总的来说，陌生人社会是全球社会治理的一个时代特征。对此，我们要发现时代新的群体利益关系，并促进新的熟人社会制约关系的形成和巩固[①]。而发现涉侨纠纷当事人所处的利益群体的最大公约数[②]，应该是有效化解的第一步。

（二）注重情感冲突化解

从司法实践反馈的情况看，涉侨纠纷大部分都是婚姻家事矛盾。这类矛盾具有突出的情感冲突特征，不能用简单的利益分割原则处理。当事人本身是纠纷存在的原点，他们直接相互面对问题，商讨解决方案才是最有效率的制度安排。但现实中当事人之间是最不愿意见面的，更别说坐下来商量解决了。中国社会尚且是一个人情社会，那些纠纷解决的背后总存在一方当事人“丢颜面”的情况。即使纠纷解决在利益分配这一层面没有问题，当事人情绪和心理的抚平依然异常困难。很多时候，纠纷产生于反感延误甚至是敌视的情绪，而所谓利益冲突只是构造现实法律纠纷的零部件而已。基层纠纷化解的本土化改造是传统治国方略的重要经验。多元纠纷解决实际上是跳出法律关系所塑造的矛盾世界，而将其描述成为一个利益的、情感的、社会的、民族的等特质的纠纷，进而将具有上述联结纽带的调解人带入矛盾纠纷的解决之中。这种移步换景式的纠纷解决机制改造需要有一个重要的前提条件，即当事人在一定程度上必须调整法律规范主导的思维定式。

（三）改善司法内部生态环境

法院系统内部对于涉侨多元解纷的参与度也并不高。员额制改革后，法官的专业性、职业性得到更大范围的重视和肯定。这种态度既有司法人员职

---

① 参见江苏省泰州市中级人民法院课题组、徐军：《矛盾纠纷多元化解机制的实践困境与路径探析》,《中国应用法学》2017年第3期，第65–78页。

② 参见解兰青：《连云港推进涉侨纠纷多元化解试点》，http://jsjjb.xhby.net/mp2pcc201808/29/c525921.html，访问日期：2020年2月10日。

业本性使然，也有法院考核、晋升与管理体制的激励导向的制度氛围[①]。案件裁判的数量和质量始终是法院对入额法官的根本评价标准。审理和裁判有诉讼制度的明确规定，是法定化、程序化和极度明确的。经由诉讼程序所处理的案件，尤其是有证据支撑的裁判案件，是法官的职业劳动成果。与调解书不同的是，裁判凝聚了法官全部的智力劳动，达成调解则存在多种案外情况，而这些并不是针对职业法官的评价要素。中级、基层人民法院常存在一个法官群体，他们常在电视媒体评案说法，表面上看起来受到广泛认可，但在精英化和职业化的法官体制中处于边缘化地位。从根本上看，法官职业的核心价值并不在纠纷解决本身，而在于如何用精英化、专业化和职业化的方式来解决纠纷。这是司法体制自身的问题。

（四）整合行政解纷资源

从权力和利益的角度看，中国的行政机关是整个社会真正的资源配置者。它们有实力也有能力满足利益诉求，从而解决纠纷。但事实上，由于纠纷存在本身就是主观现象，即使从法理和人情上看似乎得以恰到好处的纠纷处理，当事人一方仍有可能在任何时间或地点再次表达不满，提出诉求，进而将已解决的纠纷单方面转化为未解决的纠纷。从这点来看，行政机关解决纠纷并不令人信服，而司法解决纠纷的好处是终局性，只要符合法律，裁判好一点或者差一点都不会动摇其最终拘束力，全部实现或者部分实现自己的权益都是稳定的和不可剥夺的。司法也许不能充分满足利益诉求，但它是终局的和稳定的。而行政机关解决纠纷意味着要投入人财物等资源和精力，但纠纷解决工作并不产生经济效益，这与行政机关发展经济的主体绩效导向是不符的。故而许多行政机关不愿做吃力不讨好的解纷工作。如何调动和发挥行政机关解决纠纷的意愿和能力，是当下中国多元解纷机制建设中最重要的一环。尤其在涉侨多元纠纷解决体制中，行政主导的调解和裁决机制具有重要价值。

---

① 参见张建：《论法官绩效考评制度改革及其实践效果》，《法学》2019年第11期，第183-184页。

涉侨多元纠纷化解机制的探索具有十分重要的社会现实意义和国家战略意义。它一方面是维护归侨眷合法权益和海外侨胞正当权益，完善中国特色多元纠纷解决体系的重要组成部分。另一方面也是保障“一带一路”倡议落地，参与国际规则制定，提升纠纷解决国际话语权的战略举措。从国家治理体系和治理能力现代化的高度来看，法治社会应当具有消化矛盾和自我修复的能力。通过研究探索，形成多层次、体系化的矛盾纠纷解决机制，促进形成共建共治共享的社会治理格局。[①]

① 参见胡仕浩:《多元化纠纷解决机制的“中国方案”》,《中国应用法学》2017年第3期，第36–47页。

县域法治及其实现机制的样本与进路*

——以浙江省台州市路桥区为例

石东坡，张　琪，叶霈文**

摘　要：作为地方（区域）法治研究的具体化、纵深化，县域法治的社会实证、法律实施与价值评价三维研究日渐对接，并由议题确立、实例描述阶段进入类型解析、绩效评价阶段。通过以新时代县域法治评估指标体系对某区的持续评估，可以发现，法治运行机制与法治实现机制之间既有联系又有区别，县域实践中更多的着眼点和侧重点是在法治实现机制中的领导机制、程序机制、激励机制、监督机制、传播机制、融合机制上，而在法律与权力的权威度、法律与治理的实效性、权力与权利的能动性、程序与速率之间的优位性上，仍然可能存在深层紧张关系。法治运行机制本身之中法律的支配地位、解释和适用在决策、改革、执法、监督中应当得到进一步强化，在法治实现机制对法治运行机制的保障与促进上，能够进一步使得后者成为更为能动、自洽、有效的系统工程，而非嵌入、补位或被动的回应。

关键词：县域法治；行政规范性文件审查；“最多跑一次”改革；法治运行机制；法治实现机制

---

* 国家社会科学基金专项课题（18VSJ051）；法治路桥评估指标体系构建及评估实测项目（SKY-HX-20190207）。

** 石东坡（1970-），男，河北无极人，中共厦门市委党校法学部教授、博士，研究方向为立法学、公法学、文化法学；张琪，华东政法大学司法学研究院；叶霈文，浙江工业大学文化与法制研究中心。

一、问题的提出及其研究综述

习近平总书记指出，依法治国基础在基层。县委书记要做学法尊法守法用法的模范，善于运用法治思维谋划县域治理①。这是对既“接天线”又“接地气”的县域治理、县域法治的重要论断，为县域治理、县域法治的理论与实践提供了重要指引。县域法治，根据党的十九大报告和十九届四中全会决定，是指在县、市、区层级的治理区域，中国特色社会主义法治体系得以执行、落实、实施和实现，是指依据宪法法律法规，实现依法执政、依法行政、依法治理、依法自治，依据党章党内法规，实现从严治党，使得党政、司法、监察、村（居）等各种公共权力科学、民主、依法、合规地履职尽责，尊重、保障、促进和实现人民权力、公民权利和社会公益，遵循法治精神、价值、思维和方法调整社会关系，提升社会生活制度化、规范化和法治化的质量、能力和水平的实践过程与状态②。

县域法治，有学者将其誉为整个国家法治的“压舱石”③。2005年以来，县市区层级关注、推动法治的自觉性与探索性逐步萌发，县域法治研究在地方（区域）法治研究中相应地得以孕育。

有学者将2013年有关学术共识作为区域法治研究深化的一个节点④，就县

---

① 参见习近平：《做焦裕禄式的县委书记》，中央文献出版社2015年版，第1–12页。

② 有学者将区域法治定义为是国家整体法治的有机组成部分，是在遵循国家法治基本发展方向的前提下，根据区域发展和区域治理的法律需求，要求区域性治理主体在法治模式统摄下推进区域治理现代化的法治实践活动。笔者认为，这一定义将国家法治与区域法治的关系作为定义区域法治的起点和归宿，对区域法治的区域性、针对性、系统性与方向性等进行了比较科学的概括。同时，就我国区域法治的时代性、结构性、执行性、差异性等特有规定性，应当得以体现。参见公丕祥：《法治中国进程中的区域法治发展》，《法学》2015年第1期，第3–11页；公丕祥：《新时代的中国县域法治发展》，《求是学刊》2019年第1期，第1–14页。

③ 参见封丽霞：《全面依法治国中的县域治理》，人民出版社2015年版；丁同民、李宏伟、王运慧：《法治区域构建论——中原经济区法治建设研究》，黑龙江人民出版社2011年版，第91页。

④ 参见骆天纬：《区域法治发展的理论逻辑：以地方政府竞争为中心》，法律出版社2017年版，第15页；谢瑶：《对地方法治研究三十年的整理与反思》，《河北法学》2018年第7期，第137–146页；张文显：《变革时代区域法治发展的基本共识》；公丕祥：《法制现代化研究：2013年卷》，法律出版社2014年版，第28页；公丕祥：《还是区域法治概念好些——也与张彪博士、周叶中教授讨论》，《南京师大学报（社会科学版）》2016年第1期，第5–24页。

域法治及其研究的聚焦与引领，笔者认为，以2008年《国务院关于加强市县政府依法行政的决定》（国发〔2008〕17号）为标志更为恰切。纵观县域法治研究15年左右的历程与分布[①]，可归为三个方面：

第一，县域法治理论研究[②]。一是对县域法治构架的研究，如目标、含义、结构、要素等，但尚未构成科学严谨的基础理论。有学者对县域法治的研究进行了学术资源的廓清和研究脉络的梳理，但在论述方式上仍然停留在对法治价值、政府转型、政治文明等的话语循环，对法治的一般含义与县域法治的特有构件、自治的共同内涵与基层群众自治、礼治的历史意蕴与时代意涵等问题未加辨析，从而非但没有推进县域法治研究，反而滋生一定的认识混乱。虽然进行了学术议题及其策略的规划[③]，但缺乏对县域法治的特殊规定性的揭示，缺乏对县域法治的构成、演进、类型与规律上的新见。另有学者对县域法治的界定，未就县域公共权力作为法治的明确指向，未就县域法治的内容、内涵予以明确而流于泛化。对县域法治的基本原则，仅就法制统一和尊严、实事求是这两点加以强调，但却未结合或针对县域法治实践活动提出具体要求。还有学者虽然提出县域法治在内容上侧重法治政府、法治社会的实现，在途径上应尊重社会组织自治权力、推动社区和社会的民主化建设等[④]，但却对县域法治中社会组织参与社会治理的实践进展缺乏理论总结，因此不免空泛。二是结合县域治理的组织体制、运行机制、切入要素，进行理论白描与建模，这类研究的专题性较为突出。在社会治理及其智能化、法

① 参见公丕祥：《变革时代的区域法治发展》，法律出版社2014年版；夏锦文：《区域法治发展的文化机理》，法律出版社2015年版，第133–157页；公丕祥：《中国县域法治国情调查报告丛书》，法律出版社2016年版；李树忠：《依法治国与县域法治》，社会科学文献出版社2017年版；黄鹏航：《关于县域法治与县域治理研究的检讨——对既有学术研究文献之梳理与分析》，《政法论坛》2019年第1期，第184–191页。

② 参见李树忠：《依法治国语境下的县域法治》，《中国政法大学学报》2013年第6期，第5–10页、第159页。

③ 参见尹洪阳、杨玉圣：《县域法治论纲》，《中国政法大学学报》2013年第6期，第11–22页、第159页；杨玉圣：《法治、自治、礼治与善治——立足于县域法治与县域善治的讨论》，《政法论坛》2017年第4期，第23–39页。

④ 参见陈金钊：《论县域治理法治化》，《扬州大学学报（人文社会科学版）》2019年第2期，第65–73页、第81页。

治化的进程中，以共同体的理念目标，充分汲取地方特有的社会文化资源，形成既有科学性、规律性，又有地方性、针对性的以实现和保障社会公共秩序与内在发展活力为导向的社会治理体制、机制，彰显法治基准、人民主体、高效协同、社会认同的原则，是县域法治的应有之义。必须在揭示该地域性的社会治理共同体所具有的法治品格上坚持法治理念、运用辩证方法，而不宜或采取西方治理理论的结构、原则进行观察，或过于迁就经验做法而仅标签化地命名，或对治理采取过于松散的涵摄而使得法治（化）的内涵混沌。三是在发展转型、治理变革、政治发展的视域中对县域治理、县域法治进行关联研究或应用理论研究。这方面的研究显示出较强的问题域特征与跨学科特征，既起步较早，又绵延不绝，但并不一定是重在法治机理的法律社会学等法学学科群落之中，而往往将法治置于更为宏阔的经济社会政治文化等的联动之中。比如有学者在政治社会学、乡村社会学等领域对县域法治的意义、问题与进路提出见解，将县域法治建设作为县域政治发展的组成部分[①]。这有利于更加全面、动态地考察县域法治因应并带动诸多变量的社会影响，弥补县域法治研究的局限性。

第二，县域法治实证研究。一是县域法治个案的经验总结。对其进展进行要素、环节等的抽象化，并试图将其类型化。比如有学者在县级国家权力机关职权行使的权重程度、政府依法行政和治理变革的吻合（紧张）程度以及法治社会的发育程度三个方面研判县域法治是否进步[②]。又如，对昆山、宁海、顺德、三门、桐庐等地法治创新轨迹、效应、动因等的研究[③]。二是县域

① 参见吴家庆：《我国的县域政治发展刍议》，《政治学研究》2006年第3期，第83–91页；肖唐镖：《基层治理亟待走向系统性改革》，《国家行政学院学报》2015年第4期，第32–37页。

② 参见公丕祥：《新时代的中国县域法治发展》，《求是学刊》2019年第1期，第1–14页、第181页。

③ 参见刘旺洪：《中国县域法治国情调查报告：昆山卷》，法律出版社2016年版；黄鹏航：《县域法治与治理研究的一个样本——关于昆山经验研究文献的初步总结》，《法治现代化研究》2019年第2期，第144–150页；夏柱智：《“条块互嵌”和基层治理法治化——县域治理创新的角度》，《天津行政学院学报》2019年第5期，第70–78页；蓝煜昕、林顺浩：《乡情治理：县域社会治理的情感要素及其作用逻辑——基于顺德案例的考察》，《中国行政管理》2020年第2期，第54–59页；巢小丽：《县域如何治理：一个分析框架——对“宁海36条”的观察》，《北京行政学院学报》2017年第3期，第33–40页。

法治挑战的对策措施。对县域背离法治的种种问题症结及其诱因进行诊断并提出其矫正措施[①]，既是县域法治研究的初始契机，也是县域法治研究的实践归宿，甚至有学者倡议对县域法治予以立法推动、将县域法治评估误以为是考核评价并主张以此问责[②]。有学者以“法治的异化”[③]对一系列法治形式化的虚化即伪的“法治”或者说法治形式主义进行了归纳。有学者以政治社会学的方法提出在正式的基层治理主体结构“之外”，存在县乡领导干部、商人等强势群体、混混、“钉子户”和普通民众等“能动者”，并形成不同于规范性角度的利益联盟，失衡的、非正式的治理主体结构及在此之上的“分利秩序”，固化、内卷化县级社会格局与政治生态[④]，构成县域法治的深层障碍。还有学者以模糊性治理归纳县域治理中面对社会冲突采取的策略、类型，并指出其具有制度化的行动框架，同时兼备正式化、理性化和制度化以及模糊性、弹性化和差别化等相互矛盾的特征，诱发非法治的情形与后果[⑤]。以专断权力、常规权力和同意权力三种权力的学理资源来描述县域治理中的权力类型与结构，并对其运动式治理的常规化予以批评，提出以权力关系的理顺与

---

① 参见于建嵘、张正州：《理念、体系、能力：当前县域治理转型困境与发展方向》，《学术界》2019年第6期，第83–89页。该文重申了其约十年前的观点，对县域国家权力机关充分发挥职能作用的政策进展与实践成效未加关注。李小红：《县域法治建设的困境及其破解》，《三江高教》2018年第2期，第59–64页。该文认为县域法治面临制度、人力和文化三种困境。

② 参见周祖成、池通：《国家法治建设县域试验的逻辑与路径》，《政法论坛》2017年第4期，第12–22页。

③ 参见欧阳曙：《安县：法治的异化——县域法治的个案研究》，《社会科学论坛》2016年第1期，第224–232页。但笔者认为该文的学术判断值得商榷。异化以该事物存在为前提，是该事物背离应有的功能预设或存在价值的情形。而法治尚属缺失、尚在形成，故此贪污腐败等问题恰是前法治时期的情形，而非法治的扭曲与异化。所暴露的党政主要领导权力监督、公务人员任免奖惩和激励约束等制度漏洞问题，正在监察体制改革等的不断深化、新一轮机构改革乃至国家治理体系和治理能力现代化进程中逐步堵塞。因此，将该状况统称为法治的异化，本身或许是对法治的误解和污名。当然，必须正视深层次的体制机制完善问题。

④ 参见欧阳静：《策略主义：桔镇运作的逻辑》，中国政法大学出版社2011年版；欧阳静：《治理体系中的能动者结构：县域的视角》，《文化纵横》2019年第2期，第44–52页、第143页；李祖佩：《分利秩序——鸽镇的项目运作与乡村治理》，社会科学文献出版社2016年版。

⑤ 参见樊红敏、刘晓凤：《模糊性治理：县域政府社会冲突治理运作逻辑》，《中国行政管理》2019年第10期，第81–87页。

制度规则的调整使之导入法治化的思路[①]。这些观点相较于仅在法治运行机制上的分析，更具现实性，并为法治实现机制的改善提供了指向。还有多位学者强调县委决策权与县人大重大事项决定权的统一[②]。

第三，县域法治评估研究[③]。评估研究属于实证研究、样本研究。有鉴于法治评估业已作为管理科学、政策科学的评估方法的合理移植并获得相对广泛的应用，尤其是法治评估正在成为法治实现机制中集社会参与、科学论证、民主评价等多重价值属性于一体的一种检验、反馈和促进机制，故而将其可单列为一种研究类型。县域法治评估以采集折射法治建设与发展的质点并以量化进行核定和评价，由一系列数量指标尝试反映一地的法治状况和水平，并企望对法治所承载的权利自由、营商环境以及社会安全等加以指数化表达。2008年以来，针对县域法治状况，不论在组织领导体制、工作协作机制上，还是在权利救济、市场秩序以及政治参与、社会稳定等方面，先后有浙江、江苏等多地探索建立运用法治评估[④]。目前县域法治评估在覆盖范围、指标结构、权重设置以及其参与度、科学性、周延性上都亟待在党的十九届四中全会决定的指引下予以更新和深化。

综上，县域法治的实践必然要求对其进行理论研究和学术批评。作为地方（区域）法治研究的具体化、纵深化，县域法治的社会实证、法律实施与价值评价三维研究日渐对接，并由议题确立、实例描述阶段进入类型解析、绩效评价阶段。但或囿于对实践样本考察的相对单一、分散，以及法学理论

---

① 参见樊红敏、周勇振：《县域政府动员式社会治理模式及其制度化逻辑》，《中国行政管理》2016年第7期，第64–69页。

② 参见封丽霞：《全面依法治国中的县域治理》，人民出版社2015年版。

③ 参见周祖成、池通：《国家法治建设县域试验的逻辑与路径》，《政法论坛》2017年第4期，第12–22页；柏佳春：《县域法治建设评价指标体系研究——以江苏省法治县（市、区）创建考评标准为样本分析》，东南大学2011年硕士学位论文。

④ 参见钱弘道：《法治评估的意义和方法——以杭州市余杭区为对象的实证研究》，载《加快法治政府建设的思考与探索——深入贯彻落实科学发展观与加快法治政府建设理论研讨会论文集》，中国法制出版社2008年版，第206–222页；周祖成、池通：《国家法治建设县域试验的逻辑与路径》，《政法论坛》2017年第4期，第12–22页。该文在党的十八届四中全会决定之后，将县域法治实践内容具体化为（党委、政府）决策法治化、行政权运行法治化、司法权运行法治化、公众参与法治构建等环节，并将公众参与、法治评估分别作为动力机制、促进机制。

体系、话语体系的本土化转换仍然滞后，对县域法治评价的主观性甚至功利性在一定程度上还有待消解，比较分析、历史分析和逻辑分析相较于情景分析、结构分析和实效分析还比较薄弱，理论范畴提炼的反思度和精准性都还不够，仍需持续地调查研究、充分地占有样本，将县域范围的法治运行机制、法治实现机制中的原发因素和科学规律真正挖掘和提纯出来，并为增强法律规范体系和党内法规体系的适应性、可操作性提供实践素材和作出理论贡献。

那么，县域法治发展到何种状态？筑牢人民主体性即权力机关切实担当决策权和监督权是否得以改善？“体现（在）一般规则（中）的统一的国家理性与体现（在）特殊乡情（中）的地方性的乡土文明之间的矛盾关系”①是否是一种虚构？背离法治的种种问题近年来是否得到有力遏制和有效消除？县域法治建设的着眼点和着力点是怎样的？县域法治成效表明其建设发展呈现出怎样的共性特点？法治评估怎样变革和深化，才能够发挥对县域法治的助推作用？法治运行机制和法治实现机制怎样匹配、耦合才能使得由法治“装备”的赋予转化或者说生成为真实的法治权威度和法治调控力？对此，本研究拟在持续评估和跟踪解析浙江省台州市路桥区法治建设实况基础上进行学理探究，以求澄清县域法治建设中以法治实现机制催生、巩固和激活法治运行机制这一实践路径和发展机理。

二、县域法治的实践进展：以台州市路桥区为例

以党的十九届四中全会决定对新时代中国特色社会主义法治体系的擘画为依据，研拟以时代性、科学性、特色型为取向，以强化执行基点、尊重能动探索、注重实效累积、体现批评构建为原则的新型县域法治评估指标体系和评估机制，注目于浙江省台州市路桥区这一样本，对其法治及其实现机制进行持续观察、访谈和测评，勾勒一个“活生生的法治路桥”，以管窥豹，

---

① 参见公丕祥：《新时代的中国县域法治发展》，《求是学刊》2019年第1期，第1–14页、第181页；樊红敏：《县域政治：权力实践与日常秩序——河南省南河市的体验观察与阐释》，中国社会科学出版社2008年版。

比较鉴别，回溯和观照法治昆山等县域典型，由此评鉴县域法治的实际进展及其问题症结。

（一）依法执政，加强党对法治的领导和依规治党

1.谋划县域法治的全面领导。县域依法执政，加强党对法治的领导的职能内容与目标任务更加充实、清晰，依规治党与法治县区建设的相互促进与融合依存更加紧密、牢固，是实现县域法治的重要保证和前提条件。对此，在理论上需要进一步廓定。

凸显县市区的层级特点与使命担当，县域法治的全面领导应当包含：依法执政、依法行政、依法治理，依规治党同步推进，依法执政、依法行政和依法治理相结合，发挥统筹全局协调各方的领导职能，按照党中央政策精神和上级党委部署，做出符合本地实际的重大决策，健全和完善全面推进法治的组织领导体制和工作机制。党政主要负责人履行推进法治建设第一责任人职责，提高领导干部和公务人员队伍法治意识、法治思维和运用法律方法的能力。尊重和保障人大及其常委会依法行使职权，发挥人民代表作用，加强基层民主。领导和督促政府依法行政。加强对法治建设、平安建设的领导。发挥党委政法委作用，保障依法独立行使审判权和检察权。全面加强党的建设，着力加强党建规范化、制度化。严格遵守和贯彻实施党内法规和规范性文件，依法履行党委职责，严格按照支部条例、基层选举条例等党内法规规定加强党的基层建设。严格实施《监察法》，坚持主体责任与监督责任相统一，健全"四责协同"机制，加强廉政建设。领导和支持村（居）依法自治，使自治、德治与法治有机结合。切实营造法治文化和法治环境，提升治理的规范化、制度化与法治化水平，有效维护人民群众合法权益，夯实区县法治社会根基。由此，党在法治中的领导核心作用，依规治党、从严治党在法治体系中的引领示范作用，党员特别是党员领导干部履行法治职责和模范守法的先锋带头作用才能得以发挥，党的领导、人民民主和依法办事的统一才能得以实现。

2.巩固县域法治的思想基础。切中基层干部思想实际，2019年7月1日，路桥区委全面依法治区委员会第一次会议提出三个判断：要树牢抓法治就是抓发展的理念，把法治建设放到与经济建设同等位置来看待；要树牢抓法治

就是抓民生的理念，让群众切实感受到法治的力量与温度；要树牢抓法治就是抓平安的理念，把依法治理作为稳控的治本之策。

3.汇聚县域法治的人才资源。组建路桥区委、区政府法律顾问团。2019年10月，区委办、区府办会同区司法局向社会公开招募，选定17名知名律师、党规专家等组成区法律顾问团，为每位区党政领导都配备1名法律顾问，为每个主要行政执法单位配备1名法律顾问，提供“零距离”、面对面的法律服务。凡属于重大事项的公权力，必经法律顾问的合法性审查的做法，突破现有的仅对重大行政决策进行合法性审查，为党委政府的文件审核、决策制定、合同拟定等均提供法治参谋。自2019年10月以来，区法律顾问团参加党政常务会议3次，审核会议议题28个，审查规范性文件11件，其中党内规范性文件3件，审查合同类文件9件，合计提出法律意见、建议121条。

4.实现党建法治的同向发力。以“红色丰收驿站”创立“党建+”法治新载体。在全区10个镇（街道）96个村（社区）建立116家“红色丰收驿站”，整合各部门行政审批、公共服务、社会民生等369个政务事项下沉到“红色丰收驿站”办理，结合党员志愿服务，建立代跑服务队，推动“最多跑一次”向末梢延伸，实现“十分钟红色服务圈”全覆盖。以清廉文化涵养法治文化，如桐屿街道结合春泽社区文化礼堂建设，整合打造廉政公园、清风竹林、“廉政微庭院”等清廉点位，形成“清、孝、思”等主题的文化礼堂。将清廉要求寓于市民公约、村规民约和行业规范之中。同时，预防各种廉政风险隐患仍需严格、精细、深入、持久。

（二）国家权力机关依法行使决定权，强化监督

路桥区人大及常委会落实2017年中共中央办公厅印发的《关于健全人大讨论决定重大事项制度、各级政府重大决策出台前向本级人大报告的实施意见》的通知精神，努力“成为全面担负起宪法法律赋予的各项职责的工作机关，成为同人民群众保持密切联系的代表机关”[①]。

---

① 参见习近平：《决胜全面建设小康社会 夺取新时代中国特色社会主义伟大胜利——在中国共产党第十九次全国代表大会上的报告》，人民出版社2017年版，第47页。

首先，2019年路桥区人大及常委会实行民生实事票决制度。紧扣项目征集初定、审议票决、监督评估三个阶段六个环节重点工作，全面构建事前项目对接、事中全力推动、事后满意度测评的全过程监督体系，组建监督小组对10件实事项目分别联系跟踪，全程掌握进度。其次，首次听取行政事业性国有资产管理情况的报告，书面审议全区国有资产管理情况。加强对全口径预算编制、预算执行、决算、国有资产和审计查出问题整改落实的监督，探索部门重点项目预算绩效评价。再次，紧紧围绕地方发展重大议题发挥人大监督作用，提出实质促进举措。专门听取关于促进民营经济高质量发展工作情况的报告，提出意见和建议：把服务民营经济高质量发展当成分内之事，深入践行“妈妈式”服务理念，提升精准服务能力，合理运用柔性执法；破解土地要素瓶颈制约，加强用地规划，特别是中长期规划的制定，给企业留有发展空间，避免企业经常搬迁；对企业急需的研发人员、应用工程师、高级技工、管理人才等实用型人才，积极解决其面临的住房、子女就学等方面的实际困难；继续加大减税降费力度，切实降低企业运营成本，激发民营经济发展活力。最后，贯彻实施2016年《中共中央关于加强和改进人大代表、政协委员有关工作的通知》以及新修订的地方组织法，实现五星级联络站镇（街道）全覆盖，由区人大代表向原选区述职，健全代表履职档案，实施积分制管理，并在6个街道全面推行选民代表会议制度，持续激发和活化基层人民代表大会制度的内在动力。

（三）深化、细化政府决策、执法与监管的法定及自律规程

1.上溯高位和“高危部位”，创造性地实现决策审查全覆盖。首先，直面“旧账”，依法、合规地做出决策，防范和化解行政法律风险。如路桥区政府会议讨论通过《关于解决工业企业已办理建设工程规划许可证但未办理施工许可证历史遗留问题的情况汇报》，要求严格按照《不动产登记暂行条例实施细则》等规定。会议要求，在政策中，要增加不得分割转让等约束条件，堵塞执行中变相或扭曲的漏洞。其次，积极履行市场监管、公共服务、助力创新的政府职能。比如，突出决策重点事项，促进市场监管规范化。区政府试行《路桥区小额工程交易平台管理办法（试行）》，要求坚持规范、简

便、高效、灵活的原则，该管理办法试行一年。再次，着眼新兴产业关键共性支撑要素，聚焦激励科技研发，发挥决策支撑和杠杆撬动功能。区政府会议原则同意出台《关于加快“科技新长征”推动高质量发展的若干政策意见》。最后，探索构建覆盖区、镇（街道）、村（居、社区）三级，涉及党政决策、规范性文件及政府合同类的“纵向到底、横向到边”合法性审查全覆盖机制，打通基层依法行政对接依法治理的“最后一公里”。强化区、镇、村三级合法性审查工作的统筹，制定实施《路桥区村（居、社区）重大事项参考目录清单》，把涉及村（居、社区）的经济社会发展或与群众切身利益密切相关的重大事项，不论县乡两级决策，还是村（居）自治决策，均纳入合法性审查，司法所负责镇（街道）合法性审查。2019年，审查行政规范性文件28件，党内规范性文件7件，提出法律意见150多条。在政府合同的合法性审查上，除去保障其合法性，还注重全面清除民营经济31条惠及企业政策实施中的障碍，提出意见50余条。

2.以智能化提升行政执法规范化和公正性。2019年，路桥区各相关部门以省行政执法监管平台和掌上执法系统为依托，加快健全以“双随机、一公开”监管为手段、以重点监管为补充、以信用监管为基础的新型监管机制，着力提升双随机监管规范性和有效性。7月1日起，开启“互联网＋监管”和“智慧监管”新模式。全区各相关单位在实施双随机抽查、专项整治、跨部门联合检查等执法检查活动时，全面应用“浙政钉·掌上执法系统”开展检查，并使用标准化的执法事项清单和记录表单，实行全程电子化管理，实现计划制订、对象抽取、人员匹配、现场检查、结果公示全流程数字化，极大地提高了双随机抽查的透明度和操作的便利性。

法律实施是否周延、公正、有效，是法治化（尤其是基层法治化）的基本标尺。因此，在这种意义上，县域法治不在于“创造”了多少经验，而在于是否不折不扣地执行宪法和法律，是否贯彻落实法律和法规，将法治的价值理性体现在法律实施的规范性、正当性和有效性之中，所以一些法治评估指标设置上的目标型指标、主观性指标是否能够适用于以执行为重心的基层法治评价，是值得商榷的。也正因如此，执法的合法性评价，应当在县域法治的考察中始终不可缺席。路桥区政府贯彻落实全面推进市场监管领域部门联合“双随机、一公开”监管，推行“双随机、一公开”抽查监管一般检查事项抽查比例达到5%—10%。实施基于信用风险的分类监管，对取得生产许可证的企业抽查率达到20%以上，新发证企业的抽检率达到100%。针对涉及安全、质量、公共利益等领域的重点检查事项抽查比例不设上限，检查发现问题处置率100%。共设置任务338个，跨部门联合抽查7个，共检查企业7630户次。其中，双随机抽查企业设置3718户次，已检查3718户次。

3. 事权集聚与程序再造相结合，发掘服务效能。如果法治以权利为鹄的，姑且可以称之为不论持何种立场上的一个通识判断，那么，法治要求尊重和保障的权利，不仅要无妨碍地实现，而且要有助力地实现；不仅要公正地实现，而且要有尊严地实现。与之相对应，对政府依法行政的需求，就不仅要求消极行政、秩序行政的公正、严格这一方面；而且对积极行政、助成行政的便捷、效能的要求也是不可或缺的。在不违背上位法在权能边界、程序条件的前提下，基层政府有无实施过程上的容许空间以权利的有效保障为准绳进行适度变革？这在审慎的法治立场是要保持严苛检视的；在能动的实践一线是要科学民主论证的。如在服务公民个人方面，整合行政服务中心、医保、公安、卫健局、医院、税务和银行等资源，通过部门间相关基础信息的动态共享，进一步精简办事事项、优化办事流程，实现“出生一件事”一站式联办、一体化服务。在服务市场主体方面，一是全面推行“标准地＋承诺制”改革。落实一般企业投资项目审批“最多90天”目标，全部实现开工前审批“最多60天”。二是加快推进企业开办便利化。进一步梳理办事流程，通过设立企业开办专窗、建立免费帮办员队伍、成立刻章联合体、实行“3＋X”银行开户模式等措施，实现企业开办全流程“一件事”一日办结。推动企业注销便利化，优化普通注销登记制度，将报纸公告调整为允许企业通过国家企业信用信息公示系统免费公告。三是持续深化“一窗受理、集成服务”改革。按照“1＋X”模式设置综合窗口实行无差别全科受理。积极推进公安、市场监管和社保等基层站所进驻便民服务中心，镇（街道）365项实现“一窗式”受理、“一站式”办理。四是全力加快实施数字化转型。根据《2019年省市县三级民生事项目录》，全面梳理区级民生事项，已实现“一证通办”事项185项，实现比例为100%。深化“互联网＋政务服务”，截至2019年11月13

日，"网上办""掌上办""跑零次"的比例分别为100%、99.82%、97.11%；即办事项比例及承诺期限压缩比分别为88.54%及97.40%。深化"政务e站"工程，全区新增站点66个，并实现"一证通办"事项在综合性自助终端可办。拓展统一公共支付平台应用，加速推进移动办事及"一证通办"，探索打造"智慧化无人大厅"，全力构建立体式、全方位的人工智能政务办事体系。进一步拓展"政务e站"功能，将人力社保、住房保障、住房公积金、公共交通等政务事项向"政务e站"汇集。五是基本实现"无证明城市"的创建。制定办事"一套标准"，在书面承诺、部门核查、动态调整、投诉举报等方面均作出明确规定，实现监管"一体联动"。通过加强核查系统建设、强化专项检查，健全协同监管体系。2019年5月1日起，全区全面实施"无证明城市"。

（四）以审判、检察的法治监督功效熔铸法治合力

在法治运行机制之中，依法独立行使审判权、检察权，实现审判职能、检察职能，调处、化解和裁判诉讼案件，维护保障公共利益，是防范法律虚化、保证法律秩序、实现法律闭环运行的基本环节。而在县域法治"法律空间"的营建上，则更需发挥其对基层依法行政、依法治理进而促进法治政府、法治社会建设的监督功能。

2019年的行政应诉方面，以区政府为被告的案件中，判决确认违法5件、责令履行1件、撤销重做1件、判决赔偿1件。镇、街道败诉10件，其中涉及征收安置补偿、强制拆除、行政赔偿、政府信息公开等。区政府负责人出庭应诉率达100%，但是，出庭应诉多为行政副职，行政首长出庭率较低。在关涉的部门行政领域中，国土、城乡规划、公安、劳动和社会保障相对集中。为最大限度发挥行政审判的监督功能，制定《关于建立国家工作人员旁听庭审活动常态化制度化的意见》，规定国家工作人员每年至少旁听庭审一次，进一步加强行政执法人员日常学法用法和以案释法工作。

在检察监督上，发布全市首份《金融检察白皮书》，涌现全市民事检察典型案例、全市检察机关行政检察优秀案例、全市检察机关未成年人司法典型案例、智慧检务优秀案例。通过履行公益诉讼检察职能，烈士纪念设施修

缮保护取得积极效果。

（五）加大法治资源供给，提高法律“消费”的可及性

设立10个镇（街道）公共法律服务站、221个村（居、社区）的“网状式”公共法律服务点，健全完善多层次、宽领域的“15分钟公共法律服务网格”，有效满足基层群众的日常法律服务需求。2019年12月，路桥区社会矛盾纠纷调处化解中心成立。该中心整合了区委政法委、区信访局、区人民法院、区司法局和区人力社保局5家常驻单位及社会组织等功能室，通过“一个门受理、一站式解决、一条龙服务”，实现矛盾纠纷化解“最多跑一地”。

在民主法治示范村创建上，以提升法律自觉性和自治规范性为关键输入节点。比如，路南街道西夏新村，全面整合现有资源，把村党群服务中心、红色丰收驿站、法治公园、书吧、廉政讲堂等串点成线、变盆景为风景。同时实践“红色网格”“平安网格”“法治网格”的“三格联动”工作机制。再如，路北街道和兴村坚持党建引领，以“一约（村规民约）全网格（网格化管理服务）”自治为本，提升乡村治理“内生力”；以“一校（平安实践教育学校）双阵地（和兴法治文化公园和法治宣传长廊）”法治为要，提升乡村治理“硬实力”；以“一厅（党建展示厅）双团体（道德评议团和乡风评议团）”德治为基，提升乡村治理“软实力”。

三、县域法治的发展及其局限：比较评析与案例反思

首先，以2019年为时间横切面，在路桥区自身的纵向比较中，不仅公众的平安感受、秩序感受和公正感受有所提升，而且在制度创设、机制搭建上，一方面以执行力为立足点，强化法律法规的贯彻实施，承接和衔接法律制度层面的原则规定；另一方面秉持法治思维，坚持问题导向，强化权力监督，将外部强制与内部自律对接起来，将参与、监督、评价引接到公共权力的各个领域与运行过程之中，在法治实现机制上围绕法治运行机制进行补位、跟进、保障，使得党政决策、人大监督、行政规范性文件、行政执法监督检查、法治社会的自组织能力，通过最多跑一次（地）改革以及政务服务

“一件事”聚合及其智能化的公众权利赋能实现，有着更为精准发力、更加持续给力的约束或保障，这就能够不断增强制度黏性、不断增进累土之功。也正是在制度绩效而不是仅仅在声誉绩效上，路桥这一样本的“法治”意义才得以显现。

其次，对不同地方的县域法治建设样本的历史比较、横向比较，能够更纵深地表明县域法治发展的实质性、共同性、规律性。截取2005年率先开展法治创建的昆山市，可知2005年8月《法治昆山建设纲要》制定，昆山市陆续采取重大决策五项制度、法律顾问全覆盖、政府及部门权力清单制度、行政处罚裁量权规范管理、重大行政处罚集体决定、首查整改制、行政服务中心职能承接、行政简易程序制度、实地调查制度、协调和解制度等行政复议三项制度、权力下放、做强乡镇以及人民调解全覆盖、执行联动规范化等一系列促进法治政府建设和司法公正、司法效能建设举措[①]。通过与上述路桥区2019年状况之比较，可以发现，一是这些不同县域和不同时段的制度措施既有共性，又有差异。这种共性不仅是在制度以公共权力作为调整对象的基础共性上，而且是在以制度介入权力的决断环节并由此发挥法律规则的规制功能以及他者主体的监控功能上，而这正是法治的价值理性而并非仅仅“法制”的工具理性使然，因此，可以肯定具有法治的正向性。二是囿于不享有和行使法律制度的创设权力，也不能改变在法律实施全程上的执法、司法等的运行机制，实践中县域法治更多的着眼点和侧重点是在法治实现机制中的领导机制、程序机制、激励机制、监督机制、传播机制、融合机制上。但正是这一系列的保障型、促进型的机制，弥补了一般意义的法律（治）运行机制与实际社会生活之间的“断裂带”。所以，县域法治并非不具有能动空间，并且这种能动性具有深切的必然性。可以发现，不同县域会采取功能一致、功效相仿的制度，或者因为一定的溢出效应而异地移植借鉴、“改头换面”地先后运用；甚或因为共同的问题挑战而异地不约而同、名异实同地同步推出。三是以时间维度探寻，以上两个地方不同历史阶段的制度产出呈现制度

---

① 参见黄鹏航：《县域法治与治理研究的一个样本——关于昆山经验研究文献的初步总结》，《法治现代化研究》2019年第2期，第144–150页。

规则在公共权力过程与领域上的分布广度、黏合程度、参与强度、监督力度等逐步扩大的良好态势。比如规范性文件审查由针对行政规范性文件拓展到党政规范性文件，由主要针对县级政府及其职能部门拓展到县乡镇街道乃至于村（居）委会的重大（要）决策，由人大及其常委会常规会议审议到专题询问、专门听取报告并提出实际整改要求形成决议、决定，等等，这应当判别为县域法治向着精深、细致进而有力有效的方向积极发展。

再次，以制度模本的复制、推广作为其价值与功能获得认同为标准，衡量县域法治的贡献度。2020年6月，浙江省委全面依法治省委员会在总结路桥等地经验做法的基础上，下发《关于推进乡镇（街道）合法性审查全覆盖工作的通知》，明确将合法性审查作为制定规范性文件、作出重大行政决策、签订行政机关合同、作出重大行政执法决定等必经程序，要求在2020年年底前，基本实现全省乡镇（街道）合法性审查力量、审查范围、审查机制全覆盖，构建全省“纵向到底、横向到边”的合法性审查工作格局。2020年8月，温州市委市政府出台《关于加强法治乡镇（街道）建设的实施意见》，明确司法所承担乡镇（街道）法制机构职责，负责乡镇（街道）日常法律事务和法律顾问工作，以及指导监督村（社区）法律顾问工作，推动乡镇（街道）法制机构全面实体化运行。

最后，必须清醒地看到，横亘在理想的法治与现实的法治之间的司法个案所警示的教训。以2019年6月14日浙江省高级人民法院对施某再诉路桥区人民政府其他行政赔偿一案的行政赔偿判决书（2018）浙行赔终16号为例，省高院对该案在事实和法律上确认被告强拆、强建的违法及其侵权的性质与后果。以此为据，一是路桥区政府征收、补偿等执法过程中的事实认定须扎实精细。二是有关基础的产权关系等证据收集和认定的过程中村居委会以及集体经济组织等的协调配合有待加强。三是程序合法性受到首要冲击的情形应扭转。程序合法性具有其相对独立性，程序违法不必然构成对相对人实体权利的侵害，但已然积淀为对政府公信力和法治权威性的削弱。在告知权利及时限等环节上，不应以所谓任务期限等作为借口，尤其在根本上应以日常监督管理的合法合规为保障，从而消除在重大行政决策和波及面较大的行政执法行为中的胶着状态，以其实现诉源治理和依法行政的并举。四是科学辨识和依法界定行政法律关系中的多方主体，特别是行政相对人和利害关系人的范围和类型。既不应过于泛化，也不应严苛排除。如本案中对于行政相对人属于共同权利主体的形态的，虽然应当区分行政法律关系与民事法律关系，但是就其中民事主体直接与行政主体形成行政法律关系或利害关系的，应当予以适度的确认。五是应当切实加强对行政诉讼风险的排查，依托和发挥社会矛盾纠纷多元化解机制和基层矛盾纠纷调解中心的作用，且不应将行政相对人或利害关系人的权利诉求以所谓滥诉而否定其诉讼权利的实现。因此，对2019年度这一典型案件在省高院的审级层次“尘埃落定”进行反思，应当在行政执法重大活动中运用多方参与共治以化解风险的执法协同机制。

当然，第一，不能简单地以败诉与否衡量行政法治化的实际水准，而应具体深入地分析、长时段地分析。必须承认，在围绕土地资源配置上，伴随着工业化、城镇化，在这一方面关涉的规划、国土、建设、集体土地流转等问题一直持续多发，既是相对人、相关人等社会主体顽强执着地寻求利益最大化，又是对以任务时间节点为取向的行政管理活动全流程、全领域的反复检视甚至放大，这其中利益对抗的激烈程度、以申请权和起诉权为武器的“攻击”力度、与社会稳定的关联系数及其破坏程度都是十分突出的，并将长期存在，但是随着生产力水平的提高在科技创新上的更大仰赖，信息化、智能化与工业化的有机嵌套或者说一体推进，以人民为中心的执政理念更加深入地转化为行动自觉，民生与发展之间的协调均衡与匹配度改善，乡村振兴与新型城镇化之间的相互促进，使得在这一方面的政府强力推进任务指标与在地民众的既有利益之间的冲突可能将呈现出逐步降低的态势。反映在复议和诉讼上，群体型、爆发型和单类别的密集型纠纷的发生将会减少。但在这一时段，还将存在这些类型的纠纷及其中的政府行为违法情形。不过，必须将其控制在一定的烈度区间并切实加以改善。

第二，直接的、具体的行政行为的合法性状况呈现出两种情形，一种是以上的在经济发展基础资源要素的产权转换上，因其为单次对弈，而且越发激化，甚至相对人以“放大镜”的立场千方百计地寻求对政府行为的违法行为指摘；另一种则是部门行政领域与社会主体、市场主体之间的依存度，或称之为博弈概率相对较高，因此，公民、法人、社会组织等对以复议和诉讼的法定“对抗”形式的选取倾向相对规避，而更倾向于以信访、交涉、协商等请愿方式的情形。但是这并不意味着这些领域的执法部门的行政效能、法制自律是完全盈余的，而是必须认识到其中存在的“隐性”违法情形一旦在与相对人的利益形成尖锐冲突的时候就有可能诱发法律层面的纠纷与案件，比如学区划分等民生事项。

第三，依法行政与发展速率之间往往被选择后者，这不仅折射出发展观念的局限，而且表现出对法治刚性的规避，以所谓赔偿等的代价换取发展进度，更是反映出行政复议、行政指导、行政调解之间的融合度应当进一步提高，法律顾问的辅助决策、释法明理应当增强，尤其是更应提前介入、发挥事前作用。

值得肯定的是另一方面，即在（互联网、信息技术、大数据技术、智慧城市）技术保障下，以信息集成（归集）、事项集成（一件事）、人员集成（综合执法改革）、流程集成（再造，但根本上是归一，即“最多跑一次”“最多跑一地”）、组织集成（机构改革、整体政府）逐步实现政府执法与服务的复合化，或者说政府治理集成，这种集成使得以便民、高效为导向的改革政府在优化营商环境的同时，提升公众对改革、对民生的获得感，在客观上有助于折冲公民对违法、对侵权的嫌恶感。但在一定程度上，可能使得行政法律规范效力无从着落，处于与政府治理现实场景之间的悬置疏离、持续张力之中。

四、县域法治的学理启迪与实践走向

从法律与社会的双向视角审视法治如何富有生命力地作为社会根本的治理依据与治理实践，即良法善治，则应当包含两个方面：法（治）中的社会与社会中的法（治）。法治中的社会，是指法律对于社会利益主体的需求予以汲取、吸纳、确认和调整的能力，是法治的运行机制、组织要素、结构形态和运行过程问题，是法律如何建立和维持其内容、结构和运动的各个环节与闭合回路，以实现法律的规范价值；社会中的法治，是指法治的社会基础和社会功能，是指法律回馈或回归于社会之中，实现法律的社会价值。如何使得法治更有机、有效地在社会的治理体系之中得以认同、发挥作用，使法治（法律）思维、法律规范、法治方法与法律机制真切地成为社会各个领域的“基础”准据，是法治在社会的实际生活场景与过程之中得到生成和成熟的过程。如果存在相对纯粹的法治，即法治运行机制，则其必须来自和适应外部的社会环境、社会现实，即其所依存的社会生态。因此，一方面，需要调整法治运行机制本身的、“内部”的权利义务内容、构造与互动；另一方面，需要建立和完善法治与社会之间、相对法治本身而言的“外部”的、使之衔接和协调的组织和运行机制，即维护、保障、促进法治得以实现的机制。对此，可简称为“法治实现机制”。徒法不足以自行，并不意味着法律对权力的依赖和附属，而是法治应当与一定的社会支持系统相契合，既是社会需要和“长出”法治，也是法治适应和回归社会；而这其中的“链接”，即社会接纳和兼容法治。尤其针对具有地域性、实施性和直接性的“基层”政治、社会等诸方面的生活调适而言，法律是已然供给或者说既有存在的，甚至司法审判等的最终保障力量也是无须怀疑的，但倘若没有对法律规范或作为社会规范体系中的支配地位的法律规则及其运行机制的引接、导入、尊崇、信赖和应用的现实可能性，则法律与社会之间仍然是隔膜甚至隔离的，法治运行机制即便再良善、再完善，仍将难以成为社会运行实践中真实的调控机制并获得其权威性、强制性和实效性。由此，法治实现机制对法治运行机制的维护、促进和保障的功能、作用就不可或缺，换言之，即生活中的、实践着的法治的必要条件是法治实现机制的建立健全，由此，法治运行机制方可成为社会生活的必要构件。

县域法治实践中，在法律与权力的权威度、法律与治理的实效性、权力与权利的能动性、程序与速率之间的优位性上，仍然可能存在深层紧张关系。法治运行机制本身之中法律的支配地位、解释和适用在决策、改革、执法、监督中应当得到进一步强化，使得法治实现机制对法治运行机制的保障与促进，能够进一步促使后者成为更为能动、自洽、有效的系统工程，而非嵌入、补位或被动的回应。这将不是法治对日常生活的植入，而是日常生活对法治的吸收和转化，将法治对基于权利的主体的自主、能动以及社会的活力、创新，基于权利义务互动及其程序的主体之间的合作性以及社会秩序的协调性，基于责任的主体自律与公益保障，确立为社会纷繁复杂的活动场景及其利益流转的底线和底色。这样，也才不是法治对社会生活的强制介入，对自治空间的强行“收编”，对权利自由的强迫管控，而是对其予以有力的支持，也才是法治对权利自主积极实现以及权力合理依法行使的双重巩固，即实现以法治实现机制为桥梁进而法治运行机制为保障的日常生活情境的新型建构并使之常态化，不仅使得法律成为公众能动生活实践的赋形者，而且是其赋权者、赋能者、守护者、捍卫者。2018年中国在公共安全上的一般公共预算支出高达13781.48亿元，而国防上的一般公共预算支出为11280.46亿元。前者高出后者22%[①]。这在一定程度上折射出社会矛盾的多发、巨量、广布，尽管这反映了转型发展时期的历史必然性和发展渐进性，但也不得不承认其中法治发育程度有待提高，非法治甚至反法治的思维和方法之下的、法外的、不法的矛盾纠纷操控与消解，以及其中严重的社会成本损耗与社会资源流失。不能不正视，“基层社会的建设存在着诸如政府人为拉动痕迹过重、内生性偏弱、向心力不足”等情形，表现在形式化倾向上，如平台、管道叠床架屋，盆景式点缀而实效欠佳。应当看到，在某种意义上，法治在基层社会生活中的直接地生成和执着地扎根，具有批判性和创生性。法治不是对权力的革除，而是对权力高于和践踏法律的根除；法治不是对权利的挥霍，而是对权利自主和能动实现的佑护。因此，法治的社会实践和历史演进过程，不是没有鲜明指向和斗争对象的，而是也必须是有的放矢的。法治的每一份奠立，不失为对消极规则束缚、漠视主体尊严、无度权利滥用和恣意权力支配的惯习日常生活形态的总体性批判与永久再创造[②]。而这一中国特色社会主义的县域法治的样本所呈现的，正是在依法执政、依规治党的自觉引领和全局运筹中，使法治实现机制与法治运行机制相向而行、相伴而生，坚定地对其同向建构、促成实质耦合，在对社会公益、社会秩序、公民自主和公民权益的护佑绩效检验中，逐步将法治的价值理性与工具理性确立为公共权力以及社会主体一致的体验和认同。

---

① 参见吴忠民：《中国转型期社会问题的主要特征及治理》，《山东社会科学》2020年第6期，第58-68页。

② 参见张一兵：《日常生活批判与日常生活革命——列非伏尔与德波日常生活批判理论的异同》，《中国高校社会科学》2020年第5期，第58-72页、第157页。

县域法治评估机制的演进、反思与更新*

石东坡，张 琪**

摘 要：法治评估，特别是县域法治评估的萌生和发展顺应了法治生成和扎根的时代主轴，但过度量化的趋势使得浅表化、形式化甚至政绩化的隐忧浮现。究其症结在于对法治评估作为知情权、评价权和监督权的权利根据及其反馈、监督、激励等功能定位存在认识盲区，应促使县域法治评估在科学、民主和实质评估的根本基准上以评估指标完善为重心，以调查研究为先导，传导和输入法治方略与民众需求，更为深度地聚焦法治运行及其与社会生活对接兼容中的关键细节和薄弱环节，在依法执政、依法行政、依法监督和依法自治四个方面在地化精准选取和设定更具适切性的评估对象、事项及其指标、权重，增强县域法治评估对健全法治运行机制和法治实现机制的指引功效与促进实效。

关键词：县域法治评估；评价权利；评估指标；实质评估

一、县域法治评估问题的提出与评述

（一）积极性：县域法治的宪法理据

地方（区域、县域）法治是否能够作为一个在其治理空间中具有法治成熟度的社会单元？不论是实践上还是理论上，这是区域法治及其评估研究中总受

* 国家社会科学基金专项课题（18VSJ051）。

** 石东坡（1970–），男，河北无极人，中共厦门市委党校法学部教授、博士，研究方向为立法学、公法学、文化法学；张琪，华东政法大学司法学研究院。

诘问的一个议题[①]。近年来，有学者以所谓主权与治权的划分尝试作为区域法治可以存在的理据。而这实际上是无甚必要的。因为不论是在工具理性还是价值理性上，法治并不构成对一定的治理区域特色或个性的障碍，也不成为其不可先行实现的较高治理水准与优良公共秩序，不论是对主权单元还是非主权单元而言。因此，将治权视为一种总括性权力并主张其对法治追求的可能性，似乎并未十分紧密地将法治“摆渡”到特定的行政区域之中使之得以安放。而在非均衡发展的法治演进规律意义上，即便没有创设法律的初始权力，一定区域的法律实施的质量与速度的差异本身即对法治可能性、渐进性、能动性的实际佐证。

这种差异性是实践中管理主体与社会主体均具有的能动性及其交互性所决定的，不论是联邦制还是单一制之下的特定管理事权领域或空间领域的治理实践。

因此，不论在事理上还是在法理上，对我国的地方（区域、县域）法治是否能够成立的追问或拷问，除去上述实践的特质作为一般逻辑前提之外，似乎更应在我国宪法的明示及其背后的义理阐释之上寻求破解。申言之，尽管我国宪法文本中的“地方积极性”[②]的表述过于具有哲理色彩，而可能被认为缺乏法的规范性和确定性，但这恰恰是其颇具纲领性的宪法原则自身的“刚性”，即明确地肯定或承认：中央与地方均有促使其实事求是地根植不

---

① 参见文正邦：《区域法治：深化依法治国方略中崭新的法治形态》，《甘肃社会科学》2008年第6期，第106-111页；文正邦、付子堂：《区域法治构建论：西部开发法治研究》，法律出版社2006年版；付子堂、张善根：《地方法治建设及其评估机制探析》，《中国社会科学》2014年第11期，第123-143页；孙笑侠：《先行法治论》，浙江大学出版社2009年版；姜彦君：《历史性突破：浙江法治建设的价值探索》，浙江大学出版社2008年版；孙笑侠、钟瑞庆：《“先发”地区的先行法治化：以浙江省法治发展实践为例》，《学习与探索》2010年第1期，第80-84页；陈柳裕、王坤、汪江连：《论地方法治的可能性：以“法治浙江”战略为例》，《浙江社会科学》2006年第2期，第80-83页；石佑启：《论地方特色：地方立法的永恒主题》，《学术研究》2017年第9期，第45-53页；葛洪义：《法治建设中的“地方”》，《吉林大学社会科学学报》2012年第2期，第46-53页；周尚君：《国家建设视角下的地方法治试验》，《法商研究》2013年第1期，第3-11页；周祖成、池通：《国家法治建设县域经验的逻辑与路径》，《政法论坛》2017年第4期，第12-22页；倪斐：《地方先行法治的基本路径及其法理限度》，《法学研究》2013年第5期，第63-74页；倪斐：《地方法治概念证成：基于治权自主的法理阐释》，《法学家》2017年第4期，第116-130页。

② 毛泽东：《论十大关系》，载《毛泽东文集（第7卷）》，人民出版社1999年版，第23-49页。

同层次实践面向的社会态势，保持在根本上为人民服务的能动、创新而并非消极、机械地所谓忠于职守导致怠于履行职责，且与此同时都保持实质的良善的目的、目标、恪守和运用民主集中制下的沟通、协商、请示、报告等政治法律程序制度而不挑战或侵越对方的应有权能。作为载入宪法的规定，这一表述隐含着既是容许、鼓励又会质疑甚至问责的双重意蕴，由此即便对地方而言，亦可在必要的情形下无须忌惮、纠结于实际的权力强度、含量与边界，而是可以、应当甚至必须根据不同历史时期和社会情势，或“多一点”或“少一点”（积极性），但恪守的底线、坚守的目标是国家主权、中央权威不可无视，同时社会发展、民本所需不可压抑。进而，在这种富有政治智慧、策略和艺术的制宪理念下，“地方积极性”的宪法规定，有着高度不确定性，必须依赖特定情势方可研判，几乎不具有司法的可裁决性，难以归入法律意义的“不确定法律概念”行列①。如果在严格的宪法释义学视域之中，则几乎难以作为基准性的宪法原则、宪法规范。然而就在其之上，在我国宪制之中伫立着民族区域自治、特别行政区、经济特区、特别区域的某些法律实施中止、某种法制试点（如监察制度改革），以及某些类别的（诸如生态文明、华夏文明传承、资源枯竭地区转型、融合发展、区域一体化）创新发展示范区、（自由贸易区）片区等多种不拘一格的中央与地方之间的特定授权契约型的宪法法律关系，这些又并非仅仅是一种“承包制”的，而是一种特定区域在一个较长时段的特色化、自主性或自治性的管理、治理过程和形态。因此，如果说治权可以作为地方（区域）法治的根由，毋宁说治权的能动性，特别是对法治追求和践行的积极性是其真正的内在起点。

而有学者尽管努力以域外制度和理论资源、以所谓辅助性原则强调“地方”的先行性、基础性甚至本源性；另有学者试图以承包型概括地方法治存在的合理性②，其实都是难以在我国的宪法之上贯穿制度逻辑、实践逻辑和政

---

① 参见吴庚、盛子龙：《行政法之理论与实用》，三民书局2018年版，第101–103页。

② 参见李旭东：《“辅助性原则”及其对中国央地关系法治化的意义》，《哈尔滨工业大学学报（社会科学版）》2017年第5期，第37–44页；王锡锌：《地方治理的“在地化”与国家治理能力建设》，《中国法律评论》2016年第1期，第44–48页；丁轶：《承包型法治：理解“地方法治”的新视角》，《法学家》2018年第1期，第18–32页。

治逻辑的，甚至是背离我国宪法法理的。承包型是地方党政的治理责任、平安责任的形象表达，而不是宪法法律关系上对法治建设的义务和职责的规范表达，并由此在某种程度上是夸大了领导干部个人的影响程度，反而助长权力之治而非法律之治。辅助性原则在尊重和焕发直接的权力主体的优先性上有着积极意义，但其仍然是建立在联邦制思维之中的，是不认为中央或者说国家层面权力的导源地位以及对地方予以授权的宪法关系的。而另如锦标赛等观点，仅仅是一种对地方经济或者法治发展存在某种绩效竞争关系的描述而并非理论模型①，因为其哪怕具有实证性，但却不具有对现实的正当评价和批判功能。再有观点将坚持中央统辖下的法治发展道路称为“国家整体主义法治观”②，由此与政法思想史中的整体主义、国家主义等极易混淆。另如“发展主义”③等，都表明在“主义”的命名与使用上过于随意，不仅有可能产生认知偏颇，而且亦可归入思想混沌的情形，不利于地方（区域）法治基础理论的科学构筑。

通过以上对试点说、辅助性原则说、承包制（型）说（以及与之相近的锦标赛说）、发展主义说等的评析，正本清源地将宪法有关中央与地方的基本原则复位于地方、区域、县域法治“个性化”成长正当性、合宪性与必然性的立论基座之上。而新近在县域（区域）法治研究中，有学者④对区域法治摘取了肯定或在肯定的角度摘取了有关观点，对区域法治在国家法治进程、布局的纵横角度与层次上进行了褒扬，以“区域法治资源”尝试概括地方层面在立法、行政、司法等方面的有关探索。这是有意义的，但是准确而

---

① 参见付子堂、张善根：《地方法治建设及其评估机制探析》，《中国社会科学》2014年第11期，第123–143页。

② 参见黄文艺：《认真对待地方法治》，《法学研究》2018年第5期，第10–23页；郑智航：《法治中国建设的地方试验：一个中央与地方关系的视角》，《法制与社会发展》2018年第5期，第75–92页。

③ 参见曾志敏、张严冰：《社会主义、发展主义与法治主义：地方政府处理乌坎土地问题的基本逻辑》，《社会建设研究》2017年第1期，第57–71页。

④ 参见戴小明：《区域法治：一个跨学科的新概念》，《行政管理改革》2020年第5期，第65–73页；戴小明：《区域法治研究：价值、历史与现实》，《中共中央党校（国家行政学院）学报》2020年第1期，第87–98页。

言应当是区域法治实践（试验）的样本、经验或做法对国家、全国法治可能作为复制推广的资源要素。同时，对何以确立区域法治的正当性、区域法治的发展动机、区域法治与区域法治发展之间（犹如“地方法治”与地方法治“建设”之间）的联系和区别未予以应有的探察，对区域法治发展能否以及怎样为法治、为国家法治做出“真正”的（制度）贡献，未及论述；并主张跨学科推动区域法治的研究。最后，其对区域的理解隐含着仅仅是跨行政区域的，这就限缩了本来区域法治层次、类型上的多样性。可见，区域法治研究应对区域法治的要素结构、发展机制、评估评价等加以深究。

地方（区域、县域）法治，是法学界对有别于国家、中央层面法治状况予以学理考察所选用的语词，其中相对于设区的市所辖区而言，县具有更为突出的自主性和治理机理的完整性，因此选取县域法治为对象，具有实践意义与理论价值。在实践上，有助于落实全面依法治国方略，增进党领导法治的科学性、民主性与针对性，增强法治实践方向上的统一性与举措上的有效性，密切法治实施、法治监督与法治保障诸环节之间的衔接与协调，保持法律制度与社会生活之间的适应与活力。在理论上，见微知著，彰显法治进程的复杂性，更加生动、深刻地揭示我国法治发展的轨迹与规律，有助于在法治的中国特色与普遍规律上有新的感悟和发现，从而丰富法治实践样式和法治实现理论，为形塑法治的中国表达和法学的时代话语予以鲜活素材的有力支撑。

（二）县域法治评估机制理论争鸣

有学者对县域法治（试验）的意义、环节、路径，以及评估机制进行解析，提出“构建一套涵盖县级法治政府评估的全面法治评估体系”，认为：县域法治试验的评估体系应该在“试错”中逐步实现规范化、体系化和制度化[①]，以及对县域法治试验评估的原则、评估主体的确定、评估内容和指标体系的设置、评估结果的应用等进行比较全面的论述。这尽管使得该文结构的

① 参见周祖成、池通：《国家法治建设县域经验的逻辑与路径》，《政法论坛》2017年第4期，第12–22页。

逻辑性与均衡性显得略有偏重，但体现了将评估作为法治实施和实现中具有促进作用的检验评价机制的认知，相对有关论者仅在一般的技术面上讨论法治评估的发展而言，有着在县域法治建设、发展的体制机制的系统性、结构性上更为明确的针对性侧重，由此提出“县域法治评估在强调指标体系的普遍性价值诉求外，还要体现差异性”，对深化县域法治评估富有启迪，但却未结合评估实践，未调查研究县域法治实际状况并把握其中的诸多矛盾、症结，而在应如何设计、设定指标，评估什么由此引发被评估对象意识到存在短板等方面缺乏有力的指标甄别与指标优化。笔者认为，既要着眼于法治评估以量化的方式，不论单一的指数形式还是系列的指标组合，能刻度化地表现法治发展变化的实际情形，有着一定的科学性、可信度，又要意识到单一的数据、单纯的数据无法表达对法治的价值评价、发展评价。况且，数据立足的实践质点、提取设置的相关关系、因果关系、价值关系等的预设假定才是解读数据，使数据显现其价值和意义的基础和前提。因此，在法治评估的技术面与内容面上[①]，同样存在目标与手段的关系、主导与辅助的关系，应当将法治评估的机制完善与指标优化统一起来，并以后者为焦点。

之所以论及县域法治评估而尚未深化法治评估指标的内容，一个重要诱因是法治评估的本体论研究比较匮乏、一些论断含混游移。第一，仍然未对县域法治评估的对象范围及其结构有清晰和严谨的界定。第二，县域法治评估原则上认为：首要原则就是评估的“嵌入性”和语境化，“要嵌入基本的政治和法治语境中，不能背离国家法治的框架”。而笔者认为，一则这主要还是反映或落实在法治指标的设定上，因为就法治评估的技术、方法与操作而言，是中立性的、客观性的，属于方法层面，而检测和瞩目于何种法治实践节点，以怎样的尺度衡量并牵引法治实践向着何方用力，则是更为实质和关键的，因此其嵌入是必然的、应当的。没有脱离实践本身的抽象和纯粹的评估。二则作为基层的法治评估，不可能脱离或背离国家法治的基本结构与体制基础。因此，这一“首要原则”似乎可以保障其政治正确或植根融入，

① 参见易卫中：《地方法治建设评价体系实证分析：以余杭、昆明两地为例》，《政治与法律》2015年第5期，第26-32页。

而实则毋庸附言。第三，“逐渐由地方政府主导之下的法治评估向第三方和社会多元主体参与的中立性法治评估机制转变”这一判断也是错误的，一则即便率先开展评估的杭州市余杭区，也是强调由政府委托但并非政府主导的，法治评估的相对独立性是其生命力所在；二则在发展中，法治评估业已一分为二，即考核型和受托（学术、民间）型。考核型“评估”，严格地说甚至并不属于法治评估。如营商环境评估，亦即委托第三方评估的方式。这对于评估的客观性、可信赖性而言，是一个必要条件。第四，评估对象和评估客体相混淆，后者是被评估的法律实践活动，前者是各种法律主体。第五，该文提出“建立评估责任追究机制”，同样是错误的，至少是不适宜的。因为行为主体违法，并不是违反评估的规则和制度，而是在评估中发现存在违法可能的，则应将线索向有权机关报告，这尽管是评估活动发挥了公众监督的功用，但不是要追究评估责任，事实上并不存在评估责任问题。第六，将评估结果与重要人事任免挂钩，又是将评估与考核相混淆，或者说背离了前述该文所主张的中立、多元参与的评估，而去将其权力化。这就僭越了评估作为权利行为——知情权、评价权、监督权的权利行使活动的本质和性质。实际上，法治评估与法治考核，既有联系又有区别，既有共性又有差异。二者是共生或伴生的关系，是互补、互动的两个事物。另有学者认为，“地方法治在建构过程中应当与法治评估同步”。这是错误的，颠倒法治实践及其评估之间的关系，是对法治评估科学性与成熟度的误读和误解。毕竟法治评估是附着于法治实践的，缺乏一定的法治实践的开展及其调查研究，法治评估是无从开展的。所谓由理想的法治秩序或规划的法治图景演绎为法治评估的指标体系并据此去开展测评，是难以具有针对性和指引性的，在某种程度上也是形而上学的。还有学者在功能上认为法治评估“具有协调平衡利益冲突，提供修复受损秩序载体，优化法治资源配置，搭建创新制度安排平台以及实现公平正义等功能”[①]，这是言过其实地夸大，因为法治评估仅是一种检测、评价和反馈的法治实现机制组成部分，而不属于法治运行机制，不能直接地

① 参见徐汉明、林必恒、张孜仪：《论法治建设指标体系和考核标准的科学构建》，《法制与社会发展》2014年第1期，第21–27页。

予以法律调整从而去实现对利益冲突、秩序受损等的解决。

因此，对县域法治评估本身进行评估、反思和校准，是实践需要和理论突破之所在。鉴于对法治评估在法治实现机制[①]中的定位及其与法治考核的互补关系处理上的偏差，对法治实践支点及其指标设计的规律遵从缺乏深入自觉，导致对法治评估的认识逐渐产生模糊，法治评估的效果也日渐淡化。那么，就需要总结、反思（县域）法治评估的发展历程、角色定位、结构要素、面临问题、功能效度、研究局限，对（县域）法治评估（机制）在法制（治）系统工程[②]中的适宜担当予以恰当界定并由此提出化解浅表化、形式化甚至政绩化的隐忧，从而健康发展的合理进路。

二、县域法治评估的溯源、演进及发展

（一）县域法治评估兴起阶段

2007年，杭州市余杭区率先开启县域法治量化评估实践。在其指标体系和评估机制上，包括“1（一个指数）4（四个层次的评估指标）9（九项满意度问卷调查）”。2009年余杭法治指数中设立9个目标：党委依法执政、政府依法行政、司法公平正义、权利依法保障、市场规范有序、监督体系健全、民主政治完善、全民素质提升、社会平安和谐[③]。在指标界定上，可知以上若干方面都是在法治之上，或者说是以法治为必要条件、作为法治的充分条件的，因此难以作为法治评估中法治的发展进度和实际累进的评估指向；同时加之高度概括的特征，尽管可以在2级以及3级指标质点的测量中弥补，但过于含糊而使得评估的结果可检验、可印证的循证信度受到削弱。在工作机制上，由专家团队受托独立、中立开展的这一评估被誉为“中国特色的第三方

① 参见习近平：《论坚持全面依法治国》，中央文献出版社2020年版，第45-53页。

② 参见吴世宦：《论法治系统工程》，群众出版社1986年版；吴世宦：《法治系统工程学》，湖南人民出版社1988年版。

③ 参见钱弘道、戈含锋、王朝霞等：《法治评估及其中国应用》，《中国社会科学》2012年第4期，第140-160页。

评估模式”。而这恰恰是法治评估与法治考核（评）异曲同工、一分为二的区别及其公信力所在。在评估效应上，余杭法治评估提出“从评估到优化”，这无疑是正确的，即以评估中发现的法治疏失为新一轮法治建设举措的着力点，兴利除弊，“以评促治”。而从一个长时段的角度观察，后续法治创建举措和持续领跑的实践佐证似乎有待加强①。

在法治评估的源起上，可以发现至少有着三个方面的动因、条件。其一，与社会治安综合治理、平安建设（创建）的发展中运用承包制、责任制的考评、考核，进而运用平安指数、平安建设评估指标测评体系密不可分，后者构成前者的间接渊源。从维护社会稳定的防控思维转换为治理思维，促使更加深刻地把握转型发展、风险社会的矛盾特征，从而促使平安建设更加着眼于结构性、关键性和基础性因素。习近平总书记指出，“要转变思维方式，实现从管理向治理的转变，激发基层活力，提升社区能力，形成群众安居乐业、社会安定有序的良好局面”②。他强调，“治理和管理一字之差，体现的是系统治理、依法治理、源头治理、综合施策”。以此为指针，一方面，是对平安评价的指标体系的探索，促使对平安建设的考核测评更为科学、深入。江苏、福建、浙江、上海、河南、北京等多地尝试应用。有学者提出以政治系统的稳定为中心，纳入政治环境系统、社会管理系统、市场经济运行系统、社会越轨行为控制系统和公众平安感受系统五个一级指标的评价结构③。另一方面，由此必然导入在更深层次上进行的制度化治理，使得法治评估应运而生、独立发展。其二，法治方略的地位进一步牢固并且突出其作为战略举措的全局性、支配性、基础性，为法治评估的确立和开展提供了直接动力、注入了时代内涵。2014年12月，习近平总书记在江苏调研时第一次明确提出“四个全面”。2014年，党的十八届四中全会第一次把法治建设作为中央全会的专门议题，对全面推进依法治国作出专门决定。2020年，《中共中

① 参见陈甦、田禾：《法治蓝皮书：中国法治发展报告》，社会科学文献出版社2020年版，第307-320页。

② 参见新华网：《习近平在参加十二届全国人大三次会议上海代表团审议时的讲话》，http://www.xinhuanet.com/politics/2015-03/05/c_1114537732.htm，访问日期：2015年3月5日。

③ 参见朱际民：《平安建设的理论内涵和机制建设》，《法学论坛》2005年第6期，第115-117页。

央关于制定国民经济和社会发展第十四个五年规划和二〇三五年远景目标的建议》对“四个全面”战略布局作出最新表述，继续坚持全面依法治国。法治评估由此成为认识和评价法治的国情、省情、县情的重要途径，并不断获得认可和应用。其三，管理科学、决策科学的定量分析、域外法治指数的观念与方法成为本土化法治评估酝酿论证的有益资源。如余杭评估团队本身总结指出“本质上是法治的绩效管理”，体现的是法治绩效理念[①]。

（二）县域法治评估推广阶段

县域法治评估的自发或试验式的演进与其建构或规划式的发展之间并不是截然分开的，而是呈现出相互交织、螺旋交错的轨迹。先行先试—移植借鉴—本土改造—指定应用—特色创新—吸收升级，可谓县域法治评估乃至法治评估与法治考核确立、运用与发展的主要环节、基本形态。这在某种程度上也是我国法治实践的社会历史总体进程中内生性制度演化的写照或缩影。

2009年，四川省政府发布《四川省市县政府依法行政评估指标》，共设12个大项、44个子项、225个细项，作为法治政府建设的考评指标。2010年，湖北省委、省政府颁布《湖北省法治政府建设指标体系（试行）》，共设8个大项、35个中项、160个小项指标。北京、安徽、江苏、广西等省级政府和若干国务院部门陆续开展了依法行政评估或考核。这些指标基本覆盖政府或部门行政立法、行政决策、行政执法以及复议应诉等，对政府组织体制内部权力监督制约、政府投资行为或其他资源支配调整等行为、改革举措合法性等指标拟定与评价则鲜有触及。

就县域法治建设指标体系，有观点认为[②]，至少应包括法治政府、公正司法、法治文化、经济法治、诚信体系、社会和谐稳定、法治惠民、组织保障体系八个方面的内容。这种指标力求较为全面的覆盖，将法治的治理效果、社会效益表征数据过多地承载在评估之中，尽管有助于表明法治的实际结果，

---

① 参见王朝霞：《法治评估与法治创新：基于浙江余杭实践的讨论》，《广西民族大学学报（哲学社会科学版）》2013年第4期，第150–155页。

② 柏佳春：《县域法治建设评价指标体系研究：以江苏省法治县（市，区）创建考评标准为样本分析》，东南大学2011年硕士学位论文。

但是将法治实践的社会关联链条过长地延伸，反倒淡化“法治”在法治运行机制和法治实现机制及其耦合上的集中度，使得在一定程度上削弱法治评估的建设性。还有观点提出，区（县）法治政府建设评价指标建立在“绩效维度、层级特征与内容体系三个维度”之上[①]，将区（县）法治建设的绩效评估目标分为民主政治、依法行政、公正司法、法治完善、公民守法五个次级目标。首先，强调基于区（县）的“层级特征”是正确的，毕竟县域（除自治县外）不享有和行使立法职权，作为基层法治的执行性、适用性是其主要方面，保障法律严格实施是其党政治理活动的基本立足；其次，其中主观指标过多，民主法治的一级指标涵盖要素过多，法律执行性的基层职能特性上的评估指标仍未得到凸显，县级施政执行性与创新性之间的关系在指标设定和取舍以及权重上仍然有待科学设置；最后，其中将诸多社会治理因素置于“法治政府绩效”中，与法治政府自身的应有范围之间的一致性有待考量。

2017年，四川省南充市开展法治政府建设第三方评估。根据报道，其称之为首次将法治政府评估下沉到区县级。该评估指标体系是在中国政法大学法治政府研究院2013年至2017年评估指标体系的基础上，依据《法治政府建设实施纲要（2015—2020年）》修订的。在共性上，县（市、区）和市级部门评估指标体系一级指标均设置有“依法全面履行政府职能、法治政府建设的组织领导、依法行政制度体系、行政决策、行政执法、政务公开、监督与问责、社会矛盾化解与行政争议解决”8项。除此之外，该县（市、区）评估指标体系一级指标还设置1项主观指标“社会满意度调查”，附加“政府主要领导访谈”。对此笔者认为，第一，上述八个方面的指标有些比较抽象、有些略显庞杂，比如依法行政制度体系，在县域层次就不尽适宜，因为其系统性毋宁让位于关键部位的有效性，尽管共同的基本的制度得以健全或齐备是必要的。第二，重视法治政府建设第一责任人履责情况是必要的。而通过现场访谈的方式，“从‘法治政府建设领导访谈题库’中随机抽取题目并现场回答”，实际上是一种规定范围的检测、测试，可能流于或漫谈或背诵，

---

① 参见郭蕾、吕维霞：《我国区（县）法治政府建设绩效评估体系构建研究：基于对苏北、苏中和苏南地区的实证调查》，《社会科学研究》2014年第1期，第55-61页。

而脱离对实际县域治理中如何妥善处理发展速度与程序法定之间的关系、改革变革与依法保障之间的关系、维稳与维权之间的关系问题等的深入思想检视，使得这些尖锐问题被回避或忽视，而只是强调法治的重要性、紧迫性并历数有关会议决策检查督导等。第三，社会矛盾化解方面是否纳入法治政府的考核评估？值得商榷。尽管政府具有维护公共利益、保障公共秩序的法定职能，但此属于基础的、共通的职能，并且其主要通过行政调解置于大调解格局之中发挥作用，坦率地讲，并不严格属于政府职能活动领域。尽管这一点体现了基层法治政府、法治社会一体建设的紧密度，或者说交叉特点。

县域法治评估的全域评估外，主要是法治政府评估，近年来另出现检察机关法治评估等专门类型。2018年7月，浙江省长兴县人民检察院与上海社会科学院法学研究所开展检察机关法治水平评估指标体系研究，发布长兴县检察院法治水平评估报告。其评估指标体系是由6项一级指标、22项二级指标、64项三级指标组成。6项一级指标分别是：司法规范度（占45%）、司法高效度（占15%）、司法透明度（占16%）、司法文明度（占12.1%）、司法便民度（占6.6%）、司法保障度（占5.3%）。就该指标体系而言，第一，与监察体制改革、检察体制改革之际法律监督职能的新权能之间的适配性需要提高。第二，检察机关作为专门法律监督的法治绩效的逻辑前提、理想状态及其与县域经济社会发展之间的相关关系需要论证，比如维护公共利益的法律监督是否及于民营企业内部商业贿赂等违法犯罪的预防与监督，否则其效能、效果难以评判。第三，司法文明度等指标过于模糊，有效进行检测的精准度较低；司法保障度如果是指检察机关法律监督对社会公共秩序和社会公共利益的保障，则与其他指标相重叠；如果是指地方党政各方面对检察机关依法独立行使检察权的保障，则又转而属于法治实现机制的领域而不宜置于对检察机关的法治评估之中，在某种意义上超出其作为专门法治评估的内容边界。

（三）县域法治评估深化阶段

有学者认为我国法治评估实践，经历了立法、司法领域的评估考察、法治评估的全面探索两个阶段。笔者认为这一归纳是不尽准确的。立法前评估是对法律草案中的规范设计方案进行制度廉洁性、性别平等、成本收益以及社会脆弱性等的评估和评价，虽然与法治评估均同属于政策评估的范畴，但其属于前瞻性的预判，不同于基于某段时间的法治实际状况的事实评价及其之上的价值评价。立法后评估是对法律制定、实施后的社会效果、绩效的评估，但其侧重点尤其是回归分析的重心不在于法治化的性状与程度，而在于对立法中的法律规范设计的合法性、科学性、针对性和可操作性的检验和反思，其落脚点是立法供给是否有效回应了社会的立法需求，因此，对立法等的评估和区域或某领域法治评估之间的联结虽然应予承认，但是不宜混淆。

如果说2013年是对此前法治评估与考核之间的对接，是评估对以往的层级监督考核的改善予以促进，是前一阶段法治评估、考核的总结和提升，尤其以2015年12月，中共中央、国务院发布《法治政府建设实施纲要（2015—2020年）》将评估考核确立为法治运行机制的一环，实现其由行政决策（政策）运行机制的要件转而成为法治运行机制中的要件的转换为标志；那么，党的十九大之后，意味着法治评估和考核进入又一个新的发展语境，由此呈现出三个特点：一是普遍化，即全国均予开展，法治考核与法治评估既分又合。二是专门化，即在营商环境法治化等某些重点领域、特定区域的法治评估仍然将保持其试验性的突进态势。三是可转化，即来自被评估主体对法治评估的诉求、需求不是仅仅了解一个指数、一个位次，而是要在一定的坐标系中把脉法治实践绩效状态中显露或隐含的矛盾、阻却或制约因素，并创造性地“支招”，使得化解和消除法治熔铸于县域社会空间的阻滞，并使之转化为富有生机的法律空间的良性、稳健发展脉络和科学、扎实创建举措在评估结论中得到更加浓重的载明和供应，由此增强县域法治的厚植、协同和持久。这就进一步要求县域法治评估的科学评判更具内涵与质量，更加深入、更加具有针对性，测评的自觉性和约束力显著提高，更能够为县域法治实践一线所折服并汲取。

2013年8月，全国普法办公室印发《关于深化法治城市、法治县（市、区）创建活动的意见》（以下简称《意见》）。《意见》明确要求“建立健全监督检查和考核评价体系”，以考核评价牵引和带动区域法治创建活动，实行目标管理责任制。这促使法治评估在全国范围的应用，体现出新时代法治评估的制度化、刚性化和纵深化发展，为此，需要结合实际研究制定创建活动评价体系和考核办法，实现更高层级和更广范围中的横向比较和纵向比对，就必须有全面评价基础上的显性标示，这样，指标化以及指数化，成为法治评估与考核的关键着力点。指标化，即对各个法治变量进行可操作性界定（operational definition），使其可以在实际情况下观察到变化的状态，确立相应指标。但是须臾不离的是对哪些法治实践中的行动及其结果这样的法治“质点”进行选取，这是指标生成的依存和反映的根本。

2019年5月，《关于开展法治政府建设示范创建活动的意见》发布。其中《市县法治政府建设示范指标体系》“根据《中共中央关于全面推进依法治国若干重大问题的决定》《法治政府建设实施纲要（2015—2020年）》以及党中央、国务院关于法治政府建设的一系列重要文件，总结各省（区、市）实施法治政府建设考核评价指标体系的成功经验”[①]，作为开展示范创建活动的评估标准。2019年11月，司法部《关于加强社会主义法治文化建设的意见（征求意见稿）》中，再次强调“开展市县法治指数测评工作”。

2020年4月，《四川市县法治指数》指标体系发布，其称为“全国首个全省性市县一体法治建设指标体系”。该体系从党的集中统一领导、宪法法律实施、地方立法质量、法治政府、公正司法、法治社会、法治监督与保障7个方面制定7个一级指标、18个二级指标和73个三级指标，并针对指标设置相应观测点。在73个三级指标对应的144个观测点中，有22个需要进行社会满意度调查。但是其中对设区的市和县市区二级未加区分的设计思路是否可取，有待实践检验。笔者认为，在2015年《立法法》修订、2018年宪法修正案确认设区的市级行使三个方面立法事权、可以制定地方性法规的法源上，设区的市与县之间，不仅行政层级、地域空间不同，而且治理体制、治理职能、权责结构均更有显著差异；并且设区的市还具有一定区域内的辐射带动作用。而法治的扎根，即最直接地与纷繁芜杂的社会生活对接，则是县域法治的使命。县域的相对独立性似乎应得到更为充分的重视。这一特点不仅是历史形成的，而且在法治政府、法治社会包括社会公共生活和基层群众自治

---

① 参见朱剑：《市县法治政府建设示范指标体系》，《法制日报》2019年5月24日，第2版。

组织的治理、自治的法治化之间更加表现为受到除去正式规则之外的非正式规则、法律规范之外的社会规范所施加的影响，从而使得在县域的角度，法治社会中社会组织、自治组织等的依法自治的比重相较于设区的市级应更高为宜。

面向企业等市场主体进行的营商环境评估，是政府绩效评估、法治政府产出率的评估，是法治评估在商事活动、市场领域的应用，是专门化的法治评估类型。营商环境评估，以市场主体感知在维护和实现经营自主权的政务、法治和社会环境因素状况，是“照镜子”一样反射式地揭示政府治理主体的法治意识与监管活动的法治化程度及其工作绩效。所以，营商环境评估，不仅在其评估对象和指标组成上包括市场主体设立、融资、信贷受到的政务服务，还包括税收、贸易以及其他生产要素流动和产业链条传导中的行政监管是否依法、合规的情形；而且是以商事活动领域合法、公正、平等、清廉与高效的整体情形能够转化为相对人实实在在的获得感为采集点所进行的评判，按照有关学者对法治评估的三分法，其中即法治价值评估的具象和法治绩效评估的典型，并由此激起政府自我变革与再法制（治）化的动力补入。因此，笔者认为，营商环境评估，是更有聚合力的一种法治评估特殊类型。法治评估与营商环境评估，在评估过程的民主性、评估信息的可获得性、评估结果的可比性、评估流程的科学性上是一致的。在评估权利主体上，前者是以一般社会公众为主体的，后者是以市场主体尤其是中小企业为主体的。在评估对象、指标上，前者是以法律运行机制中的公共权力依法行使、依法监督其在法定权限范围内因循法治价值和法定职能良善治理、公众权益和公民权利得到尊重和实现为核心，选取执政、决策、执法、监督和自治等多方面合法（与否）因子进行评价，后者是对市场主体全生命周期的关键环节中来自政府、社会的支持保障是否具有合法性、公正性、便捷度进行评价，在指标和价值上具有关联或交集。世界银行营商环境评价指标在我国的应用，既适应了更大开放的新时代发展需要，又凸显了法治评估目标作用的指向性。对此，上海采取对表方式，立足上海“四个中心”建设目标，体现国际化、一致性。广州则参照上海做法，按照世界银行评估方法以模拟测评“推动营商环境进行革命性再造、系统性重构”，侧重在涉企商事程序上的一网通办、诉求闭环，从而在全流程上降低成本、节约时间、提高效能，这同样体现了评估揭示问题、评估促进整改的效应。海南拟采取化用方式①，更强调海南省自贸港建设在启动阶段对自身既有的营商环境中政府监管与服务，特别是行政审批过程的规则化、便利化，以及文旅商贸等特色产业发展条件等方面的缺陷的关注，更加具有结合度，强调“评价指标体系要参考世界银行评价指标体系，剔除与国情、省情明显不符的指标，重点构建指向海南自贸港建设的评价指标”。

2020年，在《重庆法治化营商环境司法评估指数体系》试点运行第三方评估中，以营商环境评估为归宿、以法治化营商环境为切入点，以司法保障及其效能为指向，并具有“突出评估重点，适度前瞻引导”的鲜明意识，着眼于“评估引领法治营商环境发展的目标”，设计运用了一个司法评估指标体系，可称之为在法治评估上的专门化版本。其中，共设有5个一级指标（分别是公正裁判、平等保护、司法效率、司法便民、透明廉洁），12个二级指标，26个三级指标，64个四级指标。其指标设计理念、依据和动因上，“是对世界银行营商环境评估的进一步提炼及对我国关于优化营商环境相关要求的细化。此次评估将分散于世界银行营商环境评估指标中与法院相关的内容予以整合提炼，并结合国家有关司法体制改革和优化营商环境的相关规定”。这一项目在法治评估、营商环境评估与审判机关司法绩效评估的交汇、创新上进行了有益的构设，但可能仍然存在一些缺憾。首先，如指标设置存在或单纯由规划分解而来或者脱离实际的情形。比如，营商环境司法保障的评估二级指数中“平等保护指标”对应的三级指数“加强知识产权保护”“要求办理案件被最高人民法院或重庆高院确定为指导性案例或参考性案例，否则不予得分”。再如，“依法保护民营企业和企业家财产权”要求被评估法院产出优秀司法案例，否则不予得分。其次，在其评估结果上，同样存在缺失。评估结果过于笼统，差距不明显，缺乏对指标立足的质点定性的评价分析，定量评价的分值差距不够显著，在一定程度上反倒对问题的存在起到了不应

① 参见占建云：《关于构建海南自贸港营商环境评价指标体系的建议》，《海南日报》2020年12月10日，第A09版。

有的遮蔽作用。比如“总体表现良好均衡”，全部达到70分以上。固然在现实中诸种公权力主体的执法水准、审判质量差别不大，但深究则其实际情形中一定是各有千秋、各有所长（短）的，而对这种区别、差异的揭示，却是评价或评估所应起到的作用。最后，评估结论的某些对策措施缺乏新意、缺少深中肯綮的突破性举措，未能实现评估的现象描述、诱因探究、规划对照、纵横比较进而对策论证的循序渐进的挖掘，而仅仅止步于评估结论的直观展现以及简单对应的对策回应。尤其是完善相关制度机制的对策建议过于一般，甚至流于外围的、含混的、泛化的意见和建议，缺乏诊断，针对性、精准化不足。如评估报告就司法审判服务优化营商环境的对策，建议依靠市委领导、市人大监督和市政府、市政协支持，依托市优化营商环境联席会议制度，以及加强民营企业和企业家权益保护宣传教育、深入推进司法公开、完善企业信用修复机制、加强知识产权法治和司法保护宣传、加快智慧法院升级步伐等。这些即便不开展评估，也是可以予以研判并且可以提出的对策。甚至有些意见和建议似是而非、过于偏颇，比如“将优化营商法治环境作为全市法院的全局性工作主线和提升法院整体工作水平的突破口”。就此，作为审判机关，固然可以发挥某一审判领域的带动作用，但鉴于不同的审判活动职能性质之间的差异，将优化营商环境作为工作主线是否适宜是需要审慎和反复研拟的。另有若干建议脱离该层级公权力机关的法定职能定位。比如，要求省市自治区一级审判机关“及时把一些类案审理过程中形成的裁判规则转化为指引市场主体行为的指南”，而这就成为实际上具有立法性质的决策活动，哪怕是软法性质的规程。

三、县域法治评估的学理阐释及更新

（一）法治评估的意涵

法治评估，是指按照法治规律、依据统计学原理、运用社会评估（价）（考核、考试）的理论和方法，对特定区域（领域，或对象）的法治状况、法治环境、法治工作和法治成效进行科学评估的有关活动。衡量和评价一定区域、领域或阶段的法治情形，揭示法治的实际状况、进展经验、存在问题与内在症结以及公众感受，并提出对策措施的评价、诊断与建议，是法治政策与学理衡量、灌注和促进法治实践，法治实践得以总结、优化并产出制度成果、理论成果的过程。党的十八届四中全会以深化、保障和促进法治运行机制能够与其所处的社会生活场景之间相融而生，或者说促使在本土的政治经济社会文化土壤之上生成中国特色社会主义法治体系为目标，确立了一系列的法治实现机制层面的制度、措施，以"辅助""引接"法治运行机制的落地。其中之一即"法治建设成效考核制度"[①]。而这一考核制度，形象地说，在运用中一分为二，即关联干部人事考绩的组织版本与立足社会民众参与的学术版本，后者即法治评估。

法治评估主要针对法治建设工作而谋划和展开。在对象上，法治评估应当围绕法治建设有关问题有的放矢。在我国，法治评估归属于依托中国特色社会主义法治体系建设的基本理念、重要方略、主要内涵、系统标准而解剖法治实际状况、进行定量与定性相结合的专业评估。在内容上，法治评估纵向主要以特定区域、领域或对象彰显法治理念，深化法治实践，提升法治成效三个层面为评估内容。横向主要以特定区域、领域或对象的法治状况，法治环境，法治工作和法治成效四个视角为评估切入点。就县域法治而言，是对依法执政、依法行政、依法监督、依法自治四个方面，县域、乡镇和乡村[②]三个层级的评估、估价。在原则上，法治评估坚持治理体系与治理能力相结合、法治状况与社会生态相结合、了解实情与推进工作相结合的基本立场，以制约导引权力与维护实现权利相统一、质的规定性与量的规定性相统一、主观与客观相统一为重要原则。在方法上，通常针对一个地方的状况、工作或其领导人员履行职责情况运用定量考核与定性评价相结合的方式进行评估。在体制上，多以法治综合协调或督导机构经本级或上级党委授权考核、考评，以及相对中立的专业化第三方评估相结合的"双管齐下"并行方式，而且一般将专业测评、社会公众满意度调查等第三方评估方式作为增强评

① 参见习近平：《论坚持全面依法治国》，中央文献出版社2020年版，第143页。

② 参见习近平：《论坚持全面依法治国》，中央文献出版社2020年版，第274页。

价评估结果科学性、客观性、公正性的重要方式，主要目的是揭示实际法治状况、有关工作进展、存在短板不足、阻滞症结因素等带有普遍性、规律性的问题，进而提出对策性的意见和建议。在作用上，一是对评估对象推进法治实践取得的成效进行总结。二是对评估对象法治建设工作取得的成效进行提升，发现可复制、可推广的经验做法、制度规范等。三是对评估对象有关机制制度成果提供理论支撑。四是对评估工作取得的理论成果进行转化。

作为一种新的管理手段和建设途径，运用量化的法治指标监测县域法治状况及其社会效果，客观评价县域法治进展，力求全面、系统、精准、深入地揭示法治实践的症结、诱因与需求，辅助县域依法执政、依法行政、依法治理的科学决策和有效实行，约束和归拢县域社会治理并使之法治化，在一定程度上矫正以治理而可能背弃法治的情形，提升治理能力和治理水平。而与法治评估既有联系又有区别的是，法治考核参考或采纳、吸纳法治评估的有关素材、结论或建议，并以一定的分值权重计入一个地方的党政、司法等年度考核、综合考核，并作为重要内容。法治评估是推进法治实践的新领域，是深化法学研究的新课题，是法治智库的新任务，是法治建设进展的重要检验方式。

（二）法治评估的本质

法治评估是认识、评价和促进法治实效的指标体系及其方法应用，是政策科学、管理科学的评估理念与技术在法治实践中的运用。不论是相对专门化的营商环境法治评估，还是侧重特定地域范围的县域法治评估，在政策科学的意义上，具有政策检验反馈的功能。在法律科学的视野中，具有法治实效评判的功能。在我国，法治评估、考评业已成为走向法治国家、法治社会的评价考核机制。评价是将客观实际与预设标准和目标进行比较，进而确定项目达到预期标准和目标的程度。在思维和方法论上，评价的实质就是比较基础上的判断，是在理想与现实之间、在不同的现实样本之间、在某一样本的不同历史情境中的场景状态及其质效之间的比较；在价值论上，评价的实质是事实评价和（或）价值评价，是论证的逻辑规范或价值规范的适用。有学者即沿袭此功能论的思维与方法，指出法治评估的认知功能、评价功能二重说[①]。笔者认为，从评价功能、监督功能到规范功能、指引功能，法治评估的功能赋予得以强化，将牵引法治评估的指标设置与测评机制的优化。

在法治论上，评价是公众的权利行为。专家组织等第三方评估的根据，并非仅仅是政策文件或法规规章上的权力赋予，而是根植于权利，包括知情权、表达权、监督权、批评权、建议权等民主权利，导源于人民群众作为法治的决定主体、实践主体、价值主体和受益主体，对一切公权力主体作为受权主体、义务主体、职权主体和行为主体的监督、评价、督促、推动。恩格斯曾简明指出："历史活动是群众的事业。决定历史发展的是'行动着的群众'。"[②]"人民是阅卷人。"[③]因此，评估，既有其技术维度又不能脱离法治的实质内容。法治评估最根本的应当是作为一种实质性评价、评估（substantive assessment），就是将法治实践活动状况及其结果与法治的价值图景、体制机制及其理念原则、实质标准相比对的评价类型，由此判断法治改革、建设等举措对法治的保障与改善进展，判断执政、决策、执法、审判、监督和治理、自治等活动的法治化进度与程度，评定法治秩序、水平和质量，以及其中的短板和可期的任务。

在效应论上，评价具有中介性，重视评价结果使用和推广等后续过程，即将实践（领导、支配和受益）主体的价值尺度及其理想预设导入实践活动过程之中，实现对实践影响因素的控制和对实践质量与成效的增进。因此，在法治、法理的意义上，法治评估不同于教育评估。教育评估历经其测量、描述、判断而至于建构的历程和阶段，在新一代教育评价（估）中更加强调受教育主体的能动性、差异性及其自我形塑的创造性，因此，教育评价、评估是一种双向协商、沟通进而产生共识的心理建构过程，其双方或多方的参

① 参见陈柳裕：《把法治建设成效纳入政绩考核》，《学习时报》2014年12月15日，第3版。

② 参见马原生：《人民群众是起决定作用的历史创造者》，《理论月刊》1987年第2期，第14–17页。

③ 参见中国政府网：《习近平在学习贯彻党的十九大精神研讨班开班式上发表重要讲话》，https://www.ccps.gov.cn/zt/sjdtbzt/sjdtt/201812/t20181210_115758.shtml，访问日期：2018年1月5日。

与性、价值包容性等更为突出。法治评估则不同，其必然是具有“浓厚的管理主义色彩”[①]的，尽管不是如法治考核那样是可问责性的，但却是实质性评价的。目标导向决定其结构性、系统性和协同性；问题导向决定其补强性、可及性和获得感。作为结果评价，要评价法治的公平、有序的治理结果，也要评价法治建设的资源配置及其改革过程是否产生增量增值、提质增效的效益，实现对法治的实质、综合评价。实质评价要求法治评估重视评估技术、方法和机制的科学性，更重视增强法治评估指标的适切性和指引性。

在系统论上，作为“系统工程”[②]，或曰国家和社会的规范型治理实践的系统工程，法治发生发展的内生性在于社会主体对良善价值及其制度化、实效化的需求；而作为社会实践，其客观性在于必须面对具体的、历史的、特定的国情因素中的诸多积极或者相反的、直接或间接的、浅表或深层的成分，受到其不可忽视的影响甚至左右；其能动性在于党和国家治理体系自觉地追求、适应和发挥法治运行机制对人民权益、公民权利维护和保障的根本职能，不断优化完善法治实现机制，使得国家治理、社会运行以法治实现机制为媒介，与法治运行机制之间实现衔接和协调，从而导入法治国家、法治政府、法治社会、法治文化的系统推进之中。这一能动性必然要求不断增强法治系统工程内部的信息回流、动力畅通，这就要求必须运用社会工程的认识、评价、规划、建设、监督、调控、检验、反馈等的一系列科学的技术与方法。法治系统工程中，法治评估即处于法治实现机制之中的一种方法。

法治实现机制，集中体现了对法治在立法、执法、司法等法律创制和实施本身一系列专门化职权活动的保障、辅助、支撑、接纳等，是针对法律与社会衔接融合的制度、体制和机制。从法制到法治的历史过程，更多的不是法制本身的问题、不完全是法律专门领域的问题，很重要的是在如何保

---

① 参见卢立涛：《回应，协商，共同构建：“第四代评价理论”述评》，《内蒙古师范大学学报（教育科学版）》2008年第8期，第1–6页；周光礼、莫甲凤：《从政府问责到社会问责：中国高等教育质量评价体系的反思与重构》，《中国人民大学教育学刊》2014年第2期，第52–70页。

② 参见习近平：《论坚持全面依法治国》，中央文献出版社2020年版，第4页、第102页、第118页。

障、保证严格实施、公正实施的体制、机制与法制的治理方面、社会方面的问题。正是在调查研究、法治评估的实践中，我们发现，区域法治进程中法制的价值、规范及其体制机制在法律调整活动中生成和确立为法治的权威与秩序，实现法治对人民权益和公民权利的保障与增进，一方面有着与社会生活中的主体意识、文化氛围、交际秩序、利益流转之间施加影响的作用关系；另一方面有着需要和受到来自政治、行政、社会等多方面在资源配置、理解接受、对接承受等的反作用关系（其中既有相向而行、支持辅助的正相关关系，又有排斥规避、消解异化的负相关关系）。前者表现为法律所主导的法治运行机制；后者表现为社会所提供的法治实现机制。前者依赖后者，后者支持（或相反）前者。二者之间的匹配度和互动性表征着法律与社会之间的基本矛盾。

在法的执行和适用中，维系法的权威性、严肃性和统一性、明确性，对法律规范予以法释义学的方法进行解析，是其基本立场。在法的实施和实现上，则应以法社会学的方法对专门法律实践活动即法律运行机制的状况进行评价（评估），使得法律与社会之间避免或降低冲突或排异反应，并在识别其因果关系的基础上进而以法政策学（立法学）的方法和视角进行法律规范设计更新的证成。这样，才能够提升法律适用的精准度、法治作用的覆盖率和法治运行的影响力，全面提高法治中的协调联动与整体效能。因此，以习近平法治思想为指导，发挥法治评估的参与、监督、检验、评价以至于规范、促进和指引功能，以期促使法治实现机制与法治运行机制之间发挥同向发力、相向契合的积极效应，形成以评估为纽带、连通法律供给和法律执行、适用和遵守等活动，形成反作用力或者说反馈作用对法律运行机制的闭环系统的动力输入，增进法治运行机制本身对社会生活的引接度、吸纳度和黏合度，一方面，检验和发现法治实践中的异化，剔除法治实施和实践中的内卷化情形，防范机械实施法律及其与社会生活之间的排斥反应；同时防范社会生活中的非法治规则、习惯与文化因子对法治的侵袭和腐蚀及其引发的伪法治情形。另一方面，为破解阻挠法治、改革的制度性、政策性、体制性、机制性的障碍，推动法律规范体系和社会规范体系合理适时更新提供实践素材和生动经验。以问题提取回应在法治运行的各环节、各领域，甄别其中影响法治实施效果的堵点、痛点、盲点，进而既要在系统性上把握结构性矛盾，又要在特定性上解析聚合性矛盾，提高法治及其社会环境之间的适配性，尤其是法律对社会生活调整的资源要素的整合力度，纾解和治理社会问题，打通法治运行和社会运行的双重“栓塞”节点。既要以制度执行力为主衡量县域法治状况，又要以制度创新性衡量实践原发的创新创造，不能扼杀实践一线的积极性，要将制度、机制及其创新是否符合客观规律、实践发展、人民权益作为科学评价和价值评价的基本尺度。通过县域法治评估，着力提升法律制度遵守、执行和创新的能力，本质上是通过运用法律、践行法治应对经济社会发展新问题、新风险、新挑战、服务和保障高质量发展的法治思维、法治能力的反映。这样使得县域法治作为一个体系，着力释放法治实施的系统效应，展现县域法治以法的执行和实施为中心而应有的系统性、规范性、协调性。

（三）更新完善县域法治评估指标

1.县域法治评估指标亟须补强

法治评估是对法治实践的画像，勾勒或白描，都应是对现实法治的复原，但这种复原并非碎片化的，而应是协调、整体和系统的，这一系统本身是法治的基础“架构”。这种评估，就是要寻求其实践信息并使之一体化。所以法治评估是一种对事实认识和价值评价的对接，是一种对法治在地化情境的缔结和型构。并且，不是拼盘式的，而是对法治实存状况的审辨、选择、组合和展现。是将法治的印痕信息以数据、事件等收集起来，经过审视、鉴别、组编和排列，塑造为一地一时的切面上的法治图景，记载并评定该法治的实存状况及其在纵向横向上的进步刻度、发展质素、价值取向。因此，法治评估既有其写实的客观性、真实性，又有以何种视角、何种指标衡量和评判、聚合和映现的主观性、规范性，评估及其成果的记载，实际上是对法治实践的描摹中蕴含和发挥法治理想观照现实的评判、比较、批评作用。一段时间以来，法治评估应用发展较快，但偏离实质问题的情形应予矫正，评估指标的理性共识有待形成。

法治评估是构筑法治共同体、治理共同体的一个连接桥梁、一个传导环节。共同体，是指认同法治理念、法治体制及其价值追求，有相同或者相近的法治信仰、法治思维和法治方法的意识和能力，在社会利益关系调整中信奉和遵循法律、行业规范和社会公共规则的社会群体及其公共社会生活场域。法治、治理的共同体并非特定职业和群体的，而是广域、泛在并应当具有极强的辐射度和吸纳度的社会生活共同体；法治、治理共同体的整合度越高，法治的传播越广、基础越牢、“领地”越大、黏性越强，法治的进展、累积及其对社会公共生活的介入、影响以至于支配越有力度，法治的渐进性、积极性和权威性才会越有社会土壤。法治评估旨在鉴定法治、评价法治、引领法治。汲取议程设置理论，可知法治评估指标、标准在客观上，能够更加凸显法治运行和实现中的堵点与痛点，使问题浮出水面，形成对该议题的社会讨论与决策优化，以其为焦点搭建该法治议题关联的思想辐射结构，促进社会症结、法治议题以评估指标的锁定和呈现为中介，转而成为“受众议题”的不断转换与“升格”，从而具有对法治发展的牵引力。在主观上，有助于媒体、公众等对特定法治环节、条件及其改善等议题的强调，提高这些议题、质点及其实践情形在公众注目、感知中的显性度、聚焦度，增强公权力主体特别是公职人员作为行为主体的法治自觉性以及自我调适度，影响社会公众对法治在构造要素、实际状况、价值导向、获得程度及其中重要性差异的判断，促使法治生态、法治文化的改善并助益法治成效。所以，在这种意义上，法治评估（标准）指标就是“关口”，发挥和扮演着“是不是符合法治”“法治是不是实际获得进步”“公众是不是感受到法治的权威、公信与可及”这样的反观、反思和追问，即作为“把关人（gate-keeper）”角色。尽管不同于法治考核所具有的影响干部使用的组织建设功能，但是其在法治形成和奠立的历史情境和时代语境中的指引、引导甚至一定的批评、构建的作用，是必须予以揭示和澄清的。舍此，法治评估的积极功能将是苍白的、羸弱的。一方面，“优化法治评估的方法、技术”是必需的，但是另一方面，法治评估的指标内容、要点更是显豁的。

2. 县域法治评估指标设计基准

党的十八届四中全会提出，“把法治建设成效作为衡量各级领导班子和领导干部工作实绩重要内容，纳入政绩考核指标体系”。这为法治评估提供了基本政策依据，即统合在政绩考核的管道途径之中。有学者认为，“法治评估转型的重点在于法治评估的正确定位、法治评估机制的创新、法治量化难题的破解等”①。但更为具体地把握，则应是以指标内容、指标结构、指标体系为重心，即“合理界定法治指数的评价对象及其评估范围”②，指标的确定，是法治评估的定位、功能、理念、原则的具体立足点。有学者提出，由“目标考核型”到“绩效评估型”的转变是创新我国法治政府建设指标体系的基本路向③。还有学者提出，法治评估应建立“法治环境评估”“法治实施评估”“法制价值评估”三种理想类型“三类一体”评估模型④。这些观点都是力图在逻辑上对法治评估指标的结构予以解剖而在主观上有一定的分解或割裂。在指标体系中，考核评估的目标决定了法治评估指标的分布域及其权重，绩效则是法治评估指标的实际来源，对于绩效的评估首先表现在对法治实施状况的判断上，而这又映照在法治作为保障、促进和规范力量作用于经济社会生活之中，即法治就成为经济社会发展的环境、背景因素，对此进行的积极或消极的实效、有利或相反的价值判断透射出法治价值的评估、评价，所以，在指标的结构、构成上，必然、必须是“三类一体”的。

县域法治的根本在于法律的实施和实现。法律实现的过程不是“去空间化”，而是相反，即法律必是来自和回归于一定的社会空间，这一空间甚至是被拟制的，而不仅仅是地理意义上的地点、场所、资源等客观条件或背景因素，是地理、文化、精神甚至心理（舆情）和制度等多重空间的叠加或复合形态，其中诸多变量都将发生衍生和联动的后果波及，从而使得法律的实施被置于高度的不确定之下，比如土地征收征用中的利益博弈及其可能受到正反两方面的法律“支持”就会使得或朝着调解、实质性化解的方向转

① 参见钱弘道、王朝霞：《论中国法治评估的转型》，《中国社会科学》2015年第5期，第84–105页。

② 参见李锦：《中国式法治指数若干问题的思考》，《湘潭大学学报（哲学社会科学版）》2014年第3期，第96–100页。

③ 参见陈柳裕：《法治政府建设指标体系的“袁氏模式”：样态、异化及其反思》，《浙江社会科学》2013年第12期，第70–78页。

④ 参见李朝：《法治评估的类型构造与中国应用：一种功能主义的视角》，《法制与社会发展》2016年第5期，第5–20页。

变；或朝着高烈度对抗的方向“恶化”进而甚至越过复议诉讼而出现群体性事件。其实，法的内容设计已经蕴含着以怎样的社会—空间作为其调整对象，在实施过程中更加表现出强烈的社会—空间构成性，即既嵌入、改革所处的特定社会空间，又依赖、受制进入的社会空间特征，甚至这一空间的多重性、异质性使得法律规范的抽象性、确定性嵌套和执行之中会受到异变或扭曲。空间思维（thinking spatially）下的法治观，越发表明作为制度的法律与作为对象的社会以空间作为二者的链接媒介和调整活动的“定在”，在此其间法律与其调整的社会行为、社会关系得以“互动”，因此，法治评估指标的设定尤其是其评估的对象质点的选取和定量程度的赋值，必须在如此多维合一的空间单元中进行“计量”，既要有法治的共通指标及其量表，又要有法治在县域等实存社会环境中的特殊要求反映在其指标的质和量的规定性预设之上。

时下某些县域法治评估指标的设计，一方面，遵从分解、细化的路线，如法治政府方面，以《全面推进依法行政实施纲要》《关于加强市县政府依法行政的决定》《关于加强法治政府建设的意见》《市县法治政府建设示范指标体系》为指引底本，强调对标对表，这有利于统一推进全国范围内法治县区的示范创建，树立标杆；另一方面，又存在一定的泛化情形，如有主张法治政府评价应“强化中央与地方的权限划分，尊重公民权利，政府的行政效能以及国际规则的遵守四方面内容”①。有学者则指出法治评估指标的“普遍性盲点”至少有：忽视对民间社会法治状况的考察；对人大等政府外的权力机关的法治化研究较少；对法治精神、法治文化关注不够；对民间法的运行生态有所忽视②。这一论述有一定的启发，尽管其中因民间法的不确定性而似乎不宜作为评估考察对象。笔者认为，紧密结合基层实际，体现法治在社会中的“生长”，注目党政治理实践与社会公共生活两大领域、强调法治政府、法治社会在基层的“一体化”，应当成为县域法治评估指标设计有别于其他层级的侧重所在。

---

① 参见郑智航：《中国量化法治实践中的指数设计：以法治政府指数与司法公正指数的比较为中心》，《法学家》2014年第6期，第147-160页。

② 战晓琳：《我国法治评估的普遍性盲点探究》，广西师范大学2018年硕士学位论文。

3.县域法治评估指标结构内容

具体而言，在县域法治评估指标内容上，应突出以下四个方面：

第一，依法执政。党内法规体系是中国特色社会主义法治体系的重要组成部分。其中包括依规治党、从严治党，以及加强党对法治等各方面工作的集中统一领导等内容。依规治党的考核、评估要求“把法治素养和依法履职情况纳入考核评价干部的重要内容”“将履行推进法治建设第一责任人职责情况列入年终述职内容”，与之相衔接，在县域法治评估中，应当就领导干部依法履职方面设置正向加分和负向减分，将依规治党落到对党政领导干部职责活动是否破坏法治的统一性、严肃性和权威性的合法性评价上。可以对县委全面依法治县委员会及其办公室职能作用发挥情况设置评价指标，使之在法治县域全局上强规划、重谋划、全监测、用评估，以查法情、应民需、找差距、补短板，激发法治内生动力、增强协调发展合力，补足在依规治党方面县域法治评估指标的疏失。

第二，依法行政。基于县域实际，应当在以下考核指标和建设节点上加大力度：（1）执法辅助人员管理规范化。（2）政府内部权力制约体系形成，对财政资金分配使用、国有资产监管、政府投资、政府采购、公共资源转让、公共工程建设等权力集中的部门和岗位在事权、人事以及监督制约制度上的规范化。习近平总书记在《关于〈中共中央关于全面推进依法治国若干重大问题的决定〉的说明》中指出“加强对政府内部权力的制约”①。内部监督法制化是法治政府在内控机制上的延伸，而不是仅仅将法治政府停留在公民法人和其他组织对政府权力的监督以保障不侵害自身合法权益的外在的、外部行政法的关系层面。（3）强化政府投资行为的法律规制。廉洁政府是法治政府的应有之义和恪守底线。应在内外部行政领域中全面加强法制的调整与约束，应更加重视和加强《政府投资条例》的贯彻实施。在预算编制、资金安排、信息共享、绩效管理、事中事后监管等方面有序完善工作机制和管理制度。（4）乡镇依法行政中的决策、执法活动规范化。党的十八届三中全

① 参见习近平：《论坚持全面依法治国》，中央文献出版社2020年版，第23页、第97页、第221页。

会提出“对吸纳人口多、经济实力强的镇，可赋予同人口和经济规模相适应的管理权”。2018年《中共中央关于深化党和国家机构改革的决定》明确提出，推动治理重心下移，尽可能把资源、服务、管理放到基层，使基层有人有权有物，保证基层事情基层办、基层权力给基层、基层事情有人办①。对此执法权下移到乡镇、街道是否按法定程序和要求办理的状况，应予评估。（5）把握营商环境法治化的切入点和突破口，实现营商环境的持续改善与完善。以《民法典》《中共中央、国务院关于营造更好发展环境支持民营企业改革发展的意见》《优化营商环境条例》为依据，消除依法平等保护产权和自主经营权，依法招标投标、公平竞争的隐形障碍。

第三，依法监督。包括县级人大及常委会重大事项决策、票决制决定民生实事和行使监督权活动，以及以法治实效指标促进监察、审判、检察监督等发挥保障县域法治的协同效应。比如，2020年以来，德清县人民法院《关于进一步建立健全“村巷法官”工作机制的实施意见》实施中对170个行政村（社区）全面铺开法官联系制度，建立“村巷法官”工作机制。村巷法官行使巡回审判、司法调解、指导调解、司法确认、诉讼服务、法治宣传、参与基层社会治理等方面的职责，重在诉前化解纠纷。习近平总书记指出：“‘心结’没有解开，案件也就没有真正了结。”②村巷法官制度，是延安时期马锡五审判方式优良司法传统的展现，是新时代“枫桥经验”在审判职能中的载体。可以以优化法官联系制度、村巷法官制度为指标，激发司法资源再下沉，为矛盾纠纷多元化解和乡村法治提供更强司法保障的积极性，也是实质性“修复”社会利益关系、社会价值关系等经济社会关系，是以疏浚型治理理念对孤立审判理念的扬弃和超越，而不是横断面式地仅仅就特定案件在当事人之间的纷争对立进行法律裁断。再如，检察机关在保障公共利益中的职能活动方式可以作为评估对象。如文物保护公益诉讼诉前听证会，即履行公益诉讼法律监督职责的开放、协商、论证与凝聚检察建议的前期阶段与必要载体。第一阶段，

① 参见习近平：《论坚持全面依法治国》，中央文献出版社2020年版，第23页、第97页、第221页。

② 参见习近平：《论坚持全面依法治国》，中央文献出版社2020年版，第23页、第97页、第221页。

揭示违法性，表明违法行政行为及其对国家和社会公共利益的危害。按照违法行政行为的构成要件，明确其法定职责，细化到不可移动文物及其历史文化风貌的文物督察、周边建设项目需开展文物影响评估（评价）等职责及其规范；明确未履行法定职责的具体行为表现、时间节点要素；明确违法建设与违法行政不作为一并造成的危害结果；明确应当承担的法律责任。进而由违法性的举证到问责性的论证。第二阶段，揭示监督性，即对检察监督对其发现、固定、启动和开展检察（民事、行政）公益诉讼的依据、条件、程序等机制，表明对违法行政行为进行检察监督，使之“案件化”于法有据、依法开展。这是一个起承转合的环节，不可或缺。第三阶段，揭示协同性，即确立检察监督、履行公益诉讼职能的正当性、合法性之后，聚焦“怎样”实现对违法行政、违法建设等的全面治理、综合消解，从而寓社会治理于法律监督之中，避免由此引发社会稳定风险，统筹协调各方利益诉求，实现保护与发展、文化保护与生态保护、公共利益与当地群众利益的兼顾，实现点面结合的“法律监督”。可见，这样的评估指标对象选取能够见微知著、发挥杠杆效应。

第四，依法自治。自治不仅对应法治乡村、法治社区，而且对应法治社会建设，系指社会组织、基层群众自治组织依法管理、依法运行、依法监督。这方面尤其是县域法治评估中不可或缺的。要针对“加大培育社会组织力度”“发挥社区社会组织在创新基层社会治理中的积极作用”[①]，以及政府向社会购买公共服务机制运行状况等进行重点评估。如在“县域数字治理试验区法治保障问题研究”调研中发现，自2013年12月被浙江省民政厅确定为现代社会组织体制建设创新示范观察点以来，德清县创建现代社会组织体制，“培育富有地方特色和时代精神的新乡贤文化”[②]，以“德清嫂”本土品牌为引领，丰富充实常态化志愿服务活动[③]；晨曦社会工作服务中心等十余家专业社会组织，渗透进各个幸福邻里中心，通过“民间力量”推动公共服务高质量

---

① 参见新华网：《中共中央印发〈法治社会建设实施纲要（2020—2025年）〉》，http://www.gov.cn/zhengce/2020-12/07/content_5567791.htm，访问日期：2020年12月7日。

② 参见习近平：《论坚持全面依法治国》，中央文献出版社2020年版，第191页。

③ 参见湖州妇女网：《德清县创新“德清嫂”社会治理“三个三”机制助力“三服务”》，http://sfl.huzhou.gov.cn/fgdt/flkx/20190619/i2099871.html，访问日期：2019年6月19日。

开展。幸福邻里、乡贤参事会、寸草心、德清嫂、社区发展基金会等各类社会组织活跃[①]。2019年5月，德清县制定《关于进一步加强和完善城乡社区治理高质量打造“五治一体”幸福社区的实施意见》[②]，确立通过“政治、自治、法治、德治、智治”融合的基层治理体系。可见，“探索建立民主法治示范村（社区）第三方评价机制”[③]，除制定、修订村规民约等指标外，还要针对百姓议事会、村务监督委员会、法律服务团等“加强对农村基层干部队伍的监督管理”方面设定评估指标。

在县域法治评估指标体系的结构、类型上，可以归纳为三类：一是基础性指标。这类指标现状已达到或接近的，尤其是法治领域的基础配置要素，甚至已经进入巩固已有成果阶段的，如国家工作人员宪法宣誓、重大行政决策目录化管理、合法性审查制度、“一证通办”、法律顾问等服务人员配比、掌上执法应用、政法一体化办案系统应用、司法所建设等，应当实行法治指标年度更新的动态调整机制。二是限定性指标。这类指标选取法治薄弱环节就其亟待加强的建设举措或改善要求设定一定比例或者数值，实现在法治发展的内容与正向上超过或者低于这个值的评价判断和指引，比如党内法规执行责任制全覆盖、规范性文件备案纠错率低于3%、政府购买社会公共组织服务签约率逐年增长1%、行政诉讼一审败诉率低于10%、一审服判息诉率达到90%以上、公众行政执法满意度达到90分、政府失信行为发生率低于千分之一等。三是引领性指标。这类指标是基于维护和保障公众权益、公民权利，在实质性地强化依规治党、加强党对法治的领导、促进深层次健全和细化政府依法行政各个环节的监督制约、焕发县级与乡镇人大履职效能、活化社会公共生活空间、依法保障社会运行的自主性和积极性、规范和维护基层群众自治等方面的高质量、高效能的指导性质的指标。同时与党内法规实施

① 参见龙海波、沈圆：《创新社会治理方式，提升基层服务水平：新时代基层社会治理的德清实践》，《社会治理》2018年第11期，第68-72页。

② 参见杨斌英、钱江：《德清“五治一体”构建社区治理新模式》，《精神文明报》2014年6月3日，第3版。

③ 参见《中央全面依法治国委员会印发〈关于加强法治乡村建设的意见〉》，http://www.moj.gov.cn/Department/content/2020-03/25/582_3244698.html，访问日期：2020年3月25日。

评估[①]等评估测评错位互补、有机结合。在指标的系统性和侧重性上，笔者认为，毋宁更加倾向于后者，突出阶段重点和区域重点，如依法执政、依规治党优化权力运行流程、行政决策、营商环境、法治社会、法治文化等。

综上，通过法治评估的意义反思、功能重设、指标重构与基层植入，笔者认为，评估指标中的基础条件指标可以采取逐年递减的方式不断剔除业已基本达标的成分；创建行动指标应避免会议、文件等的考核识别，而应选取着眼破解法治运行机制、法治实现机制难点的、更有意义的行动；治理结果指标中既要重视主观感受指标，也要重视对各个指标结果的综合研判、延伸因果链条分析。并且，应有不同样本之间的比较，比如就一般农业偏重的县域和处于快速城市化进程中的近郊县在依法行政、依法治理和法治社会生成、创建的实际情形和经验做法进行比对分析，使得对于县域法治的业绩与特色等能够横向地对照与有特点地提炼，使得评估判断更具有客观性和公允度，提高对策建议的适宜性和可操作性。

“天下之事，不难于立法，而难于法之必行。”[②]《法治中国建设规划（2020—2025年）》提出“研究制定法治建设指标体系和考核标准”[③]。要完善法治评估的指标体系，使之在民主、科学和实质评估上能够切实有效，则至少应当采取三种举措：首先，社会公众是法治的受益者和评判者，在指标设定是否周延、精准和合理上，公众的意见、建议和需求愿望，是检验尺度和衡量标准。因此，应当就法治评估指标本身以协商民主的方式和途径征询社会各方面意见和建议，而不仅是进行由法制规划或法治文件的推演。其次，法治评估标准等于指标加权重。指标是评价的法律实践活动的行为事实，权重是对其肯定或否定及其量化占比。应当进行预评估，对评估指标本身进行“评估”、检验和论证，即既要以评估团队的知识优势，发挥其主体性，在指标设置的预选、组合、相关关系假定与检证、板块结构及其可检测性等方面

---

① 参见李志强：《建立完善党内法规评估制度》，http://www.china.com.cn/opinion/theory/2020-09/17/content_76711679.htm，访问日期：2020年9月17日。

② 参见习近平：《论坚持全面依法治国》，中央文献出版社2020年版，第45页、第113页。

③ 《法治中国建设规划（2020—2025年）》，《人民日报》2021年1月11日，第1版。

进行深入论证；又要更具开放性，借鉴世界银行关于营商环境评价体系指标一级指标10个、二级指标40个左右的简洁、精准，并且在量化与比较方面优势明显的数值化表征特点，更能与法治专业实践所对应的民众社会公共生活直接感触、感知和感悟相对接，而不是过多的指标、过多甚至基本囿于向公共权力部门、法治职能部门去提取可能过于溢美的数据并赋予数值权重。最后，既要有国家或体现法治统一的一致指标、规定动作，又要有地方或针对地方法治特殊情形的独有指标、自选动作。甚至，相较于法治考核而言，法治评估“既做编年史也是建言书，提供建设性解决方案”[①]。应能够更体现其地方性、类型化和适应性，体现共通性与特殊性相结合。

法治评估的生命力在于其指标的针对性、引领性与测评的科学性、公允性。法治评估与法治考核相辅相成，分别在体制内外，以强制性和批评性的指标体系和目标导引形成区域（地方）法治绩效的累进、改善的评价、反馈与促进机制，成为法治实现机制中的重要环节，与法治建设规划、法治资源配置、法治体制改革、法治文化营建、法治需求感知等环节共同构成法治运行机制即法的解释、执行、适用等实施的“自体”运动过程与社会生活实践之间的对接、保障机制。在统一、刚性指标的前提下，更倡导县域法治评估的指标更新、动态调整、模拟评估，使得指标更加在地化，并完善评价结果反馈和使用机制，有必要地进行复核，重点推动有关问题整改，将评估建议与后续决策结合起来。完整地分析，评估结论除去对法治建设进展、问题及其症结的研判之外，应当包含至少以下三个方面的对策见解：第一，法治运行机制如何做出基于法定职能的适应性调整；第二，法治实现机制如何做出更有利于法治的补足和跟进；第三，社会公共生活、社会文化氛围如何予以更加信任和纳入法治的移风易俗。

---

① 参见中国法院网：《〈中国法治实施报告（2018）〉发布会在京举行》，http://www.moe.gov.cn/srcsite/A08/s7056/201810/t20181017_351887.html，访问日期：2018年10月17日。

检察监督新作为

论检察机关办案中心观的深化

王祺国*

摘　要： 深化检察工作“以办案为中心”的认识，应当正确把握监督与办案之间是内容与形式、本质与现象的辩证统一关系，坚持“在办案中监督，在监督中办案”的理念。检察办案的科学内涵是“实体与程序并重”“打击与保护并重”“刑事与民事（行政）并重”，具有丰富性、监督性、全局性，应当牢固坚持依法独立公正行使检察权和分工负责、互相配合、互相制约的法治原则，促进刑事、民事、行政和公益诉讼检察全面协调充分发展。为适应新时代社会主要矛盾发生的全面深刻变化，要把“以办案为中心”的核心监督观念，深入落实到通过执行严格的办案标准为人民群众提供更多更好的法治产品、检察产品之上。

关键词： 办案；监督；检察权；办案责任制

进入新时代，为了适应我国社会主要矛盾发生深刻变化和法律规定检察监督领域的日益拓展，为了给人民群众提供更多更好的法治产品、检察产品，检察监督已经形成刑事、民事、行政和公益诉讼“四大检察”新格局，确立了检察监督全面协调充分发展、双赢多赢共赢新理念。而所有这一切，都要落实“在办案中监督，在监督中办案”的方针，最终都要体现在深化对检察工作“以办案为中心”的认识上。

---

* 王祺国（1963-），男，浙江奉化人，浙江省人民检察院党组成员、副检察长，一级高级检察官，全国检察业务专家。

一、深化对监督与办案关系的认识

坚持"以办案为中心"，既是检察机关围绕中心、服务大局基本的法治思维和法治方式，反映整个检察工作鲜明的政治定力和法治定力，也是检察机关依法履行检察职能，加强法律监督基本的法治理念和法治规范，保证检察监督工作的严肃性和权威性。对检察机关而言，深化对以办案为中心的认识，离不开监督与办案之间关系的正确把握。应当指出，自1978年我国检察机关恢复重建以来，检察机关始终把工作重心放在办案上，把办案质量视为检察工作的生命线。一些同志认为，检察机关的办案就像农民种庄稼、工人生产产品，是职责之所在。早在20世纪90年代，检察机关就鲜明提出了"严格执法，狠抓办案"[①]的工作主题，把"狠抓办案"作为"严格执法"的落脚点。随着宪法上依法治国方略的确立，进入21世纪，检察机关又鲜明提出了"加强法律监督，维护公平正义"的工作主题[①]，把加强法律监督的主责主业牢牢放在加强办案上，办案在检察工作中的统领地位进一步突出。在总结几年来"两高"开展制发指导性案例工作有益经验的基础上，2018年修改的《人民检察院组织法》赋予最高人民检察院制发全国性检察指导性案例的职能。一年多来，最高人民检察院相继公布了一批全国性的"四大检察"指导性案例[②]，增强了指导性案例对全国办案的示范、引领、标杆作用。各级检察机关评选精品案件、典型案件等也热情高涨、频率加快。同时，审查逮捕、审查起诉、抗诉等主要案件类型标准化、规范化体系也不断完善。这些都有力地推动了检察监督工作以案件这样看得见的方式在更大范围发展，办案已经成为各级检察机关彰显法律监督力度和成效的主要载体。党的十八大以来，检察机关敢于担当，依法监督纠正了一批有全国影响的严重冤错案件，既表明了中国检察机关作为国家法律监督机关的制度优势，又印证了秉公办案是

---

① 时任最高人民检察院检察长张思卿鲜明提出了"严格执法，狠抓办案"的检察工作方针。当时的办案在很大程度上是指检察机关立案侦查的贪污贿赂等职务犯罪案件。

② 到2020年4月，最高人民检察院共发布"四大检察"主要业务类全国指导性案例18批共计69例。

实现司法乃至法治权威和尊严的决定性力量。应当说，在实践进程中，我国检察机关对监督与办案相互关系的正确认识一直在不断深化。

近年来，为切实加强办案工作，检察机关率先在侦查活动监督上倡导“重大监督事项案件化办理”①，并积极推动在检察实践中的有效落实，进而不断扩大“重大监督事项案件化办理”的适用范围。检察监督的案件化步伐显著加快，程度不断提高。一些把监督与办案对立、割裂起来的含混不清的认识和做法得到一定程度的纠正，加强法律监督与加大办案力度同步提升。可以说，“重大监督事项案件化办理”的提出，是检察机关对“办案是检察工作中心”的认识在实践上的重大飞跃，表明加强法律监督工作必须与加强办案工作同频共振、同向发力。同时应当清醒地看到，中国检察制度历史渊源不长。新中国的检察制度坚持的是法律监督的宪法定位，检察机关又经过十年“文革”被撤销的曲折历史，与同是司法机关的审判机关相比较，在对“案件”的理解尺度、角度上有很大的差异，检察监督体系一直不够成熟定型。这些因素错综复杂，难以短期改变，并制约着“重大监督事项案件化办理”命题的科学内涵和价值功能，使之不能成为正确解答监督与案件关系的最终方案。不可否认，“重大监督事项案件化办理”主张，的确有以此为切入点来理顺监督与办案之间关系的用意，有明显把加强检察监督朝着案件靠拢的导向，加快了检察监督的案件化进程。实践同时证明，由于“重大监督事项案件化办理”存在层次、内涵、结构上不可克服的内在局限性，客观上无法承担破解监督与办案这一宏大关系的重任。一是监督与办案关系上的“两张皮”。一方面，“重大监督事项案件化办理”肯定了监督与办案在逻辑上具有一定的关联性、转化性，所以，“重大监督事项”有条件和有可能进行“案件化”办理，给加强检察监督提供了一个方向和一种方式；另一方面，“重大监督事项案件化办理”意味着监督与办案依然属于两个范畴，得不出彼此应当或者可以全融合、全覆盖的结论。二是监督与办案定位上的不

---

① 2015年，最高人民检察院为加强侦查监督工作，率先在侦查监督领域提出“重大监督事项案件化办理”的要求并开展试点工作，以后在其他一些检察监督领域倡导推动，旨在加快检察监督案件化步伐。

对等。按照办案的标准化、规范化要求，案件是典型的办案模式，而“案件化”“案件化办理”应当分别是办案标准、规范层次较低的方式，处于办案体系的补充和末端。“重大监督事项案件化办理”解决的并不是监督与案件之间的平行关系问题。“重大监督事项”不是朝着案件的模式而是朝着“案件化”这一办案的“次等级”、补充的模式办理。故“重大监督事项案件化办理”仅仅是分析监督与案件之间关系的一个侧面、一种参照。三是监督与办案概念上的不周延。监督与办案之间的关系是整体关系，必须从监督与办案两者的整体上着手，凡是不确定的、模糊性的概念，都达不到正确把握两者关系的目的。而“重大监督事项案件化办理”从监督到办案的表述都是不周延、不清晰的。什么是“重大监督事项”？这既不是法定概念，也没有规范的权威解释。至于“案件化办理”更是一个无明确参照的办案标准。这些都不可避免地导致各项检察监督职能和各地检察机关在践行“重大监督事项案件化办理”上的不平衡、不协调、不充分。正本清源，正确认识监督与办案之间的辩证关系，仍然是我们正确把握检察办案特色，深化“以办案为中心”理念的关键所在。这就要进一步全面准确理解中国特色的社会主义检察制度。

中国的检察制度自仿德日检察制度引入至今才百余年时间，继承了检察机关代表国家指控犯罪的共性职能。而新中国的检察制度又充分吸收了苏联的法律监督理论和法律监督模式，集合了当代世界检察制度的优越性，是一种先进的法律制度。既是国家的法律监督制度，也是国家重要的司法制度，这是我国检察制度的特色和优势的集中体现。在宪法上我国检察机关是国家的法律监督机关，我国的检察制度是国家的法律监督制度，我国检察权的根本属性是国家的法律监督机关。检察监督既包括同滥用职权作斗争，也包括同违法犯罪作斗争，具有双重性和广泛性。与此同时，我国宪法规定的国家政权制度中，检察机关与审判机关都是国家的司法机关，检察权也是司法权的重要组成部分，这就决定了检察监督与检察司法是一个不可分割的统一体。而司法活动的基本载体就是案件，基本依托就是办案，没有了案件也就没有了司法存在的意义，没有了办案也就没有了司法活动的价值。所以，检察监督同样离不开案件这样的载体，办案永远是检察监督的中心。由此可见，我国的检察制度是国家的法律监督制度和国家的司法制度的高度统一，法律监督属性与司法特征是检察权一个事物的两个不可分割的有机组成部分，监督司法化、司法监督化也应当是检察权动态运行的有机统一体。以诉讼为主要领域的检察监督绝对不是生长在真空中，只有将监督的职能同司法的功能与诉讼的命运紧紧地联系在一起，把精准监督锚定在经过诉讼中严格检验的精品案件这一法治产品上，检察监督才有生命活力，才能开花结果。在法治社会，这样的检察监督才能令人向往和被人追求。正是从中国特色社会主义检察制度的性质及其所根植的国情出发，从辩证的角度，我们可以把“在办案中监督，在监督中办案”中的“监督”与“办案”之间的关系解读为：监督是本质，案件是现象；监督是内容，案件是形式；监督是纲，案件是目。监督与案件是一个完完全全、不可分割的法治统一体。在检察监督的范畴内，没有离开监督的办案，也没有离开办案的监督，监督与办案融合共存、相得益彰。只有检察机关始终依法办理生生不息、源源不断的高质量案件，以办案为中心的中国特色社会主义检察制度才能持续释放强大的制度优越性，检察监督的权威性和公信力才能始终坚如磐石。

二、深化对检察办案内涵的认识

正确把握监督与办案的辩证统一关系，为我们正确认识检察办案的科学内涵开启了一扇敞亮的大门，增强了办案是检察工作的中心和硬道理的真理性认识。检察办案既有与其他执法、司法机关办案一样应当遵循的共性，也有体现检察机关地位、性质、职能的特殊性。要揭示检察办案作为实现检察监督的宪法职能和基本职能的业务活动方式的科学内涵，既要下决心彻底纠正封建法制遗存的错误的司法观念，也要认真克服检察办案自身一直存在的片面认识。

（一）从共性上必须正视和纠正的错误司法观念

1.“重实体轻程序”的观念。“重实体轻程序”是中国封建法制发展的基石，涉及法制领域的方方面面，特别是司法领域。对近代才从西方国家引入的检察制度而言，“重实体轻程序”的错误司法观念同样影响至深。从检察办案角度，“重实体轻程序”的观念必然导致在确定案件标准、衡量案件质量、评价案件效果上，出现实体与程序之间厚此薄彼、顾此失彼的结构性失衡。实践中出现的办案不文明、不规范，周期冗长、效率低下、方法简单等问题，都与“重实体轻程序”的错误司法观有着直接的联系，留下严重的办案风险和隐患。

2.“重打击轻保护”的观念。我国数千年封建刑事法制的专制特征和纠问式诉讼，固化了刑法的惩罚功能和专政功能。长期以来在打击犯罪的运动式斗争中，刑事司法中的惩罚“一手”始终高高举起，“用力过猛”、打击“扩大化”习以为常。整个刑事诉讼活动中对犯罪嫌疑人、被告人人权的尊重和保护，对受害人合法权益乃至对国家利益、社会公共利益的保护等普遍不足，以拘代侦、以捕代侦问题突出，审前羁押率过高长期存在，指定居所监视居住等强制措施的适用不规范，查封、冻结、扣押等强制手段的使用不严格等时有发生。“重实体轻程序”“重打击轻保护”的错误办案观念往往相互叠加，导致办案习惯和方式错上加错，最终成为酿成严重冤假错案的一个重要原因。现实中，这样的教训十分深刻。

3.“重刑事轻民事（行政，下同）”的观念。我国几千年封建法制走的是刑事法制为主线的路子。新中国成立后的相当长时间，立法上的“重刑轻民”印迹明显。而新中国的检察制度起步和1978年恢复重建的检察机关，检察职能一直以刑事为主要领域，直到1989年制定的《行政诉讼法》、1991年重新制定的《民事诉讼法》，检察机关的法律监督才开始缓慢地进入行政诉讼、民事诉讼领域。30年来，检察机关开展民事、行政检察工作因法律的重大变化几经周折，诸如后来成为公益诉讼重要领域的刑事附带民事诉讼，直到近几年才真正引起重视。检察机关对民事诉讼活动、行政诉讼活动实行法律监督，开展公益诉讼检察监督工作，法律供给和保障一直都很不充分。今天，刑事、民事、行政和公益诉讼“四大检察”[①]要在办案上落实全面协调充分发展，除期待立法上完善“四大检察”的法律制度特别是民事、行政和公益诉讼检察制度外，现实中最重要的前提就是下最大决心坚决纠正“重刑事

① 参见王祺国：《论确立整体检察监督观》，《法治研究》2019年第3期。

轻民事”“大刑事小民事”“强刑事弱民事”的错误观念和习惯，把“四大检察”置于同等重要的战略高度来科学谋划和推进，开创新时代检察事业的崭新格局。

（二）克服检察发展历程中积淀下来的片面的办案观念

如果说坚决纠正“重实体轻程序”“重打击轻保护”“重刑事轻民事”的错误司法观念，是深化对检察办案科学内涵认识必不可少而又十分艰巨的任务的话，那么，对于中国检察机关来讲，同时必须重视克服检察发展历程中积淀下来的一些特有的片面的办案观念：

1. “重侦查办案轻其他办案”的办案观念。自20世纪80年代起到2016年开展国家监察制度重大政治体制改革试点的30多年时间，随着党和国家反腐败斗争的不断深入，检察机关依法承担的贪污贿赂等职务犯罪侦查工作成为党领导下反腐败斗争的重要组成部分，任务繁重，作用极其重要而特殊，且政治性、政策性、法治性、专业性强。贪污贿赂犯罪侦查工作（渎职侵权犯罪侦查工作，下同）逐步占据检察工作的绝对分量和绝对地位，是检察办案获得社会影响力和尊荣感的绝对因素。很长一段时间，检察监督办案不仅基本局限在刑事诉讼领域，而且几乎以职务犯罪侦查办案为办案的基本标志和主要代表。甚至在一些检察人眼中，侦查就是办案，办案就是侦查，对侦查办案有着一种天然的兴奋感、优越感。这种在检察办案中过多地植入职务犯罪侦查的特征和元素的做法，不仅极大地压缩和扭曲了检察办案的广泛性和丰富性，而且给检察办案方式蒙上了神秘主义和“唯我独尊”的色彩，容易滋生办案的特权思想、霸道作风，使检察办案畸形化、不透明、不平等。这种极其片面的办案观念与新时代“四大检察”全面协调充分发展理念是严重冲突的，必须坚决摈弃。

2. “重配合轻监督”的办案观念。我国既无法治的悠久历史，更无监督的悠久历史，对检察监督而言，更是如此。受政治运动的烽火和运动式执法的思维惯性，司法中的法治思维和法治方式一直不够牢固，以刑事检察起家的检察机关注重的是与政法各部门加强配合，产生合力，形成打击犯罪始终不减的高压态势。而对于监督，既存在法律供给不足、能力不强，被监督者不愿接受监督、排斥监督等问题，也存在怕监督得罪人、怕影响关系不想监督、不愿监督的思想障碍，重配合轻监督的观念根深蒂固。这种“重配合轻监督”的片面观念以及实践中大量存在的配合性监督，严重阻碍加强法律监督力度和强度的法治自觉和检察自觉，严重削减检察机关法律监督的法治地位和尊严，使中国特色社会主义检察制度优越性不能得到充分释放，应当坚决扬弃。

3.“重本位轻全局”的办案观念。为了弥补检察监督“天生弱小”的不足，一些检察机关有利用法律监督依法独立开展的职能和程序优势“关起门”来搞监督的狭隘的思维倾向，监督标准自己立，案件质量自己评，监督办案不公开不透明，监督办案本位主义突出。检察监督的“孤军奋战”容易在实践中与被监督者产生对立甚至对抗，检察监督的效果会大打折扣，最终损害的是法治共同体的权威性和公信力。增强检察监督的全局观念无疑能够把检察办案置于诉讼全局和换位思考的角度来统筹和把握，更能使检察监督有良好的外部环境，从而达到监督效果最大化。

（三）正确把握检察办案的基本要素和基本要求

综上，要深化“办案是检察工作的中心”的理念，就必须在坚决克服和纠正系列错误的、片面的办案观念中强化对中国特色检察办案科学内涵的认识，正确把握检察办案的基本要素和基本要求。

1.必须坚持检察办案“三个并重”有机统一的现代司法理念。毫不动摇地坚持“三个并重”“三个侧重”，即“实体与程序并重”“打击与保护并重”“刑事与民事并重”，“更加侧重程序”“更加侧重保护”“更加侧重民事、行政”，并使“三个并重”相互融合、相互支持，从整体上形成先进办案观念和良好办案习惯的良性互动和生态循环，促进“四大检察”朝着做优刑事检察、做强民事检察、做实行政检察、做好公益诉讼的目标全面协调、充分发展。

2.必须坚持分工负责、互相配合、互相制约的法治原则。我国检察机关的地位和职能决定检察机关的办案程序，大多数情况下既不是办案的起点，也不是办案的终点，而是整个办案活动的一个阶段、一个环节。所以，检察机关坚持“以办案为中心”要有诉讼全局和办案大局，应当围绕以审判为中心的诉讼最高原则，既要自觉坚持分工负责、各司其职，又要自觉进行互相配合、互相制约，促进法治共同体能够在追求办案质量、效果上步调一致，在办案价值、目标上实现双赢多赢共赢。

3.必须坚持依法独立公正行使检察权的原则。坚定不移贯彻“在办案中监督，在监督中办案”的工作方针，就是要求将检察机关依法加大法律监督力度最大限度体现在加大办案力度上，为人民群众提供更多更好的法治产品。检察监督的实践告诉我们，监督与被监督是对立统一的辩证关系。作为法治地位平等的监督主体与被监督主体，在我国缺乏法治和监督传统的国情下，在检察监督法律供给普遍不足，客观环境并不理想的现实条件下，检察机关加大法律监督力度不能靠被动等待，而必须主动出击，不能靠妥协迁就，而必须发扬“敢于监督”的“斗争”精神，坚定顽强的监督意志和良好的监督品质。在这样的基础上，检察机关站在法治命运共同体立场，以检察监督的宏观战略来调整微观的动态的监督战术，充分理解和尊重被监督者的感受和承受力，注重“善于监督”的法治智慧，讲究监督的方式、节奏、时机和艺术，牢牢把握检察监督主动权，与被监督者求同存异，从而努力取得检察监督政治效果、法律效果和社会效果的有机统一。

三、新时代检察机关更应当坚持以办案为中心

深化“办案是检察工作的中心”的理念，归根结底是由新时代社会主要矛盾发生深刻变化所决定的，根本目的是满足人民群众日益增长的对美好生活的向往。检察机关既要从根本上解决长期以来向人民群众提供检察产品不丰富不充分的问题，也要从根本上保证检察机关提供的检察产品优质高效，使检察机关提供的检察产品成为人民群众向往美好生活看得见的现实的法治财富。

（一）要为人民群众提供更多的检察产品

新时代，我国社会的主要矛盾已经是人民日益增长的美好生活需要和不平衡不充分的发展之间的矛盾。人民群众不仅对物质文明、精神文明提出更

广更高的要求，而且对民主、法治、公平、正义、环境、安全等也提出更多更新的要求。随着全面深化改革，人民群众的权益将更加广泛，利益将更加丰富，诉求将不断增长，涉及的领域不断拓展，迫切需要得到法治上全面有力的保护。与立法上不断完善公民、法人和其他社会组织发展着的合法权益的制度相适应，作为国家的法律监督机关，检察机关通过供给侧结构性改革所确立的“四大检察”已经为通过加强和改进法律监督工作，为人民群众提供数量更多、品种更丰富的检察产品，创造了前所未有的广阔空间和制度支持，检察产品的增产增收成为必要和可能。

1.在格局上体现办案全覆盖。要努力实现刑事、民事、行政和公益诉讼“四大检察”的全面协调充分发展。这是新时代检察机关为人民群众提供丰富多彩的检察产品的主渠道，也是新时代检察机关坚持以人民为中心宗旨的使命担当。“四大检察”新格局表明，新时代的检察办案已经不是过去主要办理刑事案件的一枝独秀的小格局，而是刑事、民事、行政和公益诉讼检察“四轮驱动”的大格局。这是检察机关积极顺应新时代社会主要矛盾发生深刻变化，回应人民群众向往更加美好生活的集中体现。这使新时代的检察工作既有胸怀，更有情怀。要为人民群众提供更多更丰富的检察产品，检察机关就应当自上而下、由里到外围绕办案这个中心，坚定不移地贯彻落实“四大检察”全面协调充分发展的新理念。既要在谋篇布局、职能配置、力量保证、机制完善上最大限度体现全面协调充分发展，更要做到“以办案为中心”的检察工作重心向基层下沉，重心向源头前移，让人民群众感受到“四大检察”的全面协调充分发展就在身边、就在眼前。要以全面协调充分发展为指引，完善检察监督的案件考评体系，充分利用法律为“四大检察”融合发展创造检察领导体制优势和职能优化配置功能①，增强各项检察工作同向发力、结伴同行的法治自觉、检察自觉，增强“1＋1＞2”的“四大检察”良性循环、持续发展的内在动力和合力。

① 根据我国《宪法》规定，检察机关实行自上而下的领导体制。根据刑法、民法、行政诉讼法的相关规定，检察机关在履行职责过程中发现的线索是依法查处司法人员相关职务犯罪、开展公益诉讼的法定途径。这是检察机关在加强法律监督同步加大办案力度上推进检察一体化的法定依据、法律保障和体制优势。

2.在形态上体现案件类型化。要把推进“四大检察”全面协调充分发展牢牢置于加大办案力度上。案件是检察机关加强法律监督和为人民群众提供日益丰富法治产品的基本载体。加大办案力度是增加法治产品供给的主要途径。作为国家法律监督机关，要更多地依法办理体现“加强法律监督，维护公平正义”的“四大检察”的案件。要在确立“四大检察”新格局中，认真总结和提升“重大监督事项案件化办理”的经验、做法，遵循诉讼规律、司法特征，全面实施“所有法定监督事项案件化办理”，即凡是法律明确规定的检察职能，都要在行使主体、标准、方式、流程等方面按照办案的规范进行，实现履行法定检察监督职能办案化或以案件化的方式全覆盖。这样，“四大检察”的法定职能都能以案件为载体全面协调充分发展，必然极大地增加案件化的检察产品的数量、品种，并优化检察产品的结构、分布，满足人民群众对美好生活向往的多样化的不同需求。同时，“四大检察”的全面协调充分发展是一个法治化的社会实践过程。检察机关有不少巩固和深化法律监督的行之有效的举措，如针对办案中发现的普遍存在的突出问题，向有关单位制发查漏补缺、建章立制的检察建议；针对违法犯罪的共性规律性问题，深入开展调查研究，制作预防违法犯罪的白皮书、专题报告等。这些同样是加强法律监督、丰富检察产品的重要补充，应参照办案的要求规范地开展。

3.在内容上体现开拓审慎性。要在“四大检察”全面协调充分发展中积极探索提供新的法治产品的路径。法律的滞后性决定了检察机关的法律监督同样滞后于快速发展变化的社会生活和人们需求。对于长期以来主要提供刑事法治产品的检察机关来讲，“四大检察”新格局拓宽了积极探索检察产品新供给的空间和途径。立足新时代国家的发展战略，在遵循“职权法定原则”基础上，检察监督的职责可以有所拓展和延伸，如妇女、儿童合法权益保护，农民工等弱势群体维权，公民个人信息保护、文物和文化遗产保护、生产安全、公共安全、卫生安全、动植物安全等①。检察机关要积极探索“等

① 根据法律规定，检察机关行政公益诉讼范围是生态环境、食品药品、国有财产保护、国有土地使用权转让、英雄烈士名誉（荣誉）保护“等”五大领域。近年来检察机关对“等”外的公益诉讼，如生产安全、消费者权益保护等也在谨慎探索。新冠肺炎疫情暴发以来，也有对非法狩猎者、销售者、经营者和疫情传播者等提起公益诉讼的探索和倡议。

外”公益诉讼，为人民群众创造更安全的生活环境和发展条件。要与乡村振兴、乡村治理相结合，与矛盾纠纷预防、调处相融合，以更多依靠发动人民群众参与检察监督办案的方式，面向乡村、社区一线，为人民群众排忧解难。

（二）要为人民群众提供更好的检察产品

检察机关为人民群众提供的检察产品必须是最优质的法治产品，这样的法治产品不仅能够经得起法律、事实和证据的严格检验，而且要成为新时代人民群众向往美好生活喜闻乐见的、不可替代的重要的法治财富，并能够引导全社会敬仰法律、崇尚法治，能够支撑检察机关法律监督的权威性和公信力。始终不渝地把办案质量作为检察工作的生命线，坚定不移地把案件质量做到极致，是深化办案是检察工作中心理念的必然要求。

1.应当建立最严格的检察办案质量标准体系。中国特色社会主义检察制度的生命在于实践，而办案就是检察监督的最好实践。无论从检察办案纵向发展的轨迹看，还是与其他执法、司法办案的横向比较看，当今我国检察办案的标准化、规范化、体系化、智能化程度都还比较低，有些方面甚至仍然比较粗放、比较封闭，也有一些紊乱。近几年在办案的质量标准体系上，最高人民检察院依法分类制发了不少指导性案例、办案规范、办案指南、文书样式等，各级检察机关都在开展优秀、典型案例评选。特别是2019年12月，最高人民检察院公布了“检察机关案件质量主要评价指标”[①]，以“案”—“件”之间的比（率）来反向检验检察机关依法办理原案的案件质量问题。这是检察机关对案件质量认识和认定上的升华，必将极大地提高检察办案的认可度和公信力。同时，我们应当看到，就检察机关自身办理的审查逮捕、审查起

① 根据该规定，“案”是指发生的具体案件，“件”是指这些具体的“案”进入司法程序后所经历的有关诉讼环节统计出来的“件”，从而产生“案”与“件”之比（率），按照案件类型、办案流程、职能属性不同来衡量和评价办案的质效。根据“四大检察”共设定51组87项评价指标以及“案”与“件”的比（率）关系，从中得出对“案”的质量的评价结论。如对审查逮捕案件作出不批准逮捕决定的为具体的（基准）“案”，如侦查机关对不批准逮捕决定提出复议的则为“件”，对检察机关作出的维持不批准逮捕决定的复议决定再不服提出复核的又为“件”，由此形成“案”与“件”之比（率）。“件”的比（率）越高，对不批准逮捕的“案”的质量评价就越低（如果检察机关复议、复核后对原不批准逮捕的决定予以撤销，那么“案”的质量基本处于否定状态）。

诉、抗诉、对司法人员相关职务犯罪的侦查、对立案活动和侦查活动的监督、再审检察建议、诉前检察建议、纠正违法等监督案件而言，迄今为止，全国检察机关尚未有分类科学的办案标准体系、规范体系。究竟案件办到什么程度才算高质量，才是求极致，没有统一明确的遵循，导致不同时期、不同地区之间对衡量指导性、经典性的尺度不一，评选出来的有影响的优秀案例很难发挥标杆、引导作用。类似“同案不同判”“同案不同罚”的情况，在检察监督办案中也不同程度地存在。所以，当务之急是以检察办案的科学内涵为基础，以“四大检察”为框架，按照不同法定检察职能的功能和所在诉讼位置，制定全国统一的检察办案质量的标准化和规范化体系，既解决检察办案统一的办案标准问题，也解决同类案件评价的统一尺度问题，使检察办案更加规范、严谨、公开、自信。鉴于建立全覆盖的检察办案质量标准体系是庞大的系统工程，当前可以在常见的相对成熟的审查逮捕、审查起诉、抗诉（刑事、民事、行政）、诉前检察建议等主要检察监督办案类型上先行制定办案质量标准，并与已经实施的《案件质量主要评价指标》共同把检察办案质量标准推向一个新的高度。

2.应当落实最严格的办案责任制。一方面，要优化配置与“四大检察”相适应的办案机构、人员、能力、要素，建立完善员额检察官为主体的独任制、合议制的办案组织机制，严格开展检察官正规化、专业化、职业化教育培训工作，陶冶检察官良好的职业本领、职业品质、职业素养、职业良知；另一方面，要严格执行“谁办案谁负责，谁决定谁负责”的办案责任制和错案终身追究制。当前，刑事诉讼中的认罪认罚从宽制度和捕诉合一办案机制已经全面执行，检察官职业惩戒制度已经建立，检察办案中严格执行办案责任制的各方面条件已经具备。检察办案是检察官依法履行法律监督职能的基本形式，严格执行“从严治检”的队伍建设的方针应当充分落实到严格执行办案责任制之中。只有严格执行办案责任制，员额检察官的办案主体地位才能显现，才能秉持客观公正的检察职业准则，增强依法办案的积极性、责任心，坚决排除各种对依法独立公正行使检察权的过问、插手、干扰，从而保证所经办的案件经得起法律的严格检验。对出现严重案件质量问题的，要坚决追究员额检察官的办案过错责任，构成违法犯罪的从严追究法律责任。检察委员会作为检察机关最高的业务决策机构和最高的法定办案组织，要在落实办案责任制上发挥集体把关、集体负责的制度优势，扩大直接讨论决策重大疑难复杂新型案件的范围，增强在事先事中办案的功能，促进全面提升“四大检察”的办案能力和办案质效，也为员额检察官依法自主办案排忧解难、遮风挡雨。

3.检察机关要切实承担起案件质量的重大使命。深化以办案为中心的理念必须强化检察机关在办案质量上的重大职责。站在我国检察机关的法治地位和职能配置立场上，检察办案虽然在诉讼链条和全程中大多是一个片断、一个方面，但往往是不可或缺的。对刑事案件质量，检察机关承担审查逮捕、审查起诉职能，既应当与侦查、审判机关共同承担案件质量的主体责任，又应当独立承担对刑事诉讼活动实行法律监督的监督责任，所以，对案件质量应当承担主导责任。对于与司法人员相关的14个罪名的职务犯罪案件，检察机关承担着立案侦查、审查逮捕、审查起诉等案件决定性职能，应当对案件质量承担主体责任。公益诉讼案件自始至终，检察机关都是依法自主决定，对案件质量也应当承担主体责任。而对于刑事立案监督、侦查活动监督、审判活动监督，对民事、行政审判、调解、执行活动监督，直至抗诉，检察机关既是唯一的监督主体，也是以办案方式开展监督的独立的办案主体，应当对案件质量承担全部责任。由此可见，检察机关对所办理的案件质量都有着极其重大的责任。要向人民群众提供更多更好的法治产品，检察机关在办案质量上的重大职责必须到位，以重大的办案职责强化检察担当，做到审查细之又细，把关严之又严，监督不缺位、不懈怠，最大限度防范办案风险、隐患。要坚持专门工作与群众路线相结合，主动广泛开辟人民群众参与、监督检察办案的途径，增强检察监督的民主性、透明度，以人民监督员等制度化的群众监督、社会监督促进检察机关在办案质量上重大责任的落实落细，最终确保检察机关提供的法治产品经得起人民群众的严格检验，让人民群众真心满意。

检察机关推进县域治理现代化实证分析

——以浙江省桐乡市检察实践为视角

王祺国，杨劲松*

摘　要：县域治理是国家治理体系的基础性关键环节。县域治理现代化的目标包括治理方式的民主化、法治化、制度化、多元化。检察监督是提升治理能力的重要方式。检察机关参与县域治理途径主要包括：惩治犯罪、保障经济、督治生态、化解纠纷、服务决策等。县域治理现代化对检察工作主体、内容、理念、路径、模式等都提出系列新要求。检察机关具体应从促进依法治理、保障公平正义、推进诉源治理、融入综合治理、打造特色品牌等方面，为推进同级县域治理现代化贡献检察智慧和检察力量。

关键词：县域治理；检察机关；法律监督；延伸职能

在当代中国国家治理体系构架中，县级政权是国家政权的基本构成单元，县域治理是国家治理体系的基础模式。习近平总书记对县域治理有过精辟的论述，要求“把强县和富民统一起来，把改革和发展结合起来，把城镇和乡村贯通起来”①。县域治理直接关系到党和国家方针政策的落实效果，事关我国社会稳定和发展②。探讨县域治理现代化需要与国家治理形成内在联

---

* 王祺国（1963–），男，浙江奉化人，浙江省人民检察院党组成员，副检察长，一级高级检察官，全国检察业务专家；杨劲松（1969–），嘉兴市人民检察院党组书记，检察长；课题组其他成员：陈国根、张利祥、潘志勇、冯昌波。

① 摘自《习近平在河南省兰考县委常委扩大会议上的讲话》，http://www.xinhuanet.com/politics/2015-09/08/c_128206459.htm。

② 参见刘用全：《县域治理法治化建设：基于权力配置和运行角度》，《福州大学学报（哲学社会科学版）》2019年第3期，第91–95页。

结。党的十九届四中全会专题讨论推进国家治理体系和治理能力现代化若干重大问题，并专门作出重要决定，标志着党对国家治理规律的认识达到了新的历史高度。检察机关作为我国宪法规定的法律监督机关，在推进国家治理体系和治理能力现代化进程中肩负着重要的政治使命和法治职责。中国特色社会主义检察制度优势转化为国家治理效能，既是彰显检察制度显著优越性和强大生命力的内在要求，也是体现制度价值的重要途径。基层检察机关如何顺势而为，找准定位，充分发挥法律监督职能，为推进同级县域治理现代化贡献检察智慧和检察力量，是值得思考的重大课题。

一、检察机关服务县域治理的理论与实践

（一）“县域治理”概念

对于“县域治理”的概念，学术上并无统一精确的阐述，但从治理的主体、层级、内容、功能分析，其概念和内涵并不难界定。首先，治理主体上，我国是中国共产党领导的社会主义国家，中国共产党是县域治理的领导核心，构建“党委领导、政府负责、社会协同、公众参与、法治保障”的治理格局是现代化的必然要求。其次，治理层级上，县域治理是在国家治理概念基础上提出的、相对于省域治理和地级市域治理而言的下位概念。再次，治理内容上，一个县，有几十万、上百万人口，经济、政治、文化、社会、生态等各方面功能齐全，是国家稳定的基础①。最后，治理功能上，要把县置于整体社会发展和国家治理体系中分析，找准县的位置和特性，把握其薄弱环节，采取相互联系的整体性措施②。综上，县域作为连接城市与乡村的重要纽带，其治理水平在经济、文化、教育、医疗、就业、生态等方面直接关系到群众的切身利益，对我国全面建成小康社会有着广泛深刻的影响，是发展经

① 参见阎国文、阎若思：《县域治理是国家治理的基础和重点：学习习近平总书记关于县域治理的重要论述》，《廉政文化研究》2019年第4期，第38–45页。

② 参见徐勇：《国家化与地方性背景下的双向型县域治理改革》，《探索与争鸣》2009年第11期，第18–20页。

济、保障民生、维护稳定的重要基础，是国家治理体系的关键环节。

（二）桐乡县域治理现状

桐乡位于浙江省北部、杭嘉湖平原腹地，东距上海131公里，北离苏州74公里，西临杭州65公里。桐乡的县域治理带有鲜明的地域特色。桐乡是“三治融合”理念发源地，世界互联网大会永久举办地，产业特色明显，是全国十大市场强市，拥有七大国家级产业名镇[①]，综合实力稳居全国百强。改革开放以来特别是近年来，桐乡的经济社会发展取得了巨大进步，各项治理指标走在全省乃至全国前列。如表1所示：

表1 桐乡市经济社会发展主要指标一览[②]

年份	GDP（亿元）	财政收入（亿元）	城镇居民人均可支配收入（元）	农村居民人均可支配收入（元）	居民本外币储蓄存款余额（亿元）	百强县排名
2015	653.1	100.27	44725	27357	567.35	20
2016	717.9	100.45	48020	29623	629.59	19
2017	802.6	108.31	52056	31984	667.02	42
2018	893.5	129.43	56707	34886	718.76	37
2019	968.1	135.26	60880	38197	821.70	31
年均增长率（排名）	9.6%	7%	8%	8.7%	8.9%	30

一是创新治理走在前列。桐乡首创的“三治融合”将自治、法治、德治融于一体，近年来已从地方治理经验上升为省域治理经验，从个案化、零碎化走向制度化、体系化[③]，并被写入党的十九大报告。中央政法委将其定位为新时代“枫桥经验”的精髓和基层社会治理创新的发展方向。二是智慧治理持续深化。“最多跑一次”“最多跑一地”改革在桐乡持续深化，推动了政府数字化转型，基层“一站式”就近跑等多项改革全省领先；乌镇互联网大会

① 七大国家级产业名镇，如乌镇为全国知名的旅游名镇、濮院镇为全国有名的羊毛衫产业名镇、崇福镇为全国知名的皮毛名镇等。

② 数据来源于桐乡市历年国民经济和社会发展统计公报、公开报道的国务院县域发展报告等。

③ 参见卢芳霞、丁丁：《“三治融合”对重大社会风险防范化解的作用》，《浙江工业大学学报（社会科学版）》2020年第2期，第182–189页。

品牌效应释放，设立全省首家5G智慧法庭、全国首家互联网司法所，打造示范引领的互联网治理先行地；统筹新型智慧城市和政府数字化建设，打造集智慧应用、社会治理、综合指挥于一体的"城市大脑"。三是生态治理效果显著。空气和水环境质量持续改善，在嘉兴率先实现市控以上断面全部达到三类水质，进一步巩固了国家卫生城市创建的成果。这一切得益于桐乡领先的县域治理水平。在治理理念上，大力倡导"我自爱桐乡"的人文精神；在治理方式上，桐乡市坚持以治理创新推动平安共建，努力把"三治融合"发源地打造成基层治理示范地，实现了平安桐乡"十五连冠"，营造了安全稳定的经济社会发展环境，提升了当地群众的获得感。

（三）桐乡检察机关参与县域治理的实践分析

近年来，桐乡市检察机关立足监督职能，突出工作重心，找准着力点，积极探索符合桐乡地域特色的检察治理模式。

1.突出惩治犯罪保民生。平安建设是县域治理现代化的重要体现，维护社会稳定是保障县域治理、推进平安建设的重要内容。检察机关通过发挥批捕、起诉等职能作用，严厉打击影响人民群众安全感的各类犯罪，服务保障县域治理。近年来，桐乡市刑事犯罪总量高位运行，2016年以来，每年的万人犯罪率徘徊在18[①]。检察机关每年受理审查逮捕案件人数和审查起诉人数均居嘉兴各县（市、区）前列。如图1所示：

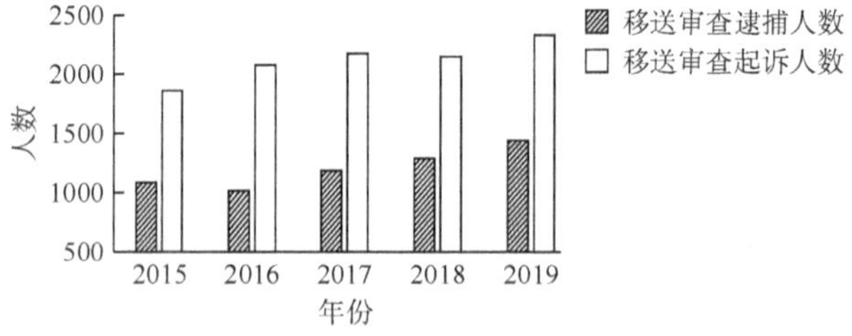

图1　桐乡市检察机关刑事案件受理情况

（注：数据来源于桐乡市2019年刑事犯罪白皮书）

① 万人犯罪率=审查起诉案件受理人数/常住人口数量，如2019年桐乡市户籍人口和外来人口总数为127万人，受理审查起诉人数为2408人，万人犯罪率为18.96。数据来源于统一业务应用系统和历年桐乡市国民经济和社会发展统计公报。

面对刑事案件总量居高不下的形势，桐乡市检察机关重点围绕人民群众反映强烈的、严重威胁人民群众财产和生命健康安全的民生领域犯罪，改进办案方式，深入参与治理。一是惩治电信网络诈骗犯罪。桐乡市检察机关受理的电信网络诈骗犯罪嫌疑人数量从2016年的134人上升到2019年的318人。为有效遏制电信网络诈骗违法犯罪案件的高发态势，桐乡市检察机关密切与公安、法院等部门配合协作，成立办理电信网络诈骗案件办案组，重点惩治电信网络诈骗犯罪。经过多方协作，截至2020年5月，桐乡市电信网络诈骗案发同比下降29.19%，下降幅度位列嘉兴市第一，取得了阶段性治理成果。二是惩治黑恶势力犯罪。扫黑除恶专项斗争开展以来，桐乡市检察机关累计审查起诉涉黑恶案件28件135人。为深入推进扫黑除恶专项斗争，桐乡市检察机关制订出台《扫黑除恶专项斗争实施意见》《“套路贷”刑事案件查办情况及工作思路》等方案。桐乡市检察机关在办理浙江省人民检察院挂牌督办的“陶某1、陶某涉黑案”中，通过改进涉黑案件办理方式，深挖陶某等人在民事领域的虚假诉讼线索2件，涉案金额32万余元，拓宽黑社会犯罪治理领域，延伸了县域治理深度。

2.有效保障经济促发展。经济发展是各地区党委政府的中心工作之一，也是各项治理的基础。近年来，桐乡市检察机关遵循“办案想到发展，司法考虑稳定，监督促进和谐”的工作思路，在监督办案中服务本地区中心大局，牵头出台《关于加强协作依法保障和促进非公有制经济健康发展的意见》等系列实施意见，推动检察机关在重点领域的专项治理，精心办理重大案件，精细开展法律服务，全力保障先进制造业等非公企业健康发展，真正做到检察工作与发展大局同频共振。对涉企业案件的办理，践行“办理一个案件、服务一批企业、规范一个行业”的工作思路，坚持问题导向、效果导向和目标导向，把服务保障桐乡特色经济健康发展作为充分履行检察职能、推进县域治理现代化的首要任务。例如，桐乡市检察机关办理的李某某、杜某某“增重蚕丝绵”案，成功助推了国家工信部2017年第48号公告中FZ/T41005–2017的蚕丝绵行业标准的颁布①，有效推动蚕丝绵行业规范治理，避

① 参见国家工信部网站，http://www.miit.gov.cn/n1146290/n4388791/c5941193/content.html，访问日期：2020年10月6日。

免桐乡特色块状经济陷入恶性竞争。又如，桐乡市检察机关在依法办理徐某某等6人虚开发票罪窝串案时，充分发挥司法能动性，融服务于办案中，努力做好办案后半篇文章，有效促进了桐乡县域混凝土行业的规范发展。

3.着力督治生态护公益。检察公益诉讼是破解发展中环境污染难题，补齐生态"短板"，维护生态安全，助推绿色发展的重要手段和积极探索。实践表明，除了办理环境刑事案件之外，以检察公益诉讼为代表的新型司法治理手段也是环境治理特别是基层环境治理的一种有效方式①。2015年以来，桐乡市检察机关共受理环境污染刑事案件34件。检察公益诉讼制度确立以来，桐乡市检察机关共办理环境公益诉讼案件56件。检察机关办理的环境案件涉及固体废弃物、水污染、大气污染治理等多个领域。如桐乡检察机关在办理某制衣有限公司环境污染案件中，发现该企业存在私设暗管违法排污行为，经调查核实后，依法督促桐乡市生态环境局对该企业做好后期污染设施的整治监管，最终促使该企业在开庭之前对环保设备全部进行整改，排污达标。该案被最高人民检察院评为第二批服务保障长江经济带发展典型案例，被浙江省人民检察院评选为2019年度十大法律监督案例、公益诉讼工作两周年优秀案例。《检察日报》头版报道了该案。作为生态环境治理的重要一环，桐乡市检察机关开展的生态环境检察公益诉讼在抑制县域环境损害扩大、生态环境保护、助推打赢污染防治攻坚战等方面发挥了重要作用。

4.打造"三治＋检察"化纠纷。社会矛盾的化解是治理的关键基础环节，离不开司法机关的深度参与。近年来，桐乡市检察机关不断优化工作模式，立足法律监督，打造"三治＋检察"模式，深度参与社会治理。2019年桐乡市检察机关制定出台《捕后刑事和解实施办法》，发挥"三治＋检察"的矛盾化解模式效能，持续将刑事和解、诉前会议等工作向基层倾斜，共办理刑事和解案件45件。强化与基层自治组织"两会三团"（"乡贤参事会""百姓议事会""道德评议团""法律服务团""百事服务团"）的沟通协作，立足办案走访案件当事人所在村（社区），精准调处案件当事人矛盾纠纷。如嘉兴

---

① 参见刘艺：《环境正义的司法治理路径探索：六枝特区人民检察院环境行政公益诉讼案评析》，《中国法律评论》2019年第2期，第72–79页。

市检察机关办理的一起全国最大规模涉及民生的民事抗诉案中，283名申诉人向检察机关提起申诉，在事发地桐乡市检察机关的全力协助下，会同当地基层组织经过大量的协调工作，当事人最终达成和解协议，矛盾成功化解。由该案所创新探索的合作调解机制在全国民事行政检察工作中起到了示范作用，也开启了“三治＋检察”纠纷化解基层治理模式的探索。

5.深化数据研判助决策。桐乡市检察机关充分利用检察办案资源优势，深度挖掘检察办案大数据，分专题、分区域进行统计分析，形成《桐乡市刑事案件地域性分析报告》《刑事案件白皮书》《性侵未成年人犯罪综合分析报告》等，为党委政府在特定行业的治理决策提供数据参考。比如，作为承办世界互联网大会东道主地的检察机关，桐乡市检察院高度重视网络犯罪的源头治理，对办理的互联网犯罪数据进行统计，形成《互联网犯罪专项分析》，为网信办等行政管理部门提供决策参考；又如，收集整理100件交通肇事犯罪案件和459件“黄赌毒”犯罪案件进行大数据分析，在此基础上撰写《交通肇事犯罪案件白皮书》和《“黄赌毒”犯罪案件白皮书》，为打赢交通大会战、建设“风雅桐乡”建言献策，努力当好党委政府的“法治参谋”，推动了相关行业和领域的源头治理。

二、县域治理现代化背景下检察工作面临的新形势

（一）县域治理现代化的目标

县域治理的内涵重在施政范围和措施，而现代化则是一个历史延续的动态进程，生成于实践，成型于制度。现代化首要目标是达成善治，善治是公共利益最大化的治理活动和治理过程，是国家治理现代化的理想状态，民主和法治是实现善治的基本途径①。治理现代化状态可以从三个层面进行描述，包括治理主体更加多元理性，治理结构更加开放科学，治理方式更加民主法治。县域治理现代化就是要求由县级行政机构主导的公共事务治理必须达到

---

① 参见俞可平：《依法治国、公平正义和国家治理现代化》，《光明日报》2014年10月30日，第10版。

民主化、法治化、制度化、多元化，包含法治、德治、共治、自治[①]。

（二）检察机关推进县域治理现代化的价值契合

《中共中央关于坚持和完善中国特色社会主义制度　推进国家治理体系和治理能力现代化若干重大问题的决定》（以下简称《决定》）中关于“检察”的表述出现三次，既简明扼要又提纲挈领地阐述了检察机关在推进国家治理体系和治理能力现代化进程中的重要作用，为检察机关参与国家治理现代化提供了遵循和依据。省、市、县三级党委又以其他决定[②]的形式强化了对检察机关参与治理现代化的支持。由此可见，检察机关推进县域治理现代化有其内在的理论逻辑。

1.检察机关是展现治理优势的重要力量。坚持党的领导，特别是坚持党中央集中统一领导，是我们国家治理体系的最大优势。习近平总书记指出：“在国家治理体系的大棋局中，党中央是坐镇中军帐的‘帅’，车马炮各展其长，一盘棋大局分明，治国理政才有方向、有章法、有力量。”[③]《决定》提出要健全党的全面领导制度，完善党领导检察机关制度，健全各级党委（党组）工作制度，确保党在各种组织中发挥领导作用。政治性是检察机关的根本属性，讲政治是检察工作的首位要求，同时检察机关又是保证党中央集中统一领导的重要力量。检察机关把坚持党对检察工作的绝对领导作为灵魂，贯穿于履职尽责始终，通过发挥法律监督职能参与国家治理，确保代表党和人民意志的法律在县域层面正确规范地实施执行，这是新时代检察机关参与推进县域治理现代化的立足点和路径，也是展现国家治理优势的重要保证。

2.检察制度是完善治理体系的重要方面。中国特色社会主义检察制度是国家治理体系的重要内容，治理体系的现代化离不开检察制度的现代化。《决定》提出要健全社会公平正义法治保障制度，深化司法体制综合配套改革，

---

① 参见许耀桐：《国家治理现代化的若干认识》，《民主与科学》2014年第2期，第6–8页。

② 例如，《中共浙江省委关于认真学习贯彻党的十九届四中全会精神　高水平推进省域治理现代化的决定》等。

③ 参见习近平：《中国共产党领导是中国特色社会主义最本质的特征》，《求是》2020年第14期，第1–6页。

完善检察制度，全面落实司法责任制，加强对司法活动的监督，这是从检察制度层面对国家治理体系内容的丰富和发展。浙江省委办公厅印发的《进一步加强检察机关法律监督工作的若干意见》(以下简称《意见》)，是全国首个加强检察机关法律监督工作的省级党内文件，是检察制度在省域层面的丰富与发展，进一步完善了国家治理体系的内容。国家治理体系现代化，法治化是必经环节。法治体系和司法制度乃至检察制度的现代化，根本在于制度建设和制度执行的严格法治化。《决定》对国家治理法治化所需要的检察制度指明了方向，省委《意见》又引领推动县域检察的实践发展，同时通过县域检察的生动实践，进一步丰富检察制度的内涵，推进治理体系内容的不断完善。

3. 检察监督是提升治理能力的重要方式。制度优势要转化为治理效能，离不开治理方式的法治化。检察监督的目标之一就是实现治理方式的全面法治化，治理方式法治化是治理体系和治理能力现代化的重要实现形式。《决定》提出要加强对法律实施的监督，并对司法监督纳入党和国家监督体系作出部署，保证检察权得到依法正确行使，坚决排除对执法司法活动的干预，这是检察监督提升治理能力的重要保障。《决定》还提出要拓展公益诉讼案件范围，这是我国公共利益保护法治化的重要制度创新，丰富了治理的司法路径，也为检察监督参与治理现代化提供了依据。我国检察机关80%以上的人员在基层，90%以上的办案量在基层[①]。县级检察机关是履行法律监督的基本单位和重要基础，是推动刑事、民事、行政、公益诉讼“四大检察”全面协调充分发展的生力军。强化基层检察监督，是实现县域治理法治化的重要途径，是确保司法公正权威的重要基石，也是推进治理方式现代化的重要方式。

（三）县域治理现代化对检察工作提出的新要求

对于县域治理现代化，桐乡市委《关于高水平推进县域治理现代化的决

---

① 法制网：《打造党和人民信得过的检察铁军——专访最高检政治部主任潘毅琴》，https://www.legaldaily.com.cn/judicial/content/2020-5/26/content_8204485.html。

定》中提到："要形成与全面建成'四个桐乡'相适应的高水平整体治理效能"，对坚持数字化治理、促进治理方式现代化、创新完善治理机制与实施载体、确保县域治理有力有为有效等方面均提出了新的要求。结合桐乡市委提出的县域治理现代化的具体目标，检察机关必须以建立健全机制为抓手，以增强人民群众的获得感、幸福感、安全感为目标定位，积极转变工作理念和方式，全面履行检察职能，找准检察工作参与县域治理的切入点、着力点和发力点，为县域经济社会发展提供更多优质的检察产品，为县域治理现代化贡献更多检察力量。

1.主体：从单一治理到公众参与。治理和统治、管理的根本区别，就在于前者以人民群众为主体，确保广大人民群众参与不同层面的治理[①]。公众参与检察工作是"以人民为中心"理念在县域治理层面的具体落实，县域治理现代化也要求公众有序地参与到各项治理中来。比如，检察机关办理生态环境公益诉讼案件，需要不断拓宽公众参与的途径，注重向广大群众收集生态治理监督线索；又如，加大检务公开力度，需要探索疑难复杂和重大影响案件的公开听证，邀请人民监督员和人大代表广泛参与案件监督和听证。治理现代化中的主体多元化，要求检察工作中创新发展新时代"枫桥经验"，深度参与县级矛调中心化解纠纷，充分发挥"事事有人管"的"三治融合"优势，不断拓宽公众参与的路径。同时，检察办案中注重释法说理，引导群众依法维权，培养"遇事找法、解决问题靠法"的法治思维，也是公众参与县域治理现代化的重要基础。

2.路径：从智能办公到智慧检察。治理现代化离不开信息化、智能化、高效化。2020年年初，面对突如其来的新冠肺炎疫情给各项工作带来的不利影响，检察机关充分发挥智能办公形成的有利条件，采用远程提审、远程庭审、线上集中教育等多种手段，保障各项法律监督工作不缺位，为重大疫情期间社会风险的防范和治理提供了智慧范本。"数字桐乡"建设、"最多跑一次"等改革必将给县域治理形式带来深远影响。对于同级检察机关来说，需要主动作为，全方位适应治理形式变化带来的智能挑战。提升数字化治理水

---

① 参见专家语粹：《治理现代化的科学内涵》，《国家治理》2014年第5期，第4–14页。

平就必须以智慧检察为抓手，加大政法系统信息共享机制建设，深化一体化单轨制办案模式改革，更加高效处理法律监督线索，以数字化高效推动法治化，打破数据壁垒，推动信息互通，有效发挥智慧化协同治理的效能。同时，结合数字经济发展需要，强化数字化对法治化的支撑，建设与数字时代相适应的现代化检察监督体系。

3.内容：从刑事为主到协调发展。法治是治国理政的基本方式，在区域治理现代化中处于基础地位[①]。确保县域治理在法治轨道上运行，离不开检察机关法律监督职能的全面充分协调发展。监察体制改革之前，检察机关参与法治治理的内容和范围主要集中在职务犯罪和其他刑事犯罪领域，而在民事、行政等领域，检察机关的法律监督职能和治理属性发挥效果有限。全面依法治国战略实施以来，特别是监察体制改革、公益诉讼制度确立以来，检察机关在保障县域治理尤其是法治治理过程中所起的作用日益彰显。作为依法治理的重要保障力量，检察监督参与县域治理的范围也逐渐从刑事犯罪领域拓展到“四大检察”各个领域，全面履行法律监督职责，加强对行政执法的监督，督促政府依法全面履行社会管理职责，也日益成为检察机关推进县域治理的重要方面。如对生态环境不断优化方面，桐乡市委提出的“落实环境问题清单，空气和水环境质量持续改善”等目标，就需要检察机关充分发挥检察公益诉讼制度优势，更加深入地参与到桐乡县域的生态环境治理中，确保生态环境治理的法治化水平，不断提升检察机关对各个领域依法治理的助推力度。

4.理念：从“你低我高”到双赢共赢。县域治理现代化对检察机关树立新的监督理念提出了更高的要求。相较于之前维稳与发展大于一切的县域治理目标，现代化的治理目标更加注重社会利益最大化，也就是双赢多赢共赢。检察监督是为了法治进步，从来不是“你低我高”的“零和博弈”，而是要促使社会公共利益最大化的双赢多赢共赢。必须认识到监督者与被监督者目标是共同的，就是维护国家法律的权威。检察监督的实践表明，监督与被监督是对立统一的辩证关系。检察监督的孤军奋战容易在实践中与被监督

① 参见公丕祥：《法治中国进程中的区域法治发展》，《法学》2015年第1期，第3–11页。

者产生对立甚至对抗，监督效果大打折扣①。作为公共利益代表的检察机关，要始终秉持“监督就是支持，在支持中强化监督”的司法理念，通过监督促使监督对象规范行为，建立监督者与被监督者的良性、积极、互动关系，共同实现县域治理现代化的目标。要实现这个转变，就需要在参与县域治理时，站在最广大人民群众的利益立场，如要以群众关切的生态环境、食品药品安全等领域为重点，坚持治标与治本相结合，彰显国家法律监督机关和社会公共利益代表参与县域治理的职责使命，保障双赢多赢共赢治理效果，形成共建共治共享的治理格局。

5.模式：从就案办案到社会治理。立足检察办案是检察机关参与县域治理的基本模式。县域治理现代化背景下，检察机关在参与县域治理的深度和广度上都需要有新的突破，就不能仅局限于“就案办案”。如针对重点领域专项治理，桐乡市委提出“排查风险隐患，深化风险评估，扫黑除恶专项斗争取得重大成效；创新网络治理，网络空间持续净化”等一系列新要求，就需要检察机关立足办案，深度参与诉源治理，提升县域治理现代化水平。检察机关要通过办案深度参与“三大攻坚战”，聚焦发现和纠正公益损害与诉讼违法行为，拓展公益诉讼“等”外领域，进一步拓宽检察工作视野。要在办案中树立“办理一案，治理一片”的理念，提高案件办理质效，做好办案的后半篇文章。比如，在办案中找准县域治理的薄弱环节，利用检察建议等方式履行监督责任，预防重大风险。又如，充分发挥典型案例、精品案例对社会法治观念的引领作用，化解深层次矛盾，从源头上预防不法行为的发生，减少诉讼增量。

三、检察机关推进县域治理现代化的实践进路

张军检察长在2020年全国检察长会议上指出：“把检察工作布局融入国家治理体系现代化。”作为基层检察机关，要紧扣桐乡市委提出的县域治理

① 参见王祺国：《论检察机关办案中心观的深化》，《浙江工业大学学报（社会科学版）》2020年第2期，第151–158页。

现代化目标，深化检察机关是县域治理现代化服务者、建设者、捍卫者理念，在落实捕诉一体、认罪认罚从宽、监督事项案件化办理等改革要求的基础上，立足检察办案，发挥“四大检察”的监督合力，找准定位和切入点，延伸检察触角，全面融入本地县域治理体系，确保县域的各项治理都纳入法治轨道，为县域治理现代化贡献检察力量。

（一）检察机关推进县域治理现代化的三个维度

1.方向：立足宪法定位依法行使检察权，是检察机关推进县域治理现代化的根本方向。国家治理体系现代化的核心是法治化，重点是约束规范公权力，促进依法行政。基层治理法治化要求，在坚持党的领导、人民当家作主、依法治国有机统一的前提下，在县级以下行政区域推进依法办事、严格执法、公正司法、全民守法。将国家各级行政区域的治理活动纳入法治轨道，是当前检察机关有效助推国家治理和社会治理现代化的重要着力点。在基层形成法治化的治理模式，就要求检察机关立足法律监督的宪法定位，全面协调发展刑事、民事、行政和公益诉讼“四大检察”。

2.指向：全面融入县域治理现代化，是检察机关推进县域治理现代化的鲜明指向。县域治理涉及方方面面，政治、经济、文化、生态环境保护等均需要检察职能的深度参与和积极融入。首先要坚决维护县域政治安全和社会大局稳定。深入推进扫黑除恶专项斗争，积极参与社会矛盾化解，防范重大风险。其次要融入法治环境建设。服务民营企业发展，助力营造法治营商环境。依法办理涉众型金融犯罪，做好案后精准普法工作。最后要积极融入诉源治理。落实“办理一案、治理一片”的办案宗旨。如生态环境治理方面，积极开展环境公益诉讼，优化治理方式，参与保障生态环境治理。

3.道路：依托主责主业创新治理职能，是检察机关推进县域治理现代化的实践道路。重视制度，强化制度建设和制度执行是治理的根本，而在依托主责主业进行创新治理的过程中，检察制度的创新发展显得尤为重要。要及时总结实践中的好经验、好做法，成熟的经验和做法可以上升为制度，转化为法律。以往的监督治理模式，随着改革向纵深发展，已不再适应时代发展的需要。针对出现的新情况、新问题，依据中央改革意见，检察机关通过积极配合，参与到司法责任制改革、捕诉一体机制改革、认罪认罚从宽制度改革等一系列制度创新中，转变监督理念，聚焦主责主业，提升法律监督能力，服务保障县域治理现代化。

（二）检察机关推进县域治理现代化的对策与建议

1.把握检察属性，在坚持检察自信中促进依法治理。浙江省人民检察院贾宇检察长指出，我国检察制度具有四方面优越性：一是因为法律监督的性质，摆脱了国外检察机关“身份不明”的尴尬；二是因为具有独立的法律地位，排除了各种阻力干扰秉公司法；三是因为独立而严密的组织结构，确保了检察权运行的统一、规范、高效和上下一体化；四是因为党的领导和人大监督，检察机关不但具有监督属性，而且具有鲜明的政治属性和人民属性[①]。首先，要把握检察的人民属性。检察权的人民属性决定了检察监督的全面性。依法治理不仅是国家治理现代化的要求，更是人民群众的热切呼声。检察机关履行职能代表国家，也代表人民，参与保障治理也是为了人民。检察机关职能广泛，是公共利益的代表，是唯一全过程参与刑事诉讼的司法机关，在县域治理的各项领域影响力无法替代，尤其在推进依法治理方面凸显了我国检察制度的优越性。对于桐乡检察机关而言，要深刻把握检察工作的属性要求，发挥“三治融合”的治理优势，转变“重刑轻民”等惯性履职思维，全面融入县域治理现代化中来。其次，要把握检察的监督性属性。法律监督工作对治理现代化的推动作用，主要依靠监督法律的统一正确实施的权威来确保依法治理的效果。依法治理促使国家各方面制度更加科学、更加完善，实现党和国家、社会各项事务治理制度化、规范化、程序化，直接关系到治理体系和治理能力的现代化进程。无论是行政权力还是司法权力，在参与国家治理时，如不加以监督，都存在无限扩张的风险，监督法律的实施是治理过程必不可少的环节。最后，要把握检察的独立属性。依法独立行使检察权，履行法律监督职责是我国宪法对检察机关属性的基本定位。独立性表明检察

---

① 摘自《浙江省人民检察院检察长贾宇在全省检察机关服务保障“重要窗口”建设工作会议上的讲话》，2020年6月19日。

机关依法履行审查逮捕、审查起诉、诉讼监督、公益诉讼等各项职能，确保各项治理在法治轨道运行。

立足检察职能参与县域治理，就要深刻把握我国检察制度的基本属性，通过履行检察职能，将办案中涉及的经济、政治、文化、社会等各项工作纳入法治体系，在县域行政范围内形成“依法办事、严格执法、公正司法、全民守法”的法治氛围，引领社会法治观念的进步，助推基层治理法治化。2020年8月，桐乡召开市委检察工作会议，这是桐乡市委全面推进检察机关法律监督工作高质量发展的有力举措。桐乡检察机关要以此为契机，进一步提升工作站位，推动法律监督工作融入市委治理现代化目标，建立全社会、各部门支持配合检察监督的良好法治氛围，促进依法治理再上新台阶。

2.立足监督职能，在全面履职尽责中保障公平正义。党的十八届四中全会决定指出：“公正是法治的生命线。”习近平总书记指出：努力让人民群众在每一个司法案件中感受到公平正义。一是坚持依法监督落实公正。司法公正能够为国家治理体系现代化输送秩序、程序、规范、信用价值[①]。可以说，公正是司法工作的生命线，也是县域治理的基础保障。检察机关承担着确保国家法律正确统一实施的法律监督职责，在保障司法公正、促进全面依法治国进程中负有特殊责任。在县域治理中树立宪法和法律的至上权威，将县域治理全面纳入法治轨道，就必须在检察办案中充分发挥监督作用，全面保障司法公正，确保在每个具体的案件中实现公平正义，助推基层治理法治化。二是严格贯彻省委《意见》推进公正。对于桐乡检察机关而言，就需要结合对照市委提出的县域治理现代化目标，推动省委《意见》在桐乡县域的落实落细，针对监督实践中的难点、弱点，群众反映强烈的社会痛点，创新监督方式，拓宽监督领域，保障监督效果。如桐乡检察机关目前正在推进的“判实未执”专项监督工作，就是检察监督职能在执行领域治理的生动实践，其中还涉及智慧筛查系统大数据的运用和公众参与治理渠道的拓宽，需要进一步在实践中强化。三是强化职能协作深化公正。检察职能在基层的发挥，涉

---

① 参见贺小荣：《让司法在实现国家治理体系现代化中发挥更大价值》，《人民法院报》2014年2月26日。

及从“就案办案”到社会治理以及监督理念的转变，既要切实发挥监督职能，避免走过场，又离不开其他司法机关的配合协作，共同保障公平正义的实现。公、检、法三机关定期就办案中存在的普遍性、突出性、类型性问题召开座谈会或举办联合教育培训，加强协作配合，强化沟通，形成共识，制定操作规范完成标准。桐乡市检察机关借助与市公安局联合印发《关于在公安机关派驻巡回检察联络站暨联合执法监督的实施办法（试行）》的契机，采用派驻公安法制大队为主、派驻派出所（濮院所）巡回检察为辅的运作模式强化监督，保障公平正义。

3.发挥办案优势，在依法处理个案中推进诉源治理。诉源治理是新时代“枫桥经验”的生动实践，是化解矛盾的现实需要，也是基层治理的有效手段，是在多元化纠纷解决机制大背景下化解矛盾的重大举措。一是树立办案中心理念。从“就案办案”到社会治理的转变，必然要求检察机关深度参与诉源治理。基层检察机关要充分发挥办案在治理中的独特优势，在强化办案中深度助推县域治理现代化。只有始终依法办理生生不息、源源不断的高质量案件，以办案为中心的中国特色社会主义检察制度才能持续释放强大的制度优越性[①]。二是发挥基层案件量大的优势。检察机关在办理刑事、民事、行政、公益诉讼等案件时，也需要对案件的来源进行有效追溯，通过法律监督途径防范潜在风险。作为基层检察机关，要将案件量大的“劣势”转化为“切入点多”的治理优势，立足检察办案，通过办案引领社会法治观念的进步，多办典型案例、精品案例，助推县域治理现代化。三是依托办案推进检察环节诉源治理。要总结发展新时代“枫桥经验”，深化“少捕慎诉”、刑事和解、认罪认罚从宽、虚假诉讼联防联治、行政争议实质性化解、公益诉讼诉前磋商等工作，推进检察各环节的矛盾化解和诉源治理。比如，桐乡市检察院创新运用技术手段，探索开展远程认罪认罚具结工作，在个案办理中实现智能办公到智慧检察的转变，同时积极适用认罪认罚助推诉源治理的有效开展。又如，在依法办理一起因多年征迁矛盾引发的妨害公务罪案件中，秉

---

① 参见王祺国：《论检察机关办案中心观的深化》，《浙江工业大学学报（社会科学版）》2020年第2期，第151–158页。

持诉源治理理念，深入挖掘发现该案的深层次矛盾在于拆迁补偿协议未达成共识，检察机关摒弃就案办案思想，找准根源“对症下药”，从人民群众实际需求出发，积极化解多年矛盾，真正实现案结事了人和。

4.延伸检察触角，在融入中心大局中参与综合治理。全面依法治国的战略部署，以及单一治理模式向多元化治理模式转变，都要求检察监督必须延伸到县域治理的各个领域，保障综合治理。要持续落实省委关于诉源治理的决策部署，也需要不断延伸检察职能，积极参与社会治理现代化，将矛盾实质性化解在检察工作各环节。结合桐乡县域的“三治融合”特色，紧扣县域治理现代化的中心要求，助推由“案”到“制”再到“治”的良好循环，把检察工作全面融入当地县域党委的工作大局。首先，在办案机制上延伸触角。检察机关要不断创新办案机制，在个案中找准薄弱环节，挖掘潜在风险点，从源头上深度参与保障县域的综合治理。要在已有的“三治＋检察”模式基础上，充分发挥“三治融合”发源地检察机关的地域优势，持续加强检察工作与“两会三团”基层自治组织的紧密对接，延伸检察职能。围绕“三治融合”嘉兴标准体系建设与完善，融入更多的基层检察元素特别是桐乡检察特色，与党委中心工作同频共振，融入基层治理平台，凝聚体系化的治理合力。其次，在深入基层中延伸触角。探索在县域各村（社区）派驻检察官，为中小学校配备法治副校长，不断拓宽检察服务职能，实现基层社会治理创新升级。对桐乡检察机关来说，还要结合市委治理现代化要求的“公众参与”，不断拓宽群众参与治理的路径。通过在检察办案中加强与“两会三团”、三小组长、网格长等“微治理”的协作，打通群众参与的有效渠道，进行常态化不起诉案件监督回访及送法下乡，确保矛盾纠纷在属地范围内及时得到有效化解。最后，在转变观念中延伸监督。延伸检察触角是实现共赢监督理念转变的需要。对于基层检察机关而言，既要在“客观公正”“整体检察监督观”等理念指导下延伸检察触角，也要以双赢共赢多赢的理念作为治理目标。整体检察监督观理念追求检察监督在法治范畴内整体质能更强大，整体功效更明显，可以实现法律监督工作“1＋1＞2”的良好效果[①]。如发源

① 参见王祺国：《论确立整体检察监督观》，《法治研究》2019年第3期，第77-85页。

于安吉的12309检察服务中心整建制融入矛调中心。桐乡市已建成的社会矛盾纠纷调处化解中心就是专门工作与群众路线相结合的有效形式，是检察触角延伸到综合治理的生动实践，也是整体检察监督理念在矛盾化解领域的必然要求，以实现信访“最多跑一地”，矛盾“解决于萌芽”的治理目标，真正达到双赢共赢多赢。

5.创新治理模式，在展现特色亮点中打造检察品牌。创新是制度优势转化为治理效能的持续动力。随着新时代我国社会主要矛盾的变化，人民群众在民主、法治、公平、正义、安全、环境等方面有了新的更高需求，这也对检察机关参与服务保障治理现代化提出了更高要求。对于桐乡检察机关而言，就要在巩固已有治理优势前提下，根据县域治理现代化的新要求，创新方式方法，挖掘治理动能，打造检察品牌，构建基层检察治理新模式。首先，打造“互联网＋检察”品牌。“互联网＋检察”是推动检察工作创新发展、参与县域治理的重要途径。从智能办公到智慧检察的转变，不仅要求检察机关自身办案智能化，也对互联网领域治理、智慧治理提出了更高要求。要充分利用桐乡检察机关的案件资源，发挥桐乡的“互联网＋”背景优势，积极探索大数据运用，在全市率先建成智慧检务中心并投入使用，建立行政执法预警机制，促进行政机关规范执法。积极建设12309检察服务中心，实行案件查询网上平台、自助查询、实体大厅良性互动新模式，形成线上线下全天候、一站式服务新格局，实现让信息多跑路，让群众少跑腿，让群众尽享指尖上的服务。积极联合公安、法院、司法等部门建立数据信息共享机制，在行政执法信息、公安侦查活动信息、法院执行信息等重点领域突破，拓展检察治理的新路径。在智慧治理方面，要深度挖掘检察办案大数据，分专题、分区域进行统计分析，对苗头性、倾向性问题及时进行风险预警，努力当好党委政府的“法治参谋”。其次，形成“三治＋检察室”品牌。派驻检察室是治理现代化向基层延伸的重要据点，要进一步下沉职能，将县域划分成若干检察网格，构建“片区微检察”“驻村社区服务站”“检察官工作室”等与城市网格化综合治理相匹配的检察参与县域治理新模式。学习省内先进经验（如“诸暨枫桥检察室”），打造特色品牌。对于桐乡派驻检察室工作来说，就是要有机融合濮院镇毛衫产业特性，找准毛衫行业知识产权、商标权保护等方面的法治需求，提升派驻检察官的履职能力。持续深化派驻检察官机制，实现“村村有检察官”的目标。结合濮院镇人口流动快、社会治理压力大的现状，积极打造“三治融合”“互联网＋”检察室。最后，擦亮“蒲公英”精准普法品牌。要实现“就案办案到社会治理”转变，就必须不断深化“谁执法谁普法”的普法责任制，由粗放式普法到精准普法、由法条到案例转变，最终实现依法治理的治理现代化。对桐乡检察机关而言，要在巩固已有品牌基础上，优化“蒲公英工作室”“爱心之家”功能，结合办案将未成年人保护帮教融入精准普法，体现检察温度。针对不同对象优化普法方式。选派优秀检察官担任中小学、幼儿园法治教师，常态化引导学生、家长学法懂法；全方位构建精准普法矩阵。以“互联网＋检察”为发力点，开辟“权威发布”“法律微课堂”等普法子栏目，开通桐乡检察官线上法律咨询，打造线上普法阵地。

检察网格化：新时代“枫桥经验”的检察版[*]

石东坡，瞿承健，尹学铭[**]

摘　要：在检察改革和转型发展的新阶段，“枫桥经验”的理念、原则、机制等对焕发检察机关作为法律监督机关的活力，探索检察监督体制机制新样态，具有方向引领的重要作用。景宁检察网格化是在实践中率先探索所涌现的一个典型样本，具有检察网格、监督平台和全域监督的主要构成与鲜明特色，是夯实基础和促进监督与办案的高度融合，检察监督主责主业与人民群众监督紧密对接的一种检察监督新型机制，有着科学性、创新性和示范性，业已显现突出的优势。应进一步在推广中深入总结、理性评析和不断完善，并汲取转化为修改《人民检察院组织法》中相应的检察监督职能履行与组织结构的法律规范。

关键词：检察监督；网格化；枫桥经验；监督平台；人民群众监督

新时代的检察机关如何在深入学习贯彻习近平新时代中国特色社会主义思想特别是习近平法治思想、政法思想中全面、准确并富于创造性地实践对其职能职权的宪法定位？作为国家的法律监督机关，如何有效促进基于办案的法律监督更具针对性、实效性和全面性？如何立足主责主业，在基层社会治理尤其是现代乡村治理体系中有机融入、科学发挥职能作用？检察环节的“枫桥经验”传承创新中产出哪些成功经验，存在哪些突出问题？如何健

---

* 国家社科基金专项课题（18VSJ051）。

** 石东坡（1970-），男，河北无极人，中共厦门市委党校法学部教授、博士，研究方向为立法学、公法学、文化法学；瞿承健，丽水市人民检察院；尹学铭，浙江工业大学文化与法制研究中心。

全和完善、打造和确立富有持久生命力的“枫桥经验”检察版？[①]带着这些问题，专项课题组深入浙江省景宁畲族自治县人民检察院，对其检察网格化监督工作进行了深入调研，就“枫桥经验”在检察实践中应用和发展的理论问题和制度方案予以聚焦思考，深入解析景宁检察院的检察网格化监督这一样本所具有的必然性、合理性及其特殊性和规律性。课题组对检察网格化与全科网格之间的关系、检察网格与检察机关内部组织结构之间的衔接、多维度、扁平化、集成性的监督平台运行机制、检察网格化的科学界定、制度规范、案例解析等提出了一系列的完善建言。

一、检察网格化的要素、运行与成效

景宁作为全国唯一的畲族自治县，有着独特的历史文化渊源和经济社会面貌。景宁检察院以创新的思想锐气、开拓的实践精神，秉持法治理念、汲取忠勇精神，依托“枫桥经验”，运用社会治理网格系统，构建检察网格化，推动人民监督和检察监督的有机结合，激发了检察监督主责主业的奋进作为，使新时代的基层检察工作取得了新成效，展现了新气象，基本形成“检察网格是基础，监督平台是关键，办案实效是根本，人民满意是归宿”的运行机制和工作格局，初步探索出“检察网格化、监督显性化、保障社会化”的新型检察监督之路。

检察网格化是指：在基层社会综合治理“一张网”即全科网格基础上，根据全县行政区域和执法机构双层划分检察网格，并对接域外网格，网格小组集体开展监督信息收集；监督平台建立和运用联席会议、线索移送、案件信息通报、联动执法等综合研判、对接监督的方法、程序；业务部跟进办案、多管齐下，运用法定职权、手段、方式，并将办案过程和结果反馈至监督平台，接受网格检验评价的三级联动型法律监督工作机制。

---

① 参见贾宇：《深入系统研究“监督什么、怎么监督、谁去监督、怎样监督好”重大命题》，《检察日报》2018年4月20日，第3版。

（一）检察网格

依托社会网格建立检察网格，一体两用，不另起炉灶、不增加成本、不叠床架屋，监督重心下沉，如探针一般切入和感知社会运行，无缝对接法治实情，浮现和绘制“检情地图”。通过“行政区域＋执法机构”双层双向划分，构建了覆盖全县21个乡镇街道、254个行政村的检察网格。发挥检察联络员、全科网格员的“五大员”作用（即观察员、情报员、监督员、信息员、宣传员），摸排监督信息。属本地非特殊案件，则根据当事人户籍地、常住地、犯罪行为地制作《告知函》、反馈单，提出线索指向，连同法律文书移送相应网格平台。与此同时，搭建域外网格，通过微信群、回乡会议、视频连线、平安浙江APP等方式，与域外网格的网格长、网格指导员、专职网格员开展对接联系，并明确每个域外网格对应的检察联络员，确保每个域外网格“一月一反馈”，听取域外景商及务工人员遇到的困难、问题，在解决困难中挖掘监督线索。

通过网格负责人（班子成员）、网格小组（检察干警）、检察联络员（乡镇街道、执法部门指定的干部）、全科网格员（政法委确定的干部）等构成的网格小组集体通报信息，网格监督触角更广。不论是涉嫌刑事发案、追诉追漏，还是行政执法不作为、乱作为、慢作为，都能够在第一时间进入监督平台，进而，检察监督“把脉”——以检察监督的高度自觉和集中问诊，以“应检尽检、该督则督”的监督视角和监督思维，夯实、筑牢检察监督作为法律运行实施、基层社会治理的监督屏障。

（二）监督平台

检察网格化不仅是网格的建构，更是网格基础上对检察监督履职尽责的基础夯实、流程再造与全面整合。顺应司法改革深入推进，依托案管中心建立监督平台，实行案管职能重新定位，不限于案件流程管理和督导，把信息管理、研判、流转职能作为重点综合业务来抓。

一方面，从社会治理参与推动中发现监督线索、转而成案实施检察监督。监督平台（案管中心）筛选、会诊，召开内部会商会或者有关行政执法机关参加的专题协调会，办理收案登记，流转至业务部进行审查，开展立案监督、监督移送等法律监督。以此发现和揭示社会作为法治社会的全域空间和运行全程中的法律实施薄弱环节，及时启动和纳入检察监督管道，以监督促进法治意识的保持，以监督促进法律实施和法律遵守的全面有效①。

另一方面，改变司法办案方式，延长检察监督工作链条。从案件审查拓展延伸到监督，以办案质量体现监督力度，同时又不拘泥于办案，不孤立办案，而是从“在卷”审查到“在案”审查，以“审查＋调查”的方式，将案件反馈到监督平台，再推送到检察网格之中，第一时间审阅文书，细致分析受案信息，逐个推敲案件背后潜在线索，及时向相应网格推送，并做好归集整理。这样反过来促进依法办案、实施依法监督、依法追责和依法督促、增加基层群众的办案参与度。通过监督平台的这种双向、互动和上下两“统”，确保全网格“分”而不散，确保检察监督点面结合、“合”而有力；同时，推动检察监督在社会治理“面”上的作用。

举报受理在平台，信息汇聚在平台，研判成案在平台，主业协同在平台，实效发力在平台。监督平台就是投诉举报中心、检察指挥中心、案件管理中心、监督反馈中心。监督平台担负着在网格化监督架构与流程中的中枢功能。检察网格与内设部门之间形成既统筹又分流的格局。在组织上，在院党组、检察长领导下，将检察院内部管理的签批制改在监督平台作为议决制，增加了业务部门相互之间横向的信息传输与业务协作以及内部监督。监督平台作为案管中心，又是案件分流、进程监控和质量管理与绩效评价的内部机构，将有效监督信息导入对应的业务部，严格按照法定证据、程序标准和工作职责进行审核并启动办案流程。这样就消解了检察机关内部存在的某种程度的业务隔阂，能够多角度、全视域地对线索进行甄别、对事实进行监督视角的判别，拣选和凸显其中全民守法、严格执法和公正司法的反面情形，进而在维护法律权威和强化法律实施的监督保障上开启聚合式地运用检察监督的法定职权类别与方式。反过来，又将办案进展及结果反馈到监督平

① 参见张佳华：《检察权延伸基层的诉讼权能配置——以〈人民检察院组织法〉的修改为背景》，《江西社会科学》2017年第5期，第211–218页。

台，并横向和下延到各个（或一定范围的）网格，接受群众评价，检测是否有定性偏颇、遗漏证据或遗落涉案人员等。这就如有关学者所指出的，形成了“检察权运行机制”和“检察权管理机制”两个相对独立的对外、对内分别指向的检察机关运行机制在监督平台上的有机衔接、合力对接①。

（三）全域监督

首先，检察网格化体现检察监督一体化、社会化的监督格局。通过一线参与基层社会治理，发现社会治理需求和检察监督实情，运用系统性思维方式整合监督资源，统分结合，克服此前检察业务碎片化、办案与监督相游离、孤立办案的旧有情形。检察网格化不仅是移植和嫁接全科网格作为检察监督主责主业的基础载体，而且由此牵引和带动检察监督步入坚持法治担当和专门监督相结合、坚持办案与监督相统一、坚持监督与保障相融合的新时代的新形态，促进了监督机制的健全，初步塑造了检察监督在社会全场域中隐性与显性相结合的存在形态，为监督有力、监督实效和监督覆盖奠定了坚实的社会基础、群众基础。如所监督的夏某盗伐他人林木案件，线索即来自网格小组，有力纠正了私了而未立案的情形，增强了法律实施的严肃性。尤其进一步在诉讼过程中，又接到发案地全科网格员反映，此案仍有共犯未被追究，仍有盗伐事实未被查证，从而督促森林公安进一步侦查，消除立案监督和侦查监督的盲区，促使侦查机关案件办理彻底性得以提高。在自然资源和生态环境保护的共同法律目标实施实现上，生动诠释了维护法律权威需要监督者和被监督者合力。

其次，检察网格化实现了从审查监督向审查监督和调查监督并重转变。在确保网格广度与精度的前提下，通过对监督对象和事项的研判分析，遵循监督规律，以法治思维中的法治监督思维、检察监督思维，注入监督动力，维护法治公益，使得检察监督在检察网格进而全科网格之上，在社会全界面“在位补位”“备而不用”“蓄而不发”“发则强力”。“实行网格化后，各网

---

① 赵培显、祁堃:《在深化依法治国实践中完善检察权运行》，http://www.jcrb.com/procuratorate/theories/academic/201807/t20180705_1882316.html。

格还要根据各方信息情况继续跟踪监督。”这种跟踪监督，既是对该案件的，又是对有可能存在的同类案件的；既是对该案件的办理过程和公诉结果的，又是对该案件关联的涉嫌违纪违法的执法人员和执法活动的。这样就始终使得在监督的基础和网络中办案，在办案的过程中基于和反馈在网格之中。比如地下六合彩案件的诸多线索，全部来自全科网格，来自检察网格上的案件梳理和深度挖掘、持续监督、跟踪监督，破解案中案，防止侦查机关就案件办案件，将办案和监督真正统一起来，既是立足办案、狠抓办案，又是立足监督、过程监督。

最后，检察网格化实现了检察监督向着全覆盖、全程化的转变。长期以来，检察机关囿于若干主要的围绕诉讼过程的刑事立案、刑事侦查、刑事审判监督、刑事执行的监督，并未全面充分地体现检察监督的宪法定位、宪法角色以及宪法要求，检察监督尚未充分发挥国家法律监督体系中的应有地位。随着包括检察体制改革在内的司法体制改革及其配套改革的不断深化，这必须有所调整和完善，必须聚焦在法治监督体系的全面强化和检察监督作为“法律监督”特有的本质属性来确立和回归主责主业。这就是检察转型发展的内在理据。检察转型绝非仅仅是转隶所带来的职能职权职责的结构性、组织性调整。检察监督的全覆盖和全程化成为其步入新时代扶正固本、增强检察监督的在场感和接受度以及最终增强人民群众的司法公平正义和满足民主法治需求的获得感和公信度的首选。“检察网格化”恰逢其时，应运而生，是时代的产物、实践的必然。

检察网格化之中，第一，业务部门、检察室、乡镇街道的检察网格力量充分发挥信息员、情报员的职能，有广度、有深度、有指向地向检察网格反馈监督线索；第二，在监督平台，全科汇集各业务部精干力量，在检察长、检委会的领导和指导下，多角度、多法域、多环节地进行实体法、程序法、证据法的“会诊”，在实体法益、公共利益和救济权利、监督权力的四维共振中评判和运用检察监督的法定职能手段，介入侦查、案件受理、批准逮捕、审查起诉各个环节实现线索实时上报，开展全网流转，扩大了审查范围和视野；第三，业务部根据汇总的信息开展全案审查和法律监督，确保了审查的全面性和彻底性。由此，一点触动、全网响应的检察网格化，有效地破解了检察监督广度与强度之间的矛盾。

二、检察网格化的“枫桥经验”意蕴

（一）“枫桥经验”的人民性、协同性和创造性

“枫桥经验”是依托和发动群众进行基层社会矛盾纠纷调处，进而维护社会稳定的治理经验。从枫桥到高桥，在与时俱进的发展深化中，“枫桥经验”在机制、策略和目标上，既有传承性又有创新性。在目标或效果导向上，“从‘小事不出村、大事不出镇、矛盾不上交’到‘矛盾不上交、平安不出事、服务不缺位’”。在机制上，将群众自治、社会共治发展为自治、法治和德治的“三治融合”。在策略上，多方协同、道德感化、信用约束、志愿调解、网格治理、“互联网＋”等多措并举。在功能上，日渐发展为基层社会治理在现代乡村治理体系乃至城镇、社区治理体系建设中的标本。一般认为，以人民为中心、依托和发动群众是“枫桥经验”的原点；以党的领导为核心，政府主导，市场企业、社会组织和公众参与相结合的“一核四元”的治理主体结构，是“枫桥经验”的基本表现。多元化、社会化和智能化是新时代“枫桥经验”的突出特点。

与此同时，笔者认为，固然“枫桥经验”主要是一种基层社会治理的运行模式，但也需要在多层次上进行解读，尤其应当在其精神、原则的层面提取其具有普遍意义和指导作用的成分，而不仅仅是其治理格局和方法策略。或者可以说，方法策略—体制机制—理念原则依次构成“枫桥经验”的三环同心圆的架构。调解工作室、义务巡逻队、乌镇管家、红枫义警等，是群众路线的外化表现，属于方式策略的层面；而共建共治共享的多主体协作机制、协同治理则是在框架、结构的层面；人民性、协同性和创造性则是“枫桥经验”的底蕴所在。由是观之，富有人民性、协同性和创造性的社会基础的治理模式或样本，汲取借鉴“枫桥经验”的这一价值、理念和原则，哪怕在具体的实现方式和表现形式上各有千秋，也都应属于“枫桥经验”的传承与创新。“枫桥经验”及其在不同历史时段的发展演进本身就是秉持这

一精神内核和基本准则而不断丰富其具体机制的。甚至可以说，“枫桥经验”的演进史就是其价值主轴和目标导向寻求所契合的运作方式、运动形态的历史。

（二）检察网格化对“枫桥经验”的弘扬创新

也正因如此，一方面，不同政法机关在弘扬“枫桥经验”精神的过程中，既有其内在的一致性，又有其因地制宜、因时制宜的创造性或个性；另一方面，不同的职能机关在践行“枫桥经验”的精神之中，既有在基层社会治理系统或体系中的协作性、共同性，又有（也应当有）在其职能定位和职责领域中的差异性、特殊性。因为，毕竟职守所在和法定职责是不同职能机关的特质。那么，检察机关对“枫桥经验”的学习和汲取，也不是要将自己改造成为枫桥镇派出所一样的工作机制和运行模式，而是在有其共性的同时，更多地要为其法定职能适宜的实现而接入“枫桥经验”的可接纳成分。

所以，第一，检察系统对“枫桥经验”的重点运用之一，是在其方法策略上，将“枫桥经验”视为一种创造性地化解矛盾的方法。比如，刑事和解制度实践中，群众参与、调解、协商，在组织形式上，采取检察诉调中心（杭州市拱墅区）、检调委员会（金华市永康市）、公诉部门与基层检察室对接（温州市平阳市）等方式，对轻微刑事案件的赔偿、公诉等吸纳社会支持因素，如基层社区、亲友、律师等进行说和调处。宽缓处理后，基层检察室、检察官联络室、社区检察室与基层群众自治组织等共同制订和实施帮教计划。又如，乐清县人民检察院在环境民事公益诉讼中，促进环境污染的实施者与检察机关达成调解，以及时有效地保护生态环境公共利益。再如，诸暨市人民检察院办案实行“三分两集中”的侦办起诉网络犯罪工作机制，被誉为“互联网＋”背景下的“新枫桥经验”。然而，这些办案的前后延伸的处断与举措，固然在一定程度上体现和反映了在刑事诉讼中检察监督针对违法犯罪的全面社会关系恢复的功能作用，但是否都属于对其法律监督职能实现的强化？是否属于将“枫桥经验”的内在理念与作为法律监督的检察职能之间的有机融合？值得进一步思考。

第二，对“枫桥经验”的运用，需要在全局上促进检察监督全面对接基层社会治理，也需要坚持专业化。所以，“枫桥经验”在检察系统的应用目的，并不在于将检察机关都塑造为基层社会治理中的调解机构，而更应是在检察职能法定范围和法定职权方式基础上的体制机制优化，要以转型发展的检察主业主责是否得到加强作为衡量的尺度和标准，由此才是对宪法确立的国家机关职权关系的遵守与实现，才是对职权法定性与效果充分性之间有机统一的准确追求。既要强调在以社会治理的共同目标——安全、和谐导向下的相互之间的协调配合及其整体性，又要强调不同法律实践活动、不同法律部门履行职责行使职权的专门化、专业化。两者不可或缺，相辅相成。前者是在后者基础上孕育和确立的，后者是前者的源头和依托。检察院的辖区既是地理空间，又是社会空间，更是需要呵护和构建的法律空间，检察机关不能缺位，法律监督要发挥作用，是应有的担当和作为。

检察网格化建立在社会治理网格化之上，体现和服务于检察的主业主责，以“枫桥经验”的理念为指引，在其运营下自觉践行创新：是新时代基层社会治理的协同性、一体化基础上孕育的专门法的监督，寻求切入发挥职能的新型机制；是检察体制改革适应性、能动性、专业性有效增强的重要载体；是“枫桥经验”的人民性、协同性与创造性三大理念在检察机关的自觉运用。检察网格化是检察主业巩固拓展的有效载体，既是巩固，又是拓展，是对检察机关自身的组织结构和工作机制的重塑激活，是“枫桥经验”增进检察实效的实践成果。检察网格化是“枫桥经验”的检察版，不是在其网格化上，而是在通过网格化实现检察监督与人民监督的融合上，在由此促使检察监督的实效与效果上，在探索检察转型改革发展的方向性和启发性上。网格化原本是一个普适性的范畴[①]，不具有特殊的质的规定性，依托其一般性和共同性的“检察网格化”，所实现的转化和转变，是促进实现了检察监督在动力源泉、工作机制（运行机制）、组织体制方面的协同性、系统性的发展，提升了监督主业针对性。检察网格化的景宁探索，是“枫桥经验”融注检察主业的典范样本。

---

① 参见张丽、韩亚栋：《网格化治理：“织网工程”和创新动因》，《求索》2018年第3期，第54–60页。

三、检察网格化的特点、优势与启示

（一）检察网格化中人民监督与检察监督的融合

检察监督与人民监督更加紧密地结合，是贯彻以人民为中心的发展思想的必然要求和职能所需。发挥人民群众监督的覆盖宽、信息多、角度广、全时态、最直观，见之于青萍之末、察之于毫厘之间的独特优势。既要接受人民监督，又要贯通人民监督与检察监督。贯彻党的群众路线，完善接受人民监督的体制机制。人民群众的监督作为第一道防线。人民监督是基础，是人民权力的体现和运用，是最基础、最直接和最具有持久性的监督。对党和国家权力而言，人民权力具有本源性，人民监督权力具有根本性。人民群众的眼睛是雪亮的，人民监督具有天然的正当性、民主性和必要性。将人民监督法治化，是民主与法治有机融合的必然要求，是宪法规定的健全社会主义法治的应有意涵。群众对他们的情况最清楚、最有发言权。让人民群众更多地参与、监督党和国家，有利于保证人民当家作主，保证权力正确行使，防止和纠正损害人民群众利益的行为，确保党始终做到立党为公、执政为民，确保国家的人民主权性质和人民主体地位。群众监督是人民监督的直接表现形式，舆论监督是人民监督的社会情绪与社会心理上的直观反应。

检察监督只有更为有机地与人民监督相融合，才能保持强大功能和旺盛活力。检察监督作为公众监督的延伸予以保护。检察机关要在法律监督主业上提供满足人民群众这些方面需求的丰富的检察产品。这就必须将群众监督与检察监督更加紧密地结合起来，将群众的监督作为更加广泛的法律实施的监督与保障的根本力量，将检察监督作为法律监督体系中的专门力量，使之贯通衔接、转换及时、无缝对接，促进新时代检察事业发展内生动力的增长。人民监督不只是人民的力量、社会的力量，从法治的层面上来看也是人民群众的知情权、表达权、监督权与检察机关的宪法和法律所赋予的法律监督职权、职责在同样的机制当中得以有参与、有主导、有推动、有回应，从而生成合力，使得人民群众监督与检察监督形成相互补充、相互促进。检察网格化在主体互动上，将检察力量下沉，深入畲乡村寨之中、深入工厂企业之中，在内容贯通上，既注重信息收集的及时性、广泛性，又注重对林林总总的一线信息立足“案件化”进行分析和甄别，将孤立的信息联系起来，将同类的信息汇总起来，将涉及同一执法机关和人员的信息排列起来，将覆盖面和办成案统一起来。由此，依靠群众的支持和参与，在新的时代背景下，既是检察监督获得更为深厚的动力、更为广泛的线索，又是对检察业务和检察干警的监督制约，建立健全完备的法治监督体系，以监督合力来推动法治落地，有着重要意义。

（二）检察网格化对检察监督合力与实效的增进

在监督实效与监督合力的发挥上，作为以国家名义的法律监督，检察监督与党内监督、监察监督等各种监督要衔接，也都要和群众监督有效衔接，以期构建起科学严密的监督体系。这需要坚持主体互动、内容贯通、形式对接、机制协调，切实增强监督的可操作性、实效性[①]。在体制机制衔接上，“检察网格化”以网格基础和平台枢纽，实践了信息综合管理平台建设，实现执法办案信息的鲜活源泉、实时传递、分析研判和资源共享，同时，实现了检务公开的改革与深化，不仅将一般公务性质的检察事项进行常规公开，而且发展到对能公开的执法办案信息的实时公开、过程公开和引导性公开，既把法律监督工作真正置于人民群众监督评判之下，取得信任支持；又是对实际办案、法律监督工作在健康开展、依法合规上的精细化、过程化检验。这不仅是社会以及网络舆情的收集、研判、处置机制的健全，而且更为重要的是在法治监督体系的构建中，使之能够促使监督范围得以明确、监督基础更加厚实、监督程序更为健全、监督手段方式更加清晰，在一定意义上积极探索和有效克服某些领域的专门法律监督松软甚至空白，以及破解检察机关自身监督畏难、监督乏力、监督茫然等现象，使得检察监督作为专门法律监督能够耳聪目明、及时反应、线索跟进、监督切实。

检察监督实效的构成有以下三个层面：办案实效、监督实效和社会实效。监督实效是基于检察机关的职能、职权的发挥，在办案实效基础上所产生的扩展性的法律监督效果。监督实效和办案实效紧密联系，但是并不完全同步。办

---

① 参见江琳：《让监督体系发挥最大合力》，《人民日报》2018年1月9日，第17版。

案实效是监督实效的前提，但监督实效取决于办案实效能否转化和扩展为法律监督的主客观作用的发挥。社会实效是指社会公众对检察机关的认知程度，对检察机关发挥监督职能评价中的认可程度，即获得感、认同感。检察监督实效的影响因素有五种：第一，检察监督的职能和职权的法定配置。现实中，检察监督的实权范围并未收缩，而在延展；职权手段有转变和转隶，但也有拓展，比如公益诉讼的检察监督。第二，检察监督体制机制。在检察监督体制机制的法定性和统一性之下，还会有来自其自身能动性的特色化、创新性设置，对此要以改革、发展的眼光看待。原有监督体制机制（部门化、碎片化、消极化）的不适应，需增强其适应能力。第三，检察监督的能力。第四，检察监督的信息。其中有初始信息，也有成案信息，就是从初始信息中筛查、聚焦、锁定以及应用成案信息。第五，检察监督的资源。不只是物化的设备装备，在广义上，还包括检察监督所处的社会政治生态、法治文化、民情风俗等。

就此影响检察监督实效的五个要素而言，在检察监督职能职权的法定前提下，检察网格化能够分别作用于检察监督体制机制的优化、检察监督信息的吸收和丰厚、检察监督能力的提高和资源的社会化，着力点多，促使检察监督实效得到真正的提升。

（三）检察网格化对检察主业履职和转型的探路

为适应国家监查体制改革与《监察法》的实施，检察机关是否应当将检察监督建立在诉权支点上？诉权是否就是法律监督权？[①]法律监督是否就是可以归于“通过诉权的监督”或司法（化的）监督？法律监督的宪法定位（及其宪法解释的匮乏或者说时过境迁）和现实之中以及《人民检察院组织法》修改之中的具体层面的职能、职权与职责的配置、配比之间的落差是有待于弥合的[②]。进入新时代，这种检察转型的宪法依据是明确的、不变的，即人民检察院作为法律监督机关的宪法定位没有改变。甚至不能说“人民检察院

---

① 参见刘哲：《以诉权为核心重构检察权迫在眉睫_搜狐社会_搜狐网》，https://www.sohu.com/a/213030810_650721。

② 参见万春：《〈人民检察院组织法〉修改重点问题》，《国家检察官学院学报》2017年第1期，第53-64页。

在职能上发生新转变”，而是这种职能实现的具体职权内容、方式等发生改变。在职权层次上的手段方式、程序机制、对象范围以及组织形式等的一系列实践操作的技术规定性方面，即关于“怎样监督、监督什么、监督如何”这些问题上，将适应监督的体制变革（监察法立法以及检察机关转隶）、刚性强化（从严治党）、党政分工、全面覆盖的全局变化，获得新的法律上的规定和确认①。尽管目前集中表现在食品药品安全、生态环境保护等的若干主要“试水”领域，并因此牵引而促使人民检察院整合检察机关内部的组织机构、机关人员等的能动资源要素，实现检察机关的内外兼修的重塑。在检察职能的宪法确认前提下，根植检察实践在实现法律监督过程中的针对性、特殊性、协调性（与其他监督机关、与其他国家机关）和法定性，优化检察职权的科学配置在其机构设置上需要调适②，以切实服务于办案并最终服务于监督的强化。

在检察网格化的运行机制不断健全的基础上，牵引和回溯到深入推进司法改革、检察机关内设机构调整上来，促使作为监督机制关键组成部分的办案机制更加科学合理，促进内设机构的设置与工作协同更加密切高效，按照这样的一体贯通思路进行疏浚和归整。景宁检察院以网格化实现全域化，以平台化实现案件化，在监督平台凸显监督，造就了信息化成案、办案促监督、效果双向化中“化”的中介、桥梁。检察网格化是检察监督主责主业突破最后一公里直抵群众实践之中的组织载体和科学机制。与检察网格化一样，全国首家公益保护和诉讼活动监督举报中心的设立，异曲同工，都是在深入培植检察监督在人民群众监督中的信息收集能力、敏锐反应能力、精准研判能力以及监督纠举能力。当然与此同时，必须厘清检察监督的范围和边界，厘清检察监督职能与其他监督职能之间的关系，厘清检察监督的内容和程序，并注意突出监督的重点应还是聚焦公权力。

---

① 参见朱福惠：《论检察机关对监察机关职务犯罪调查的制约》，《法学评论》2018年第3期，第13–21页。

② 参见龙宗智：《检察机关内部机构及功能设置研究》，《法学家》2018年第1期，第141–151页。

行政公益诉讼检察调查权性质的多维考察*

——本体论的视角

石东坡，仝欣笛**

摘　要：检察机关提起行政公益诉讼，以其对行政主体违法、侵害国家和社会公共利益之法益、未履行检察建议之督促的调查核实为前提。调查权力系检察机关的必要权能。然而，之前相关研究就调查权的法理依据、权力性质等未在检察监督权的视域中进行科学解析，并因此阻碍着其法律规制的健全。调查权是检察机关实现法律监督职能的权力结构中的组成部分，具有监督性、独立性、适度性、构成性，既支撑、支持检察机关的行政公诉权，又具有自身的独立意义与基础地位。调查权力的权能手段配置应当遵循比例原则、平衡原则，具有应有的刚性和强度，并健全与其他调查活动的衔接机制与协调制度。

关键词：行政公益诉讼；检察机关；调查权；法律监督；权力配置

一、问题的提出：调查权是附带的权力吗

作为宪法确认的法律监督机关，人民检察院在实现其法律监督职能的体制机制上的变革，或因应或能动地不断完善和深化。其中的核心指标和关键支点，是其检察权（或曰检察监督权）在宪法规范及其解释中获得的权力性

---

* 国家社科基金专项课题（18VSJ051）

** 石东坡（1970–），中共厦门市委党校法学部教授，博士，研究方向为立法学、公法学、文化法学；仝欣笛，浙江工业大学文化与法制研究中心助理研究员。

质、价值、能力与限度。这可分解为两方面：一方面是检察权在国家权力结构中的质与量的规定性，另一方面是检察权内部的手段方式与规则程序的确定性。前者根据宪法并在宪法层面上予以厘清，决定着后者的合宪性存在；后者在组织法、程序法与诉讼法的层次承接着前者[①]，并恪守前者在理念原则、权力向度和规则边界等方面的基本给定。前者的总括性、原则性与后者的明确性、操作性相辅相成。在宪法修正案、监察法对国家监察体制重大改革与发展的确认和创设，实现监察权力的全新塑造的同时，必然对包括检察权在内的其他国家权力带来影响[②]。与之相适应，检察权以法律监督为归依和导引，立足司法实践，在民事、行政公诉权上的受权、试点和确立，维护和保障法律实施的统一性、有序性、目的性，强化法律主体履行法定职责的规范性、合法性、普遍性，成为其内部结构、含量与运行的生长点与新动能，并将进一步促使检察机关在其系统性、有机性和逻辑性上探索、规划、确认各种具体检察监督的权力及其结构关系。

行政公诉权[③]，即检察机关依法提起行政公益诉讼开启诉讼审判的方式和流程，请求人民法院审理裁判被告行政机关是否依法履行法定职责，是否构成对国家和社会公共利益的法益侵害，从而实现对国家行政权力的监督及法治行政秩序的维护的权力。这种权力并非对法院行政审判的法律监督，在根本上，是侧重或聚焦在被告行政机关依法行政与否之上。历经授权实验之后，行政诉讼法明定检察机关提起行政公益诉讼制度，但也仅有一个条文。这是

① 对此有学者指出，在人民检察院的宪法职能实现所需法律结构与位阶层次上，可以拟定《人民检察院法律监督法》对其实现方式和职权体系作出规定。参见汤维建：《检察监督立法的外部关系与内部关系》，《人民检察》2011年第9期，第46–47页。

② 朱孝清：《国家监察体制改革后检察制度的巩固与发展》，《法学研究》2018年第4期，第5–21页。就检察机关行政公诉的属性、类型与法制发展，有学者认为应在受案范围、审理规则、立案程序、审理程序、期限、判决类型等方面突出其客观诉讼特征，建构其法律规则。参见刘艺：《构建行政公益诉讼的客观诉讼机制》，《法学研究》2018年第3期，第41–52页。

③ 将其总称行政检察监督之中并非不可。不过，为与行政诉讼的诉讼监督意义上的检察监督相区别，我们认为可以将其纳入为刑事、民事、行政公诉之序列，由此将《行政诉讼法》第25条之规定表述为人民检察院的行政公诉权，是切合的。以此和《行政诉讼法》第11条、第93条、第101条规定以及《人民检察院行政诉讼监督规则》细化的“人民检察院对行政案件受理、审理、裁判、执行的监督”予以区分。

以行政公益诉讼制度在检察权与行政权之间构设的具有宪法解释功能和宪法实施意义的基本法律规范和权力监督关系。2018年3月,《最高人民法院、最高人民检察院关于检察公益诉讼案件适用法律若干问题的解释》[①]（以下简称“检察公益诉讼解释”）发布。2018年10月,《人民检察院组织法》进行了修改，至此，其中，第二十条第四项人民检察院依照法律规定提起公益诉讼，即以组织法律规范的形式对行政公诉权在检察权自身的序列和组成中予以了“入编”。这在组织法上意味着，尽管可能在特定的行政案件类型和范围上是被限定的，但是检察权作为一种检察监督权力具有普遍性、稳定性。

行政公益诉讼中的检察权，以行政公诉权为主要表现形式，但不限于此。《人民检察院组织法》第二十一条对人民检察院行使本法第二十条规定的法律监督职权可以进行调查核实的规定，结合上述“检察公益诉讼解释”，对行政公诉权关联的调查权进行了确认。那么，行政公益诉讼中检察机关的调查权在实践中存在怎样的问题？检察机关作为公益诉讼原告，调查权是一般意义的诉讼当事人的调查取证权利吗？是否因为享有和行使调查权而破坏或违背原被告诉讼主体平等原则？进言之，还是检察机关此前职务犯罪侦查权的转换形态？如果不是，那么行政公益诉讼中的调查权与刑事诉讼中的侦查权、行政执法中的调查权之间有着怎样的共性与差异？应当如何构建清晰、可行、有效的行政公益诉讼中检察机关调查权力的运行机制与法律规则？已有的研究成果存有诸多歧见。有学者主张其仅作为行政公诉权的诉前权利，有学者则认可将调查权定位为检察机关的法律监督权之一[②]，有学者主张加强检察调查权的刚性，辅之以“必要措施”，但也有学界及实务部门论者对此持不同观点，认为行政公益诉讼的调查权具有非刚性[③]。对于严格界定调查权的方式、程序，并无争议，皆认为上述“检察公益诉讼解释”规定仍然较为模糊，影响检察机关调查核实的开展以及提起行政公益诉讼的成立，

---

① 此司法解释已于2020年修正。——编者注

② 刘卉:《调查权如何把握好“度”？议环境检察公益诉讼的实践难点》，正义网，http://news.jcrb.com/jxsw/201812/t20181206_1937991.html，访问日期2018年8月6日。

③ 刘学斌、张鑫:《公益诉讼调查核实权理论与实践探析》，正义网，http://www.jcrb.com/xztpd/ZT2018/201808/hbjm/ww_49056/201808/t20180817_1897524.html，访问日期2018年8月17日。

但是对如何加强调查权的规制尚无成熟方案和规范设计。

以上可知，由于对调查权的权力配置缺乏本源阐释、目的分析、适宜性考量以及有效性评估，因此该权力尚处于一种笼统、含混的制度性权力状态，实践中存在着或夸大或保守等运用情形。固然这是一个实践、实务问题，但对一个事物如果不探求其内在的本质，进行结构—功能、本体—价值的剖析，将难以在其外在形态和运动状态以及制度规则上进行真正科学的描述和有效的调整。由此，本文拟以调查权的基本性质为切入，通过比较分析诸种调查权的异同，力求更为全面和深入地揭示行政公益诉讼诉前调查核实活动的权力属性与功能作用，在检察机关的权力及其子权力的不同层面与坐标中标识调查权力的定位，在丰富发展检察机关法律监督职能学理和权力法理之际，为呈现调查权实际运用中的症结与根源，作出相应的理论探讨。

二、行政公益诉讼检察调查权的思维进路

（一）调查权的认知视角

一般而言，调查是通过一定的方法、技术和手段取得对某种事实的了解、确证和判断。调查权是依法行使、受到法律保护开展调查取证的某种权利或权力。有学者指出，公益诉讼中检察机关的调查核实权，是指检察机关在办理公益诉讼案件中，基于履行法律监督职责的需要，为了查明案件事实、核实相关情况，向案件当事人或者案外人进行证据调查和案情核实的权力。[①]不过，这一表述值得商榷，将其表述为“调查核实权”，相对“调查权”，有一定的相对被动启动的意味。这固然反映出检察权在法律监督上的谦抑，但某种意义上也说明检察权是消极的。就行政公益诉讼而言，调查的指向是行政主体的违法行政，其案件当事人系行政机关或法律法规授权的组织，而非一般意义的公民个人，其中的公务员系该行政行为主体。行政公益

① 上海市嘉定区人民检察院课题组：《检察公益诉讼调查核实机制研究》，载黄河主编：《深化依法治国实践背景下的检察权运行——第十四届国家高级检察官论坛论文集》，中国检察出版社2018年版，第470页。

诉讼中检察机关诉前开展的调查核实，是对涉嫌行政违法，不论是作为方式还是不作为方式，致使国家和社会公共利益受到侵害的状况进行的调查，包括对公民法人或其他组织进行的投诉举报线索的核实，但不应是全部在受理举报之后的应对，而应是既有被动调查，又有主动调查。

对公益诉讼、行政公益诉讼，在其内涵与外延上的理解不同也反映在调查核实上。如有学者强调公益诉讼的“诉”的内容[①]，另有学者对行政公益诉讼将检察建议与行政公诉均列为其内容，主张行政公益诉讼是指检察院认为行政主体行使职权的行为违法，侵害了公共利益或有侵害之虞时，为维护公共利益向行政机关提出检察建议，督促其依法履行职责，行政机关不依法履行职责，人民检察院依法向人民法院提起诉讼的制度[②]。将其称为“调查核实权”还是“诉前调查权”更为合适？这就关涉到调查核实权的识别角度。如果将调查核实与检察建议、行政公诉进行纵向、程式的认识，则其作为诉前手段的基础性、辅助性就被凸显出来。反之还是监督机制、检察建议和行政公诉的区分抑或承继关系？如是则既有在推进上的顺序关系，又有在职能上的各自担当。

“检察公益诉讼解释”规定的调查核实是否为检察机关实施法律监督的行动方式，换言之，调查权是否具有检察监督的性质和功能，尤其是相对独立的功能？根据这些规定，是否可以将调查权定位为检察机关的法律监督权之一而并非仅仅视为行政公诉权之下的附属权力（利）？对调查权，是诉讼权利还是监督权力，这是认识起点上的重要分野：其一，将提起行政公益诉讼作为检察监督的权力、方式，则调查核实—检察建议—行政公诉是统合在一起的；其二，将行政公诉—检察建议并列，作为检察机关确定性、拘束性、结论性的监督权力、方式，则调查核实仅仅为其中的行为环节或前期阶段；其三，按照梯度式的互补却相互独立的权力存在方式，则调查核实、检察建议和行政公诉是既有逐步递进的法律强制与对抗、辩驳的关系，又有高

① 参见韩志红、阮大强：《新型诉讼——经济公益诉讼的理论与实践》，法律出版社1999年版，第27页。

② 参见李湘刚：《和谐社会语境下中国行政公益诉讼制度构建》，《东南学术》2011年第6期，第143-152页。

低衔接的法律权力在灵活、严厉间的转换。

（二）调查权的认知环节

首先，有学者认为，我国的行政公益诉讼中的检察机关，仅为检察官在诉讼进程中角色的“当事人化”。这会使其“诉讼监督地位受到一定的削弱”①？我们认为此论欠妥。这是两个不同的方面。前者是提起行政公益诉讼而对被告即行政权及其职权行为的监督，后者诉讼过程中对审判活动而不是“诉讼”活动进行监督，才是检察机关诉讼监督的本意与鹄的，这是对诉讼审判活动过程中的审判权及裁判主体的参与式、感知型的监督。这种诉讼监督的职能、职权和职责与假以诉讼审判的方式对行政权的发动式、求责型②的监督是检察机关的两种法律监督。“检察机关提起行政公益诉讼及其诉前程序，所监督的对象已不是审判权而是行政权。”③行政公益诉讼的调查权归属于检察机关的检察监督权这一“权力束”或“权力群”之中（尽管其权力阶梯上的序位有待后续论证），即检察机关享有依照法定程序和规定，对行政公益案件相关信息和证据收集取证的权力，不能以后续可能的诉讼权利来“套用”和反推到前期的调查活动之上，判断其性质、来源及依据。如有学者所主张的，“作为原告的检察机关应当与被告享有同样的诉讼权利和地位，故应赋予检察机关调查核实权”④。那就使之“矮化”，即丧失其特质了。而主张调查权是检察机关提起行政公益诉讼的“公诉权所派生出来的应有的权力”⑤，在逻辑上亦

---

① 参见陈瑞华：《论检察机关的法律职能》，《政法论坛》2018年第1期，第3-17页。

② 我们认为，起诉权，作为对权利救济或法益保障的请求权，在法律评价角度，即对对方行为的非法性、当罚性的认定提出请求。在刑事诉讼中，刑事公诉权在刑事责任追究的环节，表现为求刑权、量刑建议权及其科刑监督权。由此在行政公益诉讼中，行政公诉权包括对违法行政的求责权的主张、建议与监督。

③ 参见朱孝清：《国家监察体制改革后检察制度的巩固与发展》，《法学研究》2018年第4期，第3-19页。

④ 上海市嘉定区人民检察院课题组：《检察公益诉讼调查核实机制研究》，载黄河主编《深化依法治国实践背景下的检察权运行——第十四届国家高级检察官论坛论文集》，中国检察出版社2018年版，第470页。

⑤ 参见陈卫东：《职务犯罪监察调查程序若干问题研究》，《政治与法律》2018年第1期，第19-27页。

然如上、如出一辙，仍未能跳出诉讼之学理、结构的认识束缚。

其次，检察机关提起行政公益诉讼的全过程，不适用基于私权救济、行政诉权监督的一般行政诉讼立案登记制。诉前程序可能的情形有：立案—调查—（审查终结并）结案；立案—调查—检察建议；立案—调查—支持、督促起诉；立案—调查—涉刑，转为监委调查或刑事侦查；立案—调查—检察建议（期限届满）—提起行政公益诉讼。诉前只是在公益诉讼的提起必要条件和前置程序的角度成立，而实际上是独立的检察监督权的活动过程。直白地判断，即在检察建议“无效”（未得到落实）的情形下，才转入提起行政公益诉讼的。因此，不能就此断言“诉前程序”不具有独立性。亦有学者提出“诉前程序是检察机关履行法律监督职能的一种非诉监督形式。”这是对其诉前程序存在的意义和价值的根本揭示。但从缺乏强制性的检察建议推断诉前程序的非强制性，则是不恰当的[①]。进言之，甚至称之为诉前程序是否恰当？在其以公益诉讼的提起为后续监督方式的角度强调前后程序之间的衔接和贯通，似乎称之为“诉前”程序未尝不可，但是，如果在通过提出检察建议、进行督促履行法定职责等实现检察监督，因此不一定就必然转入诉讼的角度分析，则不成立为“诉前”程序，而是具有其独立性的检察监督活动方式。此前之所以作为诉前程序，由于是2016年2月最高人民法院发布《人民法院审理人民检察院提起公益诉讼案件试点工作实施办法》，将检察机关履行诉前程序的证明材料列为人民法院审查起诉的必备材料。检察机关在提起环境公益诉讼前，须先行督促或建议法定机关和有关组织提起公益诉讼。向行政机关予以检察建议书的监督、督促，是检察行政公益诉讼启动的程序前置和必要条件，因此，作为前置或诉前程序。

而有学者主张“诉前程序性质上属于诉讼要件，法院有责任对检察机关履行诉前程序的证据材料进行实质审查，以判断该诉讼要件是否具备”[②]。在一般意义上或者说在民事诉讼法的诉前程序功能作用上是成立的，但对检察

---

① 王颗钧：《行政公益诉讼，法律监督权的新破冰》，新华网，http://news.xinhuanet.com/comments/2016-08/26/c_1119458239.htm，访问日期2016年8月26日。

② 参见肖建国、蔡梦非：《环境公益诉讼诉前程序模式设计与路径选择》，《人民司法应用》2017年第13期，第13-18页。

机关公益诉讼起诉前的程序而言则是不适用的，不能因为程序的衔接性而抹杀调查—建议程序非从属的性质和地位。但诉前程序和前置程序又有区别。精细比较可知，前者是以诉讼的提起为必然指向的辅助型活动环节，而前置程序，如行政复议在一些行政争议解决中，依法作为行政诉讼的前置程序，则不以提起和开展行政诉讼为必然结果，也不以对行政诉讼审判活动的附属为其性质。有学者指出：“彰显诉前程序与诉讼程序同样重要的独立性价值”[①]。亦有学者指出，行政公益诉讼诉前程序实际上是一个连接检察机关与行政机关、融合外部监督与自我纠错的复合型模式，应完善“诉前程序+提起诉讼”的检察机关提起行政公益诉讼双轨模式[②]。而我们认为尽管有着相互的独立性，但还不构成所谓“双规”。可见学界对于诉前程序之误读，对诉前程序的独立性的无视，以及对诉前程序和前置程序的混淆，是主要诱因。准确而言，我们主张表述为“调查—建议程序”。与之相适应，或者说作为其效力结果、约束结论的检察建议将难以成为理想的具有令状形态与作用的检察监督“权”的应有载体。对此，笔者主张其实毫不为过，有实践部门的专家将其称之为“以诉前程序的检察建议为主要方式”开展的行政执法活动的法律监督[③]。

当然，我们可以追问：是否在行政公诉权的权力衍生的思维下认识诉前调查权？这一行政公诉权是否是一般意义的诉权？如其作为一般意义的诉权，受到一般诉权之理论与制度的限定，则相应地，在诉前调查权作为“衍生”或“邻接”之权利，在其权能及强制性上则不超出诉权本身。对此，检察机关行政公益诉讼的提起，有学者指出不是一般的诉权范畴之中的，而是一种国家宪法和法律规定的、立足国家和社会公共利益的委托诉讼权。检察机关是法律授权的公益诉讼人，其提起诉讼是一种履职表现，其履职范围和程序由法律明确规定。而检察官出庭行为是一种职务委托的公法行为，不应以民事授权委托关系来界定，其行使的是诉讼实施权而非基于利害关系的诉

① 参见刘超：《环境行政公益诉讼诉前程序省思》，《法学》2018年第1期，第114-123页。

② 参见沈开举、邢昕：《检察机关提起行政公益诉讼诉前程序实证研究》，《行政法学研究》2017年第5期，第39-51页。

③ 参见王祺国：《论确立整体检察监督观》，《法治研究》2019年第3期，第77-85页。

讼救济权[①]。因此检察机关提起行政公益诉讼不属于、不适用《行政诉讼法》第25条第1款和第3款以及《最高人民法院关于人民法院登记立案若干问题的规定》等司法解释规定。[②]而这一监督权的实现在程序上，实际有着悬而待备的特点。在民事公益诉讼的提起上，“经公告后有符合条件的社会组织提起民事公益诉讼的，检察机关诉讼地位应当依法变更为支持起诉人”[③]。有学者指出，“诉前程序督促行政机关履职”的“积极作用”，这其实是诉前程序存在的意义所在，也在一定程度上表明该程序的独立性。

最后，调查核实权，是属于检察机关的法律监督权中的一般权力，不论在民事公益诉讼的提起前还是在检察建议的提起前还是在行政公益诉讼的提起前，均可自主行使的权力；还是“行政监督”[④]权力的组成部分？是检察机关行政公益诉讼诉前的监督权力，还是其诉讼权利（力）的组成部分？是一种独立的监督权力，还是依附性的监督性质但却是主要表现为取证权利的起诉权的组成部分？

应当在检察机关法律监督的“宪法职能—法定权力—监督途径—行为方式”的依次展开的逻辑理路之上，分别于宪法（国家组织法）—组织法（机关、编制、体制）—行为法即相对于组织法作为授权法、构造法而在动态机制层面上的权力内容及其程序之法——对检察机关而言，即有学者主张的“法律监督法”，进而结合诉讼与非诉讼程序法、证据法、强制执行法等之中的相关程序、责任法律规范的法律表达之上，标识其性质、功能、内容和

---

① 对于诉讼实施权，本文未进行辨析，而只是强调其作为一种以诉讼的结构和方式实现一定的法益保护的权力，与诉权尤其是与传统的私益救济意义的诉权的关键区别在于不以诉讼提起主体作为该法益的享有者或民事权利上的所有权人，诉讼实施权的根据在于法定性，而非直接导源于法益、权利受损之后的获得司法救济的请求权利。有关诉讼实施权及其与诉权之关系研究，可见肖建国、黄忠顺：《诉讼实施权理论的基础性建构》，《比较法研究》2011年第1期，第83-94页，等。

② 参见刘艺：《检察公益诉讼的司法实践与理论探索》，《政法论坛》2015年第6期，第3-18页。

③ 江必新：《中国环境公益诉讼的实践发展及制度完善》，《法律适用》2019年第1期，第7-14页。这是其诉讼实施权的顺位问题。

④ 有学者将检察机关的“监督职能”划分为“行政监督”和“诉讼监督”，在对象上，将对行政机关及其国家工作人员进行监督，简称为“行政监督”。这种观点及表述，忽视了在公法学、行政学中已有的范畴界定和学理通识，容易诱发理解分歧，无助于知识生产传播和检察理论构筑，有欠妥帖。参见陈瑞华：《论检察机关的法律职能》，《政法论坛》2018年第1期，第11页。

形式，获得其正当性、特殊的质的规定性以及法上的明确性肯定和周严性界定。同时需注意，其间和我国台湾地区的“检察权力”在性质与内容上均不同，我国台湾地区根据其“行政诉讼法”第9条之规定，以法律有特别规定者为限，检察官可以提起公益诉讼。且在我国台湾地区并不区分侦查指挥权、强制处分权等的检察官权力在公益诉讼等权能活动领域中的应用强度和作用范围，“惟其肩负犯罪侦查之职权，一旦赋予行政调查权，检察机关指挥下的警察、调查员等职权亦将同步放宽”①。可见我国台湾地区检察权力呈现广泛性、强势型和一体化的显著特点，而大陆的检察权似乎还在就其权力类型与结构体系方面再出发式的进入到一个新的摸索阶段。

三、行政公益诉讼检察调查权的本体立论

对于调查权，除去在公益诉讼权的视角，重点在调查权和公诉权的关联上来认识之外，更需要在检察监督权力的构成体系中认识。此前我们在认识上并未超出公益诉讼本身的视域，如对检察机关民事公益诉讼中的调查权：“检察机关民事公益诉讼的诉讼请求权即民事公诉权，使之具有民事诉讼当事人的角色和地位，实现了其职能、职权和权利的逐一外化，实现了其公益代表者、法律监督者和诉讼当事人的由内而外的三位一体的角色统一”②“民事公益诉讼中检察机关的调查权根源于检察机关享有和行使的国家公诉权，以及民事公益诉讼中当事人的诉讼权利及其举证责任，是权力与权利的复合根据基础上的复合体，兼具权力型调查与权利型调查的二重属性。其功能在于其行使的独立性、主动性和针对性”③。对此，或许在维系民事诉讼的双方当事人的主体地位不至于过于失衡上是可以坚持的，但是对行政公益诉讼、

① 张玮心：《台湾地区检察官提起公益诉讼实务研究》，载孙谦主编《检察论丛（第21卷）》，法律出版社2016年版，第277-278页、第295页。

② 余凡：《论民事公益诉讼中检察机关的调查权及其规范化》，浙江工业大学硕士学位论文，2014年。

③ 余凡：《论民事公益诉讼中检察机关的调查权及其规范化》，浙江工业大学硕士学位论文，2014年。

对就行政权力依法行为且违反国家和社会公共利益与否，则难以适用，而必须在检察权力对行政权力的监督发展脉络及其实现机制来分析。

关于检察监督权的结构与体系。检察机关是宪法规定的国家的法律监督机关。1954年中华人民共和国第一部宪法确立了检察机关法律监督的职能。2017年9月习近平总书记指出："中国检察机关是国家的法律监督机关，承担惩治和预防犯罪、对诉讼活动进行监督等职责，是保护国家利益和社会公共利益的一支重要力量。"反贪、反渎侦查职权转由监察委员会依照宪法、监察法的赋权予以行使。有鉴于对"法律监督机关"缺乏宪法解释，对检察机关的法律监督职能以及在其项下的检察监督权力，存在着多重观点，就其路径可以分为：理念型、文义型、演进型、比较型和归总型等五种认知方法。第一种是以列宁的有关论述为出发点，强调检察机关法律监督的权威、独立与周全；第二种是在法律监督的语义分析上，力求将法律监督与其他国家职能之间得到在内涵与外延上的澄清和衔接；第三种是由苏维埃时期到新中国的历程中，对检察机关的职能活动进行描述和总结，展现其中的路径及可能的规律，在一定程度上折射出在内生性演进中的路径依赖；第四种尽管将我国的检察制度置于更为宏阔的视野中，但却在对待其中的共同性与差异性、类型化与本土化的问题上尚缺自信的心态与辩证的思维，尽管在一定意义上为检查监督的发展给予多角度的透视和多维度的启发，将检察机关以司法机关而论，以公诉机关的角色作为潜在理想类型进行评价，表现甚重；第五种则是自下而上地在检察机关的监督实践基础上进行组合、拼盘式的梳理。这种认识路径固然有着其客观性，但不可否认，在其中混淆了职权与职能、职权实现的事权领域与行为方式，从而可能在一定程度上限制了对检察监督在国家权力结构及其监督制约机制，在法治监督体系，在增进自身所含各种权能及其实现上的有机性、协同性与权威性上的发展可能，以及这方面的学术想象力和学术能动性。

2014年，"检察监督"的首次明确，在检察职能的宪法依据和法律性质不变的情况下使得"检察机关的国家的法律监督机关"的表述更加简洁有力，凸显其属于一类特殊的国家机关监督。近年来刑事、民事、行政三大诉讼法的重大修改，不仅调整、丰富了检察机关在三大诉讼活动中传统的法律监督职能的内容与方式；而且确立了检察机关提起民事、行政公益诉讼的制度，保留了检察机关对司法人员相关的14个职务犯罪立案侦查的职能。2016年，检察机关提出“刑事检察、职务犯罪侦查和预防、民事检察、行政检察、控告申诉检察”五大检察监督体系的设想①。而目前所谓的“4+1”的板块式“整体检察监督”在认识思维上，仍然是以对象和领域进行的划分。而如果在职权、行为、方式上，则是监督立案（撤案）、纠正违法、抗诉、再审检察建议等“法定监督方式”②。甚至在刑事检察监督中，审查批捕、审查起诉、申诉复查等的具体职权行为方式和权能手段亦具有相对独立性。侦查，在一般意义上“监督”的性质不明显甚至可以说是不具备。但是，在针对国家机关工作人员的公权力行为及其对国家和社会公共利益、职权的人民性质与职责的法定性、廉洁性而言，所开展的侦查活动就具有“监督权力”的功能、性质和效果。这种侦查权力活动，也不能完全降格和混同于一般意义的涉嫌犯罪行为的查证、侦办的职权活动。有学者进一步认为，在新的时代背景和法制环境下，检察机关的“特殊的职务犯罪侦查职能”“有国家监察和法律监督双重属性”③。因此，既要注重在领域的角度，从便于实践工作开展的方面进行划分或归总，也要善于在职能手段、行为方式的角度进行结构性、逻辑性、过程性等的认识和界分。

检察监督，我们认为，更应当按照监督指向划分，可以分为对审判权的监督、对侦查权的监督、对行政权的监督、对社会主体的监督、维护与保障。相对应地，民事、行政、刑事诉讼的检察监督，属于第一类。对侦查权的监督，表现在刑事诉讼的检察监督中；对行政权的监督，不仅有在针对行政诉讼的监督中对行政权力的“间接”即通过对行政审判的监督所实现的表现，而且实践中，还出现在由行政机关、法院、检察院三方共同建立规范性文件审查衔接工作机制中，检察机关对行政机关的规范性文件内容予以审查的监督活动。该审查机制包括意见征询、会商通报、涉诉材料共享、协同配

---

① 参见王祺国:《论确立整体检察监督观》,《法治研究》2019年第3期，第77-85页。

② 参见王祺国:《论确立整体检察监督观》,《法治研究》2019年第3期，第77-85页。

③ 王祺国:《论确立整体检察监督观》,《法治研究》2019年第3期，第84页。对此“双重属性说”，目前似难以认同。

合、数据平台对接等六个方面[①]，检察机关在对行政规范性文件的合法性审查、解释与适用等的过程中运用上述机制管道进行参与。这尽管是工作层面而非法律制度层面的，但却在更加全面深入地发挥检察机关法律监督职能，维护法制统一、加强法律实施和法治监督的协同发展方面有着一定的启发作用，并表明检察机关对行政权的监督不止于检察建议、行政公诉。

历史地分析，形成今天的检察监督格局，在变迁的轨迹上，或许可划分为两大阶段。一直以来，经历着以职务犯罪领域反贪、反渎为工作重心，总体上处于刑事侦查、刑事公诉、刑事执行的一般刑事司法机关与职务犯罪为重心的特别刑事司法机关的叠加样式向着以刑事诉讼（含刑事侦查、刑事审判和刑事执行）、民事诉讼、行政诉讼的诉讼监督和公益诉讼方式的民事、行政违法侵害国家和社会公共利益的监督等领域[②]转变，其共同的特点在于依托、针对和运用诉讼审判的方式，因此，固然可以在不同角度对检察监督权进行特征的解释和多面的描述，但有一点十分明确，即检察监督权作为法律监督权力，是与审判权力相结合的，是以审判权力的终局判断权为保障的。检察监督权在总体上，尽管其中有不起诉的决定权及其中包含的实质上的法律判断权，但毕竟是一种发动监督、实施监督并由审判对监督的提请予以判定的司法化的监督。简言之，其“法律监督”即运用司法的监督。在此可以得出两点判断：第一，刑事公诉和民事、行政的公益诉讼中的起诉，均属于公诉。公诉既有职权性判断的法定性、确定性和强制性，又有寻求和凭借诉讼审判的追诉性请求所具有的纠问性、对抗性、询证性。而这两个方面，慎思之，即是相克相生的关系，尽管后者貌似对前者的否定；前者似乎无需依赖和通过后者，但是，如果在监督和制约之间、监督和问责之间既相互联系、又适度区别地看待，则对法律监督机关的并非强势地赋予“专门”的宪法地位，实际是非常具有在我国政权组织形式上的适宜性的。即，监督而非制约，则对国家行政机关依法行使职权、承担法定职能不构成掣肘；监督而

① 《上海：加强行政规范性文件审查》，《检察日报》2018年1月18日第1版。

② 有学者称之为“四大检察监督体系”，加之“司法人员职务犯罪侦查职能板块”，形成检察监督的“五大体系（领域）”。参见王祺国：《论确立整体检察监督观》，《法治研究》2019年第3期，第79、84页。

非问责，则对国家审判机关的司法决断权给予了最终和最后的决定空间，因此，不侵越和割裂审判权，对涉嫌公权力主体也可以正当程序和司法救济提供比较充分的保障。办案是监督的依托，监督是办案的归宿。脱离办案的监督，即便是必要的，但也并非是检察监督之中的，可能是其他的国家监督中的，甚至是空虚的；脱离监督的办案，即便是胜诉的，但也会是拘泥于一时一事的，甚至是为办案而办案地去消耗的。第二，检察监督，应当在国家权力结构、国家机构整体中识别和标定其“法律监督”的内涵、性质与外延、范围。如此，便既不会通过简单地归总来拼成检察监督的面相，也不会以“法律监督”的一般语义进行猜度和归设。

可知，正本清源地在其历史的传承性与现实的针对性、理论的正当性和制度的容许性、预设的理想性目标和施行的本土型环境之间，方可对检察监督寻求其适宜的权能配置，并在其全局之中予以调查（核实）权力以恰切的位次。

四、行政公益诉讼检察调查权的基本性质

在客观上，调查权为检察机关对行政机关行使职权中的违法行为提出纠正意见、检察建议，提起公益诉讼奠定事实根据的前提[①]。但调查权如前所述，已不能仅附随于检察建议、行政公诉权力之上、之中。有学者主张公益诉讼的调查权特征：非刚性、基础性、阶段性[②]，这一定程度上揭示了调查权的性质与特点，但尚不够全面深刻，亦有偏颇。我们认为，调查权除具有基础性、强制性外，还具有以下特征。

首先，独立性。检察建议和行政公益诉讼的提出需要调查核实收集的证据作为支撑，显而易见，调查权对检察机关提出检察建议和提起行政公益诉讼起到基础性作用。与此同时，调查权本身也应具有相对独立性，并不能完全将其定义为检察机关提出检察建议和提起行政公益诉讼的前提。检察机关

① 参见高翼飞：《检察机关的调查核实权及其实现路径》，《检察日报》2019年3月18日，第3版。

② 刘学斌、张鑫：《公益诉讼调查核实权的理论与实践探析》，正义网，http://www.jcrb.com/xztpd/ZT2018/201808/hbjm/ww_49056/201808/t20180817_1897524.html，访问日期2018年8月17日。

进行调查核实中会发现问题，若在此时与被调查的行政机关进行沟通，督促其履行法律职责，即可纠正违法行政行为，无需再以检察建议或提起行政公益诉讼的方式再履行检察的职责。从该种意义上看，调查权又具有相对独立性，并不仅仅是辅助性依附于检察建议或行政公益诉讼的一项权力。“诉讼前置程序发挥督促执法功效”①，这一作用的发挥，不纯粹依赖诉讼的开启与进展。诉前程序与庭前程序不同，后者是进入诉讼的进程并为庭审中的证据审查聚焦、诉讼效能提高等确立具有约束力的诉讼事项的，具有依照诉讼程序法律规范进入庭审的必然性和必要性，在其存在意义上不具有独立性，除非和解、调解等使之终止。而行政公益诉讼的诉前阶段，包括调查核实公益诉讼立案前的线索——即部分可能的证据材料进行的复查和确证，固然有着以“诉”为导向，但随之可能分流为：不予立案、提出检察建议、提起行政公诉三种情形。因此即便是诉前，也并非不具有其独立性，甚至在检察权对行政权的法律监督的未来权能空间之中②，对行政权的监督途径与方式上，调查、审查等都有可能、也应当进一步独立化设置，尽管有如何将这一方面的检察监督与其他监督途径如政府系统内部层级监督、行政复议等之间衔接和协调的问题。换言之，否定检察建议所依托的调查权及其活动的独立性，是对行政公诉理解上的过度扩张。调查权的权力内容、目标与方式等，不为行政公益诉讼的提起和开展所吸收。同时，调查权也并非单一的权力，而也是一权力束。

其次，监督性。行政公益诉讼检察调查核实权不仅是对信息和证据的收集，本身的实施过程即是监督行政权力的实际运用状况，纠举行政违法、滥权或侵权。调查权有无监督（权）的性质？这一方面是调查核实本身的功能决定的，另一方面也是其所依托的基础权力的功能决定的，其并非孤立存在的。在检察权作为法律监督权的前提和范围之中，调查核实就有别于其他的权力活动，而是在法律监督的目标导向和功能定位之中存在和发挥作用。因

① 参见刘艺：《构建行政公益诉讼的客观诉讼机制》，《法学研究》2018年第3期，第41–52页。

② 参见朱孝清：《国家监察体制改革后检察制度的巩固与发展》，《法学研究》2018年第4期，第3–19页。

此，并非如有学者所论述的[①]，公诉权的普遍性和传统性使之在我国检察机关的职权序列或总和之中不具有监督的属性；其所具有的监督，是对侦查权力主体的监督。审判权有无监督的性质？毫无疑问，行政诉讼即是审判权对行政权的监督，是通过进入或转化为案件的行政争议受到审判权的“司法审查”所予以的监督。《行政诉讼法》第1条在立法目的中就行政诉讼的功能、价值明确规定：“为保证人民法院公正、及时审理行政案件，解决行政争议，保护公民、法人和其他组织的合法权益，监督行政机关依法行使职权，根据宪法，制定本法。”以此作为全部行政审判的诉讼组织法律规范、诉讼程序法律规范和诉讼裁判法律规范的根本引领，并在法律修改中凸显对行政权的监督。即表明，在客观作用与效果上，之所以创设和运行行政诉讼作为行政法的实施和实现机制，就是因为化解行政权力和公民权利之间的法律争议，实质是依法审查被诉行政行为的合法性和合理性，甚至附带审查行政规范性文件，否则难以定分止争。在价值基点和归宿上，即要求审判权对行政案件的证据审查、事实认定与法律适用中的解释和司法方法与技术的运用，坚持以监督行政权力、维护公民权利为导向和尺度。因此，有学者以审判权不具有监督的功用、属性而反过来推导检察机关的权限，包括审查逮捕和提起公诉不具有“法律监督”的性质，是不成立的。

再次，构成性。调查核实，在指向上是进行事实的调查与研判，而这一方面的事实不是笼统的，而是明确是否有着构成行政侵权、行政不作为、行政职权违法滥用或不用进而对国家和社会公共利益造成危害和侵害的事实。所以，调查权在本质上不仅仅是进行事实的了解，而是证据的收集和对证据的固定、检定，作为是否决定做出检察建议或提起行政公益诉讼的依据。在调查核实过程中，是以行政行为是否存在、行政作为抑或不作为是否合法、是否构成对特定行政相对人的侵权，行政相对人是否行使行政诉权、是否达到或满足检察建议监督或公益诉讼监督的提起条件为衡量的标准及其强度的。原本刑事诉讼法的制度背景下，在检察机关职务犯罪侦查起步阶段，往往进行案件初查。有学者由此概括为“初查权”，认为初查权在《刑事诉讼法》中并未规定，是司法

① 参见陈瑞华：《论检察机关的法律职能》，《政法论坛》2018年第1期，第3–17页。

实践的适用创造，起因是职务犯罪等案件比较抽象，需要进一步核实材料，以决定是否立案①。初查，是调查权的一个形象比拟。检察机关的调查核实，不能仅停留在一般的诉的成立要件和诉的胜诉要件上，而应本着谦抑审慎而又积极担当相结合的原则针对行政公益诉讼，厘清其形式、程序要件以及具备“初步证据”或达到基本证明标准的实体、实质要件，既不应过于严苛，也不必过于宽松，而应有的放矢。构成性，在调查取证的目标指向、证据结构和因果关系等方面对调查权如何有效有力亦具有规范、引导的功能。

最后，适度性。第一，要求行政公益诉讼提起前，检察机关要有着对被告行政机关违法且造成国家和社会公共利益损害的证据证明，因此，调查核实作为检察机关查明案件事实的重要审查手段应具有刚性需求。对调查权在权能手段、保障措施的配备上，在恪守与刑事侦查之间的原则界限即不对人身自由予以限制和强制之下，遵循比例原则、正当程序原则以及平衡原则，可以和应当赋予其一定的强制力。第二，被告一如在行政诉讼中一样，负有举证责任，并且受到举证规则、非法证据排除规则等行政诉讼证据制度的限定，这是行政权作为受监督一方的必需，也是依法行政、自当对其行为的依据、方式和效果之合法性富有的说明理由义务，并以此接受检察监督和审理审查的必然承担。否则，当出现调查核实对象不配合亦或妨碍检察机关行使调查核实权时，缺乏拘束力的调查权形同虚设，不利于有力和有效地收集证据，而且导致检察建议和行政公益诉讼亦缺乏立论根据，有碍检察机关法律监督职能的彰显。第三，调查权的容量、适用范围、强制程度决定了调查权的效果，是该主体的能力体现。“借鉴有关行政执法的立法，相应的调查措施应主要包括：要求说明情况，通知谈话，传唤，调取证据，查阅有关会议记录、文件、案卷材料，责令提供相关证据、材料，检查，鉴定等；以及必要的直接采取强制性措施，如查封、扣押、冻结、发出禁止令、责令立即停止侵害公益的行为等”②。

---

① 参见张兆松：《论职务犯罪初查权监督制约机制的完善》，《宁波大学学报（人文科学版）》2011年第5期，第91–97页。

② 参见朱孝清：《国家监察体制改革后检察制度的巩固与发展》，《法学研究》2018年第4期，第3–19页。

环境公益诉讼中虚拟治理成本法律适用的认定*

孙洪坤，胡杉杉**

摘　要：虚拟治理成本法是目前我国确定生态环境污染修复费用的主要方法。通过虚拟治理成本确定的赔偿数额，其本质是对自然资源的估价，是对环境价值的鉴定。由于环境问题的科学不确定性和综合复杂性，准确、不偏不倚地核算生态污染修复费用，是司法公正的重要保障。为此，需要通过案例分析对虚拟治理成本法律的适用问题、"敏感系数"的确定问题进行研究。合理提高虚拟治理成本的赔偿标准，增加环境污染成本，可能迫使许多企业将污染成本内部化，从而对未来的环境污染行为产生强大的威慑作用。

关键词：环境公益诉讼；虚拟治理成本；法律适用

习近平总书记在党的十九大报告中指出："明确全面深化改革总目标是完善和发展中国特色社会主义制度、推进国家治理体系和治理能力现代化""加快生态文明体制改革，建设美丽中国，推动绿色发展"。通过对环境公益诉讼虚拟治理成本法的适用，推进生态文明建设和绿色发展，从而优化环境治理，是推进国家治理体系和治理能力现代化的一个非常重要的组成部分。

---

* 国家社会科学基金项目（17BFX120）。

** 孙洪坤（1975-），男，安徽亳州人，浙江农林大学法政学院教授、博士，研究方向为刑事诉讼法学、证据法、环境法；胡杉杉（1992-），浙江农林大学法政学院。

一、虚拟治理成本的内涵

虚拟治理成本，是指根据现行的污染治理技术和水平，对目前排放到环境中的污染及污染物全部治理所需要的支出[①]，适用于环境污染所致生态环境损害无法通过恢复工程完全恢复、恢复成本远远大于其收益或缺乏生态环境损害恢复评价指标的情形。虚拟治理成本的计算公式[②]为：

虚拟污染治理成本=∑（污染物排放量 × 单位虚拟治理成本）

计算虚拟治理成本，首先要确定该污染物的单位虚拟治理成本，单位虚拟治理成本为污染地前三年单位治理该污染物的平均值。其次以单位虚拟治理成本乘以污染物排放总量，得到该种污染物的虚拟治理成本。最后将多种污染物的虚拟治理成本相加，即为该案的虚拟治理成本。确定最终的污染修复费用，还需要依照环保部《环境污染损害数额计算推荐方法》确定相关倍数。

基于“北大法宝”司法案例数据库，以“环境公益诉讼”为关键词进行筛选，后经人工逐一甄别，排除以下无效或重复判决：（1）由于必要共同诉讼的存在，同一标的不同原告有多份判决书，这些判决书不能重复计算；（2）基于检索平台的系统误差，检索出一些与环境污染无关的侵权案件。截至2017年1月1日，共计有效环境公益诉讼判决书35份。

如图1所示，在这35起环境公益诉讼案件中，有12起采用了虚拟治理成本法计算环境污染损害数额。其中江苏省环境公益诉讼案件数量较多，有8起采用了虚拟治理成本法确定环境污染损害数额，占该省环境公益诉讼案件总数的47%。据此可知，虚拟治理成本法已经占据了环境公益诉讼司法审判的半壁江山。图2表现了近年采用虚拟治理成本法确定损害数额的案件增长情况。由图2可知，近3年越来越多的环境公益诉讼判决采用虚拟治理成

---

① 参见环境保护部：《关于印发〈环境损害鉴定评估推荐方法（第2版）〉的通知》，http://www.zhb.gov.cngkmlhbb/bgt/201411/t20141105，访问日期：2017年10月10日。

② 参见赵越、於方、王金南等：《水污染环境经济核算体系与结果分析》，《环境保护》2007年第9期，第23–25页。

本法确定损害数额，增长速度很快。可见，采用虚拟治理成本法确定损害数额已成为主流方法。虚拟治理成本法在司法审判实践中越来越多地被适用，因此，迫切需要对虚拟治理成本法的合理性进行审慎思考，对其科学性进行仔细推敲。

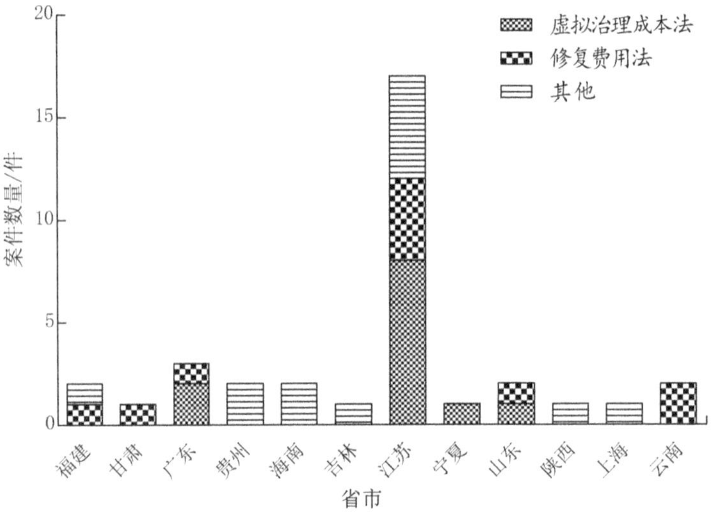

图1 各省市采用不同环境污染损害数额计算方法的案件数量情况

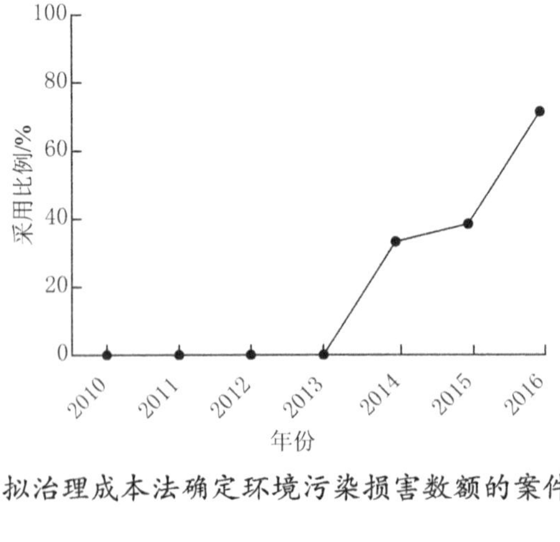

图2 采用虚拟治理成本法确定环境污染损害数额的案件数量增长情况

二、虚拟治理成本法律适用的实践

（一）检察院第28号指导性案例——如何确定虚拟治理成本

在检察院第28号指导性案例“江苏省常州市人民检察院诉许某惠、许某仙民事公益诉讼案”中，围绕生态环境修复实际，采用了“虚拟治理成本法”，确定赔偿费用。这一案件是有关单位无证擅自从事废树脂桶和废油桶清洗业务，将清洗后的废水倒入无防渗漏的露天污水池，以及随意堆放废渣，结果导致周围地下水以及土壤严重污染，造成了严重的环境污染损害后果。江苏省常州市中级人民法院根据由于非法洗桶而对环境造成的污染的虚拟治理费用，判决二被告赔偿对环境造成的损失150万元。而被告人认为，其从未将废水排放至厂区外，不存在排放污染的行为，并且无证据表明周围地下水污染与被告行为存在因果关系。具体来说，被告人认为，按照“虚拟治理成本法”确定的赔偿数额，因前提不成立，所以该计算方法也不成立。最后，常州市中院根据特征污染物一致且周围无其他排放该污染物的企业，认定因果关系成立。该案是检察机关开展公益诉讼试点后，全国首例由检察机关提起的民事公益诉讼案件。该案围绕生态环境修复实际，确定赔偿费用。常州市中院认为，由于被告长期非法排污，对周边生态环境造成了恶劣的影响，无法通过恢复工程完全恢复，其恢复成本远大于收益，并且缺乏环境损害评价指标体系，符合虚拟治理成本法的适用条件。因此，根据实际情况，采用虚拟治理成本法计算修复费用。

最终，常州市中院根据《环境调查技术报告》，认定本案共产生污染废水500吨，一般废水处置费用为600元/吨，洗桶废水虚拟治理成本为30万元。本案涉及水域为Ⅲ类水，根据《环境污染损害数额计算推荐方法》，确定污染修复费用的赔偿区间为虚拟治理成本费用的4.5—6倍。考虑到本案污染者的过错程度、污染物性质、周边环境敏感度等因素，酌情确定本案以虚拟治理成本5倍计算赔偿数额为150万元。

在本案审理中，首先，法官阐述了适用虚拟治理成本法的理由；其次，根据《环境调查技术报告》确定案件污染物范围、种类等；最后，法官采用虚拟治理成本法的计算方法确定赔偿数额。环境修复费用的计算方法主要有虚拟治理成本法和修复费用法。为保证司法裁判的科学性和准确性，首先应明确计算方法的适用条件，以确定合适的计算方法，不能生搬硬套，造成案件结果与事实不相符。常州市中院根据案件实际，准确适用虚拟治理成本法确定生态环境修复费用。因此，本案在虚拟治理成本法的适用条件和费用计算方式上都具有典型指导意义。

值得注意的是，在最高检关于本案指导意义的第四点表述中指出："根据受污染地区的环境功能敏感程度与对应的敏感系数相乘确定修复费用。"最高检明确了敏感系数的确定依据是受污染地区的环境功能敏感程度。这无疑在一定程度上约束了法官在敏感系数的确定上存在的较大的自由裁量权。而根据最高人民法院出台的《关于审理环境民事公益诉讼案件适用法律若干问题的解释》第23条规定："生态环境修复费用难以确定或者确定具体数额所需鉴定费用明显过高的，人民法院可以结合污染环境、破坏生态的范围和程度、生态环境的稀缺性、生态环境恢复的难易程度、防治污染设备的运行成本、被告因侵害行为所获得的利益以及过错程度等因素，并可以参考负有环境保护监督管理职责的部门的意见、专家意见等，予以合理确定。"该规定揭示了虚拟治理成本法中最具争议的问题，即如何合理确定"敏感倍数"。

（二）虚拟治理成本法的十大典型案例分析

在司法实践中，法院依据法律所作的裁判，其目的也是保护环境，维护社会公正。环境问题是那么综合复杂乃至层出不穷，许多环境污染案件中都有令人难以想象的复杂技术问题，这些技术问题往往还无法用目前的科学来解决，厚厚的环境法律中也根本无法穷尽环境问题，因此分析司法判例显得尤其重要，因为那里总会出现法律中尚未规定的问题。案例对于推动法律的进步往往超过现有的知识。

表1分析了十起有关虚拟治理成本法的环境公益诉讼案件。环境公益诉

讼中环境污染虚拟治理成本认定在巨大治理数额的判决书中，对裁判的公正产生了重大影响。随着“1.6亿元天价”治理成本数额的出现，虚拟治理成本法律适用的认定对案件公正裁判有了更为显著的影响。合理的污染修复费用是司法公正的重要组成部分。同时，虚拟治理成本法是污染修复费用确定的依据，因此，如何确定虚拟治理成本，已成为环境公益诉讼案件裁判的关键。在司法实践中，引进专家辅助人可更好地认定环境污染修复治理费用。环保部也制定《环境污染损害数额计算推荐方法》，来量化虚拟治理成本费用的认定。

1.生态修复费用的确定过多依赖专家意见

虚拟治理成本的确定一般依靠司法鉴定。然而，虽有环保部出台的《环境损害鉴定评估推荐方法》，但是不同鉴定中心给出的鉴定结果仍然存在较大差别。环境公益诉讼案件不同于其他案件，它非常依赖司法鉴定。从表1的环境公益诉讼案件的判决书中可以看到，法官在裁判案件时几乎毫不例外地援用环境损害鉴定机构提供的虚拟治理成本数额。这显然是环境污染鉴定评估机构在给予法官额外的法律指导①。

表1　十起有关虚拟治理成本法的环境公益诉讼案件

序号	案件名称	污染种类	计算方式	虚拟治理费用/元
1	江苏省泰州市环保联合会诉泰兴锦汇化工有限公司等水污染民事公益诉讼案（最高院十大环境公益诉讼典型案例）	水污染	根据六家公司副产酸的虚拟治理成本、被倾倒的数量36620644元，再乘以Ⅲ类地表水环境功能敏感程度推荐倍数4.5—6倍的下限4.5倍，六家公司合计承担36620644元×4.5=164792898元	164792898

① DONALD A BROWN, “EPA'S resolution of the conflict between cleanup costs and the law in setting cleanup standards under superfund” , *Columbia journal of environmental law*, 15(2)(1990): 251–268.

续表

序号	案件名称	污染种类	计算方式	虚拟治理费用/元
2	中华环保联合会诉山东德州晶华集团振华有限公司大气污染民事公益诉讼案（最高院十大环境公益诉讼典型案例）	大气污染	被告企业在鉴定期间超标向空气排放二氧化硫共计255吨、氮氧化物共计589吨、烟粉尘共计19吨，单位治理成本分别按0.56万元/吨、0.68万元/吨、0.33万元/吨计算，项目处环境功能二类区，生态环境损害数额为虚拟治理成本的3—5倍，因被告区域周围多为居民社区，属于环境保护域内的敏感点，按照环境损害评估推荐方法虚拟治理成本可取3—5倍，可取较高值参数5倍；虚拟治理成本为714万元、2002.6万元、31.35万元，共计2747.95万元	27479500
3	江苏省苏州市姑苏区人民检察院诉徐某龙环境污染犯罪案	水污染	单位虚拟治理成本为3993元/吨。结合废酸所排放水体京杭大运河的环境功能敏感性，环境资源损害以虚拟治理成本的3倍计算。被告人徐某龙单独排放约2042吨危险废物，造成环境资源损害费用24461118元	24461118
4	北京市朝阳区自然之友环境研究所诉泰州市沃爱特化工环境污染案	水污染	虚拟治理成本为64.8万元至113.4万元。以虚拟治理成本64.8万元乘以4.5倍计算环境污染损害赔偿费用为291.6万元	2916000
5	江苏省常州市人民检察院诉被告许某惠环境污染案（检例28号）	水污染	根据《环境调查技术报告》，一般洗桶废水处置费用为600元/吨。产生废水500吨，洗桶废水虚拟治理成本为30万元。考虑到本案污染者的过错程度、污染物性质、周边环境敏感度等因素，酌情确定本案以虚拟治理成本5倍计算赔偿数额为150万元	1500000
6	广东省环境保护基金会与焦某水污染纠纷案	水污染	焦云电镀厂排放废水所造成的环境损害数额区间数额为185068.8—416404.8元。但同时该评估机构亦表明由于环境污染的不可逆性，且无论对受污染生态环境进行修复还是通过人工干预将污染引发的风险降低至可接受水平，其费用均远远超过污染物直接处理的费用	416404.8

续表

序号	案件名称	污染种类	计算方式	虚拟治理费用/元
7	中国生物多样性保护与绿色发展基金会与卜某果等环境污染纠纷案	水污染	“虚拟治理成本法”，计算本案地下水环境受污水污染的生态环境损害数额（即生态环境修复费用）为176800元	176800
8	连云港市赣榆区环境保护协会与王某杰环境污染责任纠纷案	水污染	处理1吨含酸量5%的废水需要0.135吨纯碱，处理90吨含酸废水需要纯碱13.05吨，污染修复费用约为19600元。Ⅲ类河流水质污染修复费用为虚拟治理成本的4.5—6倍，取其5倍为计算依据，污染修复费用为98000元	98000
9	中国生物多样性保护与绿色发展基金会与刘某某环境污染责任纠纷案	水污染	对应的虚拟治理成本倍数取值范围是6—8倍。鉴于刘某某所排污水含多种污染物，其中六价铬含量达204毫克/升，远超国家标准，而重金属六价铬进入环境、生物圈后很难自然降解，其危害具有持久性，故将本案虚拟治理成本倍数确定为8倍	40800
10	苏州市吴江区震泽镇人民政府诉上海沪光汽车运输有限公司环境污染案	水污染	（1）污染物排放量为13.7吨，前三年处理成本平均值为4000元/吨；河道主要为农业用水，属Ⅴ类水域，水域敏感系数取3，则水体污染修复费用为16.44万元（4000元/吨 ×13.7吨 ×3） （2）15000吨甲酚污水处理费用评估计算。15000吨甲酚污水的基本处理费用：15000吨 ×3.4元/吨=5.1万元。甲酚污水的临时处理费用：考虑该甲酚污水处理的临时应急性，并考虑一定的预处理费用补偿及人工材料等因素，其临时性成本倍率取3.5，则其临时性处理费用为：5.1万元/吨 ×3.5吨=17.85万元。厂内临时性设施费用为3.74万元。15000吨甲酚污水的综合处理费用=17.85万元＋3.74万元=21.59万元。该计算费用大于地表水污染修复费用（虚拟治理成本法）的16.44万元。考虑了临时处理15000吨甲酚废水的实际情况，认为虽该费用大于虚拟治理成本法，但仍属于合理的费用范围，据此本院认定，处理进入污水处理厂的甲酚1号废水的费用为215900元	215900

目前政府比过去更加喜好依赖专家，不仅仅是环境问题，还有日益复杂的社会问题。随着环境法律的发展，环境监管机构面临的技术问题变得越来越复杂。为满足新兴法律项目中越来越多技术性的需求，政府雇用越来越多不同类型的环境专家。专家顾问给环保部门指导设定标准确定污染物排放或环境污染的“可接受”水平，从而为保护健康和环境作一些详细的指导。同样在司法领域，法院、检察院对于专家意见也有了更强的依赖趋势。政府需要专家顾问对其政策的制定进行指导，法院需要专家辅助人对其案件的裁量提供意见。随着问题技术复杂性的增加，负责“审理”法律问题的法官必须更多地依赖技术专家来解决环境问题并提出解决方案。环境司法问题转化为技术“事实”问题，甚至可由环境机构的技术专家决定。除了由政府环境监管机构面临的棘手的科学问题之外，法官“审理”有些环境问题的工作，由于环境法律的限制太多抑或限制太少而变得更加困难。例如，法律不仅要求环境监管机构确定关于污染量的科学“事实”，而且还要求他们在法律规定模糊的情况下，确定各种修复措施的成本和其他经济后果。根据这种模式，专家将所有环境问题分解为“客观”技术问题和“主观”决策。可见，现今法院处理的环境污染案件变得日益复杂，越来越多的决策依靠专家辅助人的意见。

2.虚拟治理成本与实际治理成本存在冲突

有关虚拟治理成本法与实际治理成本之间的冲突，例如，在案例10“苏州市吴江区震泽镇人民政府诉上海沪光汽车运输有限公司环境污染案”中有所体现。本案中，按照15000吨甲酚污水处理费用的计算方法计算赔偿额大于地表水污染修复费用（虚拟治理成本法）计算的赔偿额。如何确定最终赔偿额？法院给出的裁判意见是：“考虑了临时处理15000吨甲酚废水的实际情况，认为虽该费用大于虚拟治理成本法，但仍属于合理的费用范围，据此本院认定，处理进入污水处理厂的甲酚1号废水的费用为215900元。”由此可知，虚拟治理成本法确定的修复费用与实际治理成本之间可能存在差异，如本案中虚拟治理成本法确定的修复费用低于实际治理费用，因此，选择虚拟治理成本法计算修复费用时，必须严格依照该法的适用条件，不能生搬硬套。

又如，在“泰州天价案”中，被污染的河流已经通过自我净化达到标准，没有产生实际修复费用。难道因此就无须赔偿了吗？答案显然是否定的。尽管环境有自我净化的能力，但大自然的自我净化能力并不是指把所有污染物都清洁了，而仅是大自然对污染物进行了稀释。就像一滴墨水滴在一杯水里，整杯水都会变成黑色，但如果一滴墨水滴在大海里，大海并不会变黑一样。故此，污染者以自然自我净化为由，拒绝支付虚拟治理费用，于法无据。植物可以将工业生产排放的二氧化碳转变为氧气，根瘤菌可以固氮，殊不知，还有许多的污染物不能自发通过化学反应中和，也不能自发通过生物降解。那些由污染者产生、排放的污染物一直存在于地球某处。量的积累终会导致质的突变，届时恐如亡羊补牢，为时晚也！或许大自然会自我净化，但是污染的速度和数量不能超过环境容量和环境自净能力，否则环境质量就会降级。正是因为实践中出现这样那样的生态环境修复问题，所以在环境公益诉讼中出现了虚拟治理成本的概念。虚拟治理成本是为了惩罚非法排污行为，即便是自然界自我净化已达到标准亦不能免责。

由于环境问题的科学技术性和综合复杂性，虚拟治理成本法确定的赔偿额与实际治理费用之间存在冲突，如何更审慎地确定赔偿额，实现“保护和改善环境，保障公众健康”的修复目标，需要更加清晰的、科学的法律规范。

3.法官在“敏感系数”的确定上存在较大的自由裁量权

在这35起案例中，何种情况出现将取“敏感系数”的最大值，笔者总结的原因有：一是污染区域周围多为居民社区，属于环境保护域内保护的敏感点；二是环境功能敏感性；三是污染者的过错程度；四是环境污染的不可逆性；五是污染物性质、危害具有持久性等因素。根据《最高人民法院关于审理环境民事公益诉讼案件适用法律若干问题的解释》第23条的规定：“……人民法院可以结合污染环境、破坏生态的范围和程度、生态环境的稀缺性、生态环境恢复的难易程度、防止污染设备的运行成本、被告因侵害行为所获得的利益以及过错程度等因素……予以合理确定。”

在实际案例中选择修复措施时，法院如何行使无限制的自由裁量权来确定“敏感系数”？环保部未清晰地设定污染修复费用的确定原则，上述原则性的规定，其实增大了出现同案不同判的可能性。由法官在一定的倍数范围内自由裁量，忽略了污染者对自然资源的破坏，严重损害了公众健康的事实。定量的计算标准无疑是环境污染案件司法公正的重要保障。环境污染案件因其科学未确定性和技术复杂性，也在无形之中扩大了法院的自由裁量权。在最高检关于本案指导意义的第四点表述中提到：“根据受污染地区的环境功能敏感程度与对应的敏感系数相乘确定修复费用。”根据最高人民法院《〈关于案例指导工作的规定〉实施细则》第9条规定，案件与最高人民法院发布的指导性案例相类似的，应当参照相关指导性案例的裁判要点作出裁判。故此，最高人民检察院规定了虚拟治理法中“敏感系数”根据该受污染地区的环境功能敏感性确定，今后有关虚拟治理成本法倍数的确定问题，应该参照最高检出台的此指导案例，以环境功能敏感性确定修复费用。

4.创新巨额修复费用支付的方式

实践中虚拟治理成本法确定的修复费用日渐提升，这有助于震慑环境污染者，有助于保护环境。与此同时，高昂的修复费用，往往会导致企业破产，造成执行困难。这不仅不利于经济发展，也不利于环境保护。创新修复费用的支付方式尤显重要。有关创新巨额修复费用责任承担方式的建议，在最高法出台的典型案例中也有体现。在案例1“江苏省泰州市环保联合会诉泰兴锦汇化工有限公司等水污染民事公益诉讼案”中，法官采用分期履行的方法，避免企业破产分文不得的情况，给企业生机是稳妥可行的方法。也有学者提出异议，认为这是在宽容企业的污染行为，最终将削弱环境犯罪的代价，不利于保护环境，法院在环境审判中可“能动”但不可“任性”[①]。笔者认为，在经济发展与环境保护的双重压力下，采取灵活的责任承担方式是合理的，并且治理污染需要强大的财政支持，否则环保也是空谈。1.6亿元赔偿额只是惩罚手段，最终目标是环境修复效果，因此该案中的责任承担方式是合理且有助于环境保护的。

美国墨西哥湾原油泄漏事件中，每天约有6万桶的石油被排放到墨西哥湾，每桶民事处罚和每日犯罪行为构成巨大的赔偿责任，光是民事处罚就将超过13亿美元，这还不包括重置自然资源等价物的成本和在恢复期间自然资源的

① 参见吕忠梅：《环境司法理性不能止于“天价”赔偿：泰州环境公益诉讼案评析》，《中国法学》2016年第3期，第244–264页。

价值减少的赔偿[①]。最终英国石油公司建立200亿美元的修复基金，并且声明这不是索赔上限。基于美国较成熟的信托基金制度，这种支付方式在美国是可行的。我国也建有环境修复专项基金，但由于缺乏专业团队的运行，该基金形同虚设。目前，环境公益诉讼涉及的生态环境损害赔偿资金管理在法律上处于空白[②]。寻求适应我国实际的支付方式至关重要。最高法出台典型案例认同江苏省高院创新支付方式的案件裁判，有助于探索合法合理的支付方法。

三、虚拟治理成本法律适用的完善

经济与生态环境不协调的根本问题，是人类经济活动对生态环境造成的损害还没有找到恰当的补偿方式[③]。自然资源具有经济价值，我们现在所面临的问题是确定这一价值。然而，目前国家在提供可靠、科学和公平的方法确定受损自然资源的价值方面做得不太理想。正如前文所述，环境修复十分困难，常常是棘手的技术问题。司法裁量时需将更多问题委托给科学专家，法官更多地关注技术专家的“事实”分析。由于技术复杂性，环境污染案件的损害评估可能损害那些受到环境影响的人以及污染者权利。因此，在选择适用虚拟治理成本法时，一定要确保满足适用条件。胡乱套用虚拟治理成本法，势必会出现罚不当罪的裁判。制定定量的计算标准，应包括关于如何达到单个化学品修复标准的具体指导，及时将损害评估基准向前移动，并减少不确定性的范围。

（一）确立科学的基准数据

虚拟治理成本法确定的修复费用其实是对环境价值的评估。该计算方法能否准确体现环境价值是衡量此方法是否可行的标准。更合理地确定修复费用应以环境资源价值为最终考量。虚拟治理成本法中的一个不足是缺乏衡量环境变

---

① JOHN, WYETH, GRIGGS, “Bp gulf of mexico oil spill”, *Energy law journal*, 32(2011): 69–78.

② 参见马勇：《从公益诉讼视角看我国环境损害司法鉴定》，《中国司法鉴定》2016年第1期，第9–17页。

③ 参见李慧凤：《从环境污染问题看价值理论的缺陷》，《商场现代化》2006年第9期，第172–173页。

化的科学的基准数据。敏感系数是一种估值制度，建立准确的生态环境损害评估估值制度首先应该有大量的基准数据。建立完善的环境要素基准数据，不仅有助于裁判更加接近实际，也有助于合理地抑制法官的自由裁量权。

（二）确定多元化的法律惩罚手段

我国环境损害赔偿数额偏低，环境污染犯罪代价低，也是环境污染日益严重的重要原因之一。2010年4月美国墨西哥湾漏油事件中，美国行政处罚法律规定对于Ⅰ类民事处罚，每次违反罚款10000美元，Ⅱ类民事处罚罚款25000美元/天，最高可达125000美元，如果被证明是重大过失或者故意，按每桶3000美元罚款。除此之外，还可以对负责的组织和个人进行刑事处罚，明知或故意犯罪的，对个人罚款可达25万美元，对组织罚款可达100万美元。可见，在美国污染环境的成本是非常巨大的，其不仅包括刑事处罚、民事处罚和行政处罚，还包括赔偿生态环境修复费用等。相比之下目前我国的环境污染惩罚体系还不够完善，司法审判中往往只涉及单一的赔偿处罚。例如，在环境公益诉讼中对生态修复费用进行了处罚，便往往会忽略对被告的行政处罚或刑事处罚等。因而，借鉴美国多元化的法律惩罚手段，以此提高违法成本，有助于震慑污染企业。

（三）建立企业污染成本内部化机制

自然资源损害赔偿的确定可以为保护自然环境提供一个重要且独特有效的工具。广泛使用严格的环境价值评估方法可能促使许多企业将污染成本内部化，从而对未来的环境危害行为产生强大的威慑作用。例如，将环境成本适当地反映在商品和服务的市场价格之中，从而帮助建立企业污染成本内部化机制[①]。效益最大化的经济学理论和全球严峻的环境保护形势均对企业环境成本内部化行为提出了迫切的要求，保护生态环境有赖于企业将政府的环保意愿和政策融入内部化成本中[②]。

---

① 费国超：《国际贸易中环境成本内部化研究》，吉林大学2004年硕士学位论文。

② 参见吉利、苏朦：《企业环境成本内部化动因：合规还是利益？——来自重污染行业上市公司的经验证据》，《会计研究》2016年第11期，第69-96页。

论生态环境检察的专门化、体系化与法治化*

陈真亮**

摘　要：近年来的环境司法实践基本消解了检察机关在环境司法中的“怯场”或“不在场”，以及环境法难以司法化的问题，形成了“专业化法律监督＋恢复性司法实践＋社会化综合治理”的环境司法模式。在生态环境保护领域的“私益诉讼”“公益诉讼”“国益诉讼”这三大诉讼并行格局情况下，仍然存在对环境司法专门化的狭隘化理解、司法能动的随意化和过度化、创新过度等倾向，其深层次原因在于环境公益诉讼中检察机关法律角色与定位的混同、检察权功能及事由的错位。在中国特色生态法治体系构建过程中，亟须加强检察机关环境司法工作的体系化、法治化，践行“经由形式主义的实质法治”的司法形式主义，以更有效地促进不同国家机关共同履行“共同但有区别的”国家环境义务。

关键词：环境司法；专门化；检察公益诉讼；司法理性；国家环境义务

随着我国生态文明体制改革的纵深推进，加上《行政诉讼法》第54条与《民事诉讼法》第55条（2013年1月与2017年7月分别修订）等修订，目前已经形成“私益诉讼”“公益诉讼”“国益诉讼”这三大诉讼并行的格局①。最高检与地方检察院的环境司法系列“组合拳”，以及“两高”相关环境司法解释

---

* 国家社会科学基金项目（17BFX120）；教育部人文社会科学重点研究基地重大项目（16JJD820012）；浙江农林大学“青年英才”人才项目。

** 陈真亮（1983-），男，浙江台州人，浙江农林大学文法学院副教授、博士，研究方向为环境法学。

① 参见肖建国：《利益交错中的环境公益诉讼原理》，《中国人民大学学报》2016年第2期，第14-22页。

的接连出台，加上2019年1月最高检第八检察厅的组建等，基本消解了检察机关在环境司法中的“怯场”或“不在场”问题。但是，综观近年来的环境司法专门体系构建，虽然具有“国家化”的政策考虑与制度安排特性，但也出现了司法能动的随意化和过度化、创新过度等倾向，出现压倒性的胜诉局面，甚至出现“大跃进式”现象。应当注意到，在国家强调要保持加强生态文明建设的“战略定力”的情况下，尤为必要将环境司法议题置于国家治理、社会治理视域，综合考察检察机关在生态环境损害赔偿诉讼中的定位与法律地位问题，剖析其在多元共治的环境司法、国家治理中的功能以及与审判权、行政权之间的复杂关系；有必要继续完善检察环境公益诉讼制度，确保检察权规范运行与环境司法理性的回归，以适应更高更严的生态文明法治要求。

一、环境司法专门化实践及最新发展

（一）环境司法专门化的基本内涵及类型

环境司法专门化，相对于环境司法普通化而言，主要是指环境审判专门化与环境检察专门化，是环境程序法治、司法领域治理体系和治理能力现代化的重要内容。

环境审判专门化是指国家或地方设立专门的审判机关（环境法院），或者现有法院在其内部设立专门的审判机构或组织（环境法庭）对环境案件进行专门审理[①]。2015年全国法院环境资源审判工作会议将环境司法专门化诠释为审判机构、审判机制、审判程序、审判理论和审判团队“五位一体”的专门化[②]。近五年来，环境审判专门化工作在司法机构、机制、规则、理论和团队等方面进展顺利，环境保护司法水平不断提升，在融合地方性与普适性构建方面不断加强[③]。从最高人民法院到基层人民法院初步形成了具有中国特色

---

① 参见王树义：《论生态文明建设与环境司法改革》，《中国法学》2014年第3期，第54–71页。

② 参见吕忠梅：《环境司法专门化：现状调查与制度重构》，法律出版社2017年版，第6–9页。

③ 参见张忠民：《环境司法专门化发展的实证检视：以环境审判机构和环境审判机制为中心》，《中国法学》2016年第6期，第177–196页。

的环境法庭体系，各级法院共设立环境资源审判庭、合议庭和巡回法庭1271个，并形成了环境资源案件的刑事、民事、行政“三合一”模式。

环境检察专门化也称为生态环境资源检察工作的专业化，是指检察机关在环境资源领域检察机构、机制、规则、理论和团队等方面的专门化。尤其是《行政诉讼法》第54条和《民事诉讼法》第55条的修订，说明立法者充分肯定检察行政公益诉讼两年试点实效，也使得检察机关在环境污染刑事案件规范的办理、破坏环境资源犯罪的起诉、公益诉讼的开拓、检察监督能力的提升以及与环境行政的联动等方面，取得了较大的进展与实效。省一级的地方检察机关开展了生态保护公益诉讼专项行动、专项检察监督、检察协作机制构建等工作。

但是，生态环境资源检察业务具有独特性，比如其保护法益的特殊性、保护对象的公益性、损害后果的严重性、修复的艰难性甚至不可逆性，以及检察建议后的难以问责性等。鉴于现实中司法行政事务管理权呈现交织、混同样态，以及环境问题及其治理的专业性、复杂性，最高检近年来积极推进司法改革的去行政化和去地方化，推动并设立生态检察专门机构。相对而言，环境检察专门化是以往环境司法专门化的理论研究与实践中关注不足的领域。

（二）环境司法专门化的最新发展

一是坚守绿色司法理念。近年来，我国司法机构持续聚焦“美丽中国”“健康中国”“法治中国”战略，开展公益诉讼试点、设置环境资源审判庭与生态环境检察室、出台专门司法解释与意见等。到目前为止，最高人民法院发布了100余件司法指导性案例，最高人民检察院发布了40余件司法指导性案例，其中不乏环境与资源保护有关的指导性案例。此外，最高法与最高检推出了一批又一批环境典型案例。2018年全国法院受理的环境资源刑事、民事、行政一审案件累计超过26万件；全年依法审理检察机关和社会组织提起的环境公益诉讼案件1800多件。特别是检察机关及中央环保督察“回头看”，围绕大气污染、水污染、土壤污染和农村环境综合治理等方面的违法犯罪行为开展监督，确保用法治的霹雳手段，为依法打好污染防治攻坚战、深入推进生态文明建设提供了有力司法保障。这些专门审判机构与检察机构的设立，使司法机关充分发挥刑事、民事、行政、公益诉讼以及检察职能作用，极大推动了环境公益诉讼的制度实践。

二是创新绿色司法体制机制。比如法院系统的第三巡回法庭、“三审合一”“审执合一”、司法适度介入机制等，以及检察院系统的“捕、诉、监、防”一体化办案模式、环境检察跨区划协作机制等，共同推动了具有中国特色的绿色司法体制机制之形成。这种新型审判机制可谓现代型诉讼、参与式诉讼，亦可称之为“公权力主导型”的环境司法模式，它与传统意义上的职权主义审判机制有许多不同，突破了以往较为被动的司法谦抑性与诸多弊端。这种具有中国特色的“回应型”环境司法，紧密结合我国生态文明体制改革、司法体制改革、经济体制改革等，探索建立与行政区划适度分离的环境与资源案件管辖制度，促进了环境司法案件在审判与适用上的统一性与权威性。

三是环境司法制度体系得到加强。随着我国环境司法理论研究的深入，我国环境民事公益诉讼、行政公益诉讼、检察公益诉讼、环境刑事犯罪、生态环境损害等司法解释，以及相关指导意见等司法文件不断出台。最高法、最高检以及地方法院、检察院及时总结环境司法实践经验，特别是在制定环境案件审理规则、提炼案件类型、发布指导性案例与典型案例、司法建议与检察建议、修复性司法等方面，共同推进环境司法制度的体系化、精细化发展。特别是最高法和最高检分别发布了若干批次的生态环境保护典型案例和指导性案例，这些案例基于附属的制度性权威，成为具有弱规范拘束力的裁判依据①，对环境司法人员的思维和裁判过程形成了一种事实上的约束力。

近年来，最高法连续发布《中国环境资源审判（2016—2017）》《中国环境资源审判（2017—2018）》（白皮书），以及《中国环境司法发展报告（2015—2017）》《中国环境司法发展报告（2017—2018）》（绿皮书）。在司法体制改革不断深入的当下，全国县级法院、检察院办理公益诉讼案件已全覆盖，环境指导性案例通过“以案释法”的现实作用已越发凸显，司法能动性、司法绿色化客观上满足了政策形成功能、风险预防功能的需要，参与环

① 参见雷磊：《指导性案例法源地位再反思》，《中国法学》2015年第1期，第272-290页。

境风险规制的效果明显。

二、生态环境检察专门化的整体考察与检视

鉴于近年来国内对环境审判的司法专门化较为关注，从法院的审判维度进行了诸多有见地的研究，但相对而言，学界对检察机关在环境司法专门化中的地位、定位、作用等方面的研究较少。换言之，环境司法专门化在“以审判为中心”的司法改革整体性、体系性构建方面，尚未充分地涵盖环境检察专门（业）化。因此，下文拟对此进行整体考察与理论检视。

（一）环境司法专门化中的检察权之行使概况

从立法论与解释论来看，公法上的环境保护国家义务和自然资源国家所有权是环境司法专门化的法规范依据，具体的法源依据为《宪法》《刑事诉讼法》等规定的国家权力及相应的义务。我国《宪法》第131条赋予人民检察院行使检察权，《刑事诉讼法》对此进行了进一步的具体化，要求“人民检察院依照法律规定独立行使检察权，不受行政机关、社会团体和个人的干涉”。检察机关作为国家法律监督机关，在国家治理、社会治理与环境治理等方面发挥着重要作用，因此在生态文明建设方面出现了检察权的绿色化（生态化）、专门化的趋势。2014年，中共中央决定探索建立检察机关提起公益诉讼制度，2015年，全国人大常委会决定授权北京等13个省区市检察机关开展为期两年的提起公益诉讼试点工作。试点期间，检察机关针对行政不作为，被告涉及环保、水利、国土资源、林业、住建等政府部门及各级人民政府，成为环境行政公益诉讼的主力军。目前，我国检察机关实现公益诉讼办案从最高检到县级检察院的“全覆盖”。2018年，全国各级检察院共办理民事公益诉讼4393件、行政公益诉讼108767件，其中涉及生态环境和资源保护案件59312件；办理诉前程序案件53521件，经诉前程序行政机关整改率达到97%。

随着2017年《民事诉讼法》第55条、《行政诉讼法》第25条第4款的修改，以及2017年最高人民检察院与国土资源部联合印发的《关于加强协作推

进行政公益诉讼促进法治国土建设的意见》、2018年3月《最高人民法院、最高人民检察院关于检察公益诉讼案件适用法律若干问题的解释》，再到2018年年底最高人民检察院组建第八检察厅专门负责公益诉讼检察工作，我国检察公益诉讼实践向纵深发展。总之，我国通过对检察系统的内设机构、监督机制、监督程序、监督理论和监督团队的系统性、整体性、重塑性变革，较好地贯彻了生态检察（绿色检察）的理念。通过检察公益诉讼等新制度新机制的履行，发挥出检察权的绿色化、公共性、公益性、能动性等功能与作用，从而进一步倒逼行政机关与审判机关规范履行“共同但有区别的”国家环境义务[①]，形成公民参与、环境行政与司法机关共治的生态法治合力[②]。

（二）检察机关在环境司法制度空间中的规范审视

1.环境公益诉讼中检察机关法律角色与定位的混同

我国《民事诉讼法》允许由检察机关提起民事公益诉讼的案件类型至少包含环境污染、资源保护和消费者权益保护三大类。立法机关将这三类案件交由检察机关提起民事公益诉讼，将不可避免地引发以下问题[③]：一是放弃高效解决纠纷途径而直接诉诸司法救济，缺乏权利保护必要性；二是混淆了民事法与行政法上的环境义务与法律责任；三是检察机关提起民事公益诉讼不仅有违处分权主义原则，也缺乏为受害者主张赔偿的资格。尤其需要指出的是，检察机关如果率先冲到环境司法前线，径直对民事违法行为人起诉要求其履行公法上的环境义务，那就等于是搁置行政机关的生态环境保护职责，或者是虚化、浪费了行政机关的行政处罚、行政强制措施的优势。换言之，检察机关如果抢先提起民事公益诉讼，容易舍弃检察机关诸如向环保部门提出检察建议等法律上不可放弃的环境规制权力，这实际上打乱甚至是混淆了国家权力之间的界限，并有放任环境行政权不作为、慢作为之嫌。因此，在

---

① 参见陈真亮：《环境保护的国家义务研究》，法律出版社2015年版。

② 参见杜群、梁春艳：《我国环境公益诉讼单一模式及比较视域下的反思》，《法律适用》2016年第1期，第46–54页。

③ 参见林莉红：《论检察机关提起民事公益诉讼的制度空间》，《行政法学研究》2018年第6期，第56–57页。

环境司法实践中，尽管有行政权、司法权、公众参与权三权联动机制，但是检察机关不应代替行政机关履行职责，不能先提起民事公益诉讼而后提起行政公益诉讼，否则将面临缺乏权利保护必要性、放任行政机关不作为、侵犯环境公共利益等负面评价。

此外，通过对检察机关提起的环境行政公益诉讼案例统计分析显示，除了案件地区分布不均衡之外，还存在以下特征①：管辖法院以基层法院为主，监督对象主要是县级环保部门，鲜少出现更高级别的一级政府及政府部门被告；污染类型以水污染为主，大多数为环境污染，鲜少涉及生态破坏；多数案件通过诉前程序解决，纠正了行政不作为、慢作为与行政违法行为；诉讼请求较为单一，主要集中在履行之诉和确认违法之诉；行政机关其履职情况处于变动状态，检察机关诉讼请求内容不明确，变更诉讼请求较为常见；检察院胜诉率高，败诉、进入二审以及环境抽象行为之诉的情况比较罕见，有可能导致检察机关提起诉讼的任情恣性，增加滥诉风险。造成这些现象的核心问题是检察机关在环境公益诉讼中的定位不当，亦与检察机关对办案方式的偏好、胜诉率的追逐、制度衔接的不畅等衍生法律问题相关②。

2. 环境公益诉讼中检察权功能及实效的错位

根据《民事诉讼法》第55条规定，检察机关提起环境民事公益诉讼是基于维护“社会公共利益”。这主要属于主观环境诉讼，但是客观上也起到了检察机关的“兜底”司法保障之功能。而根据《行政诉讼法》第25条规定，检察机关提起环境行政公益诉讼则基于维护“国家利益”与“社会公共利益”的双重目的，属于客观环境诉讼。目前我国已经形成生态环境保护领域的“私益诉讼”“公益诉讼”“国益诉讼”三大诉讼并行的格局。虽然2018年3月起施行的最高人民法院、最高人民检察院联合发布的《关于检察公益诉讼案件适用法律若干问题的解释》规定，在经过诉前程序后“行政机关不依法履行职责的，人民检察院依法向人民法院提起诉讼”。但由于去掉了“损

---

① 胡静、黄黎敏：《检察机关提起的环境行政公益诉讼法律问题研究——基于37份裁判文书的实证分析》，载于文轩主编：《环境资源与能源法评论（第3辑）》，中国政法大学出版社2018年版。

② 参见张忠民：《检察机关试点环境公益诉讼的回溯与反思》，《甘肃政法学院学报》2018年第6期，第28-42页。

害社会公共利益的重大风险”这一举证内容，实际操作中与普通行政诉讼中原告只需证明起诉符合法定条件相比，该规定意味着检察机关需要承担较重的举证责任，也意味着削弱了环境民事公益诉讼中检察机关“阻却违法”的司法功能①。

《检察机关提起公益诉讼改革试点方案》以及《关于检察公益诉讼案件适用法律若干问题的解释》，都明确将督促纠正违法行政行为或者依法履行职责，作为检察机关提起公益诉讼的“诉前程序”，即“人民检察院在履行职责中发现生态环境和资源保护……等领域负有监督管理职责的行政机关违法行使职权或者不作为，致使国家利益或者社会公共利益受到侵害的，应当向行政机关提出检察建议，督促其依法履行职责”。总之，环境公共利益保护的常规进路是多元化的，既有环境私益诉讼及人民法院向行政执法部门发出司法建议途径，也有环境公益诉讼及检察机关和监察部门根据环境诉讼案件而采取相应的检察建议等监督措施。客观而言，目前检察机关作为原告提起环境公益诉讼具有“边做边学”的性质，甚至遭遇地方保护主义的阻碍，可谓起步晚、底子薄，相关的环境司法配套制度也有待进一步完善。

三、生态环境检察的体系化、规范化构建

（一）进一步加强生态环境检察工作的体系化

首先，不能将检察机关环境司法工作等同于或者矮化、狭隘化为环境公益诉讼。广义的环境司法专门化，还应包括环境公安专门化、环境检察专门化和环境律师专门化等②，因此不能将环境司法专门化等同于环境审判工作，而应该在内设司法机构、机制、程序、理论和团队等方面与法院系统的司法生态化、专门化对接。客观而言，我国环境检察工作及其立法整体上落后于

---

① 参见王秀卫：《我国环境民事公益诉讼举证责任分配的反思与重构》，《法律评论》2019年第2期，第169-176页。

② 参见杨朝霞：《环境司法主流化的两大法宝：环境司法专门化和环境资源权利化》，《中国政法大学学报》2016年第1期，第82-95页。

环境审判工作，存在滞后现象。因此，在环境公益诉讼实践中，需要妥善处理检察机关的公益诉权与行政权、审判权和社会监督权之间的复杂关系。特别是在环境案件的受案范围、举证责任、诉前程序、协调结案、行政附带民事公益诉讼、刑事附带民事公益诉讼等方面，仍然有探讨与完善的制度空间。

进言之，需要进一步细化和完善诉前程序与诉讼程序的衔接、公益诉讼与生态损害政府索赔的衔接程序，以及完善检察机关败诉后的问责等相关程序。其中，尤为需要探讨环境行政公益诉讼诉前、诉中、诉后制度机制的立体式建设。此外，学界也比较强调检察院司法行政事务管理权和检察权的相分离[①]，以期通过环境检察专门（业）化的体系化构建，来加强与环境审判专门化的衔接与联动效应。可以通过检察监督和环保执法联合工作机制，建立与环保组织的信息交流机制，加强公民对诉讼过程的参与和监督，建立环境行政/民事公益诉讼间的协调配合与并案审理机制，完善环境行政附带民事公益诉讼审查机制等，来体系化地构建环境司法多元主体之间的常态化协同机制。

自2015年最高人民检察院发布《检察机关提起公益诉讼改革试点方案》并开展为期两年的公益诉讼试点开始，最高人民检察院发布了若干关于加强生态环境司法保护的典型案例，其中多批指导性案例中不乏环境与资源保护领域的案例。随后，各地省检察院也陆续每年发布环境与资源保护有关的典型案例。诸如“1.6亿元天价赔偿案”等具有重大影响、社会关注度高的判决、指导性案例以及典型案例，促进了环境治理价值共识的取得，使得环境司法成为我国国家治理能力与治理体系现代化中的重要一环。当前，需要进一步通过检察权的绿色化[②]与环境检察专门化、常态化，推进环境司法从消极到积极，切实履行环境保护的国家司法义务，为世界环境司法提供“中国检察方案”和中国经验智识。

随着我国第三巡回法庭的建立，有必要探索检察机关跨行政区划管辖，

① 参见孙洪坤：《检察院司法行政事务管理权和检察权相分离研究——基于实证考察的分析》，《东方法学》2018年第2期，第122–129页。

② 参见方印、陶文娟：《生态检察权探究》，《中国矿业大学学报（社会科学版）》2018年第1期，第20–24页。

即推进跨行政区划检察体制改革，建立跨行政区划检察院，从而加强与环境公安、环境法院之间的对接，突破以往检察公益诉讼的体制内阻力和压力，以协同推进环境司法专门化、法治化水平。当然，也需要注意防止环境行政与环境司法之间、环境审判权与环境检察监督权之间为联动而联动的形式化倾向，以及“联而不动、协而不调”[①]等弊病。

（二）进一步加强生态环境检察工作的规范化

首先，应以督促起诉、支持起诉、执行监督等为主，以直接起诉为补充。要充分发挥诉前程序、检察建议的作用。因此，在环境司法专门化的体系化构建中，应坚持环境司法的理性、谦抑与司法形式主义原则，避免行政机关将防污治污、自然资源保护、生态防灾减灾救灾的“皮球”踢向或转嫁到法院抑或检察机关，从而出现先行政公益诉讼后民事公益诉讼的本末倒置之怪现象。所以，在生态环境与资源保护领域，从权力配置及权力之间的制衡来看，尤为需要避免环境检察工作的单枪匹马、异军突起或贸然抢诉，从而造成与环境审批的司法工作的不衔接，甚至造成生态环境、自然资源等行政主管部门怠于履行职责的“行政权缺位”，而检察机关冲在前头的情形。概言之，应基于检察机关的法律监督权的特性及特殊性，进行相适应的制度设计，比如检察机关调查取证权、举证责任分配、对规范性文件的监督与诉讼等方面可以着重予以完善。

其次，检察机关的环境司法工作要避免诉讼“撞车或争诉”。要重在维护国家与社会公益，其承担的是对国家、社会公共利益的“兜底”保障功能。鉴于社会公众在提起环境公益诉讼上的“最终启动者”地位，应防范检察机关过度干涉社会公众的诉权[②]，防止其提前介入环境私益诉讼，从而预防环境公益诉讼检察机关的过早启动起诉而导致诉讼顺位的“竞争无序化”。当然，更不能“选择性”环境诉讼，不能“放大欺小”，不能欺软（民）怕

---

① 参见郭武：《论环境行政与环境司法联动的中国模式》，《法学评论》2017年第2期，第183-196页。

② 参见李艳芳、吴凯杰：《论检察机关在环境公益诉讼中的角色与定位——兼评最高人民检察院〈检察机关提起公益诉讼改革试点方案〉》，《中国人民大学学报》2016年第2期，第2-13页。

硬（官）。在诉讼程序上，检察机关的环境公益诉讼不宜与法律规定的机关或有关组织“抢功”。

但现实中，有不少案件审理结果显示，行政机关在收到检察建议书之日起，还没有到两个月，人民检察院就提起公益诉讼或刑事附带民事诉讼。比如杭州市临安区人民检察院以杭临检公诉刑诉（2018）45号起诉书指控被告人卢某犯滥伐林木罪并提起公诉，同时以杭临检民公诉（2018）1号刑事附带民事公益诉讼起诉书提起附带民事诉讼。该案件的检控做法就没有严格遵守两个月的诉前时间要求。而《最高人民法院、最高人民检察院关于检察公益诉讼案件适用法律若干问题的解释》①第21条规定：“人民检察院在履行职责中发现生态环境和资源保护、食品药品安全、国有财产保护、国有土地使用权出让等领域负有监督管理职责的行政机关违法行使职权或者不作为，致使国家利益或者社会公共利益受到侵害的，应当向行政机关提出检察建议，督促其依法履行职责……”该规定明确了检察建议的诉前程序与检察公益诉讼程序的衔接关系，以及检察公益诉讼程序的前置时间与行政机关的先履责之法律义务。换言之，虽然目前国内的多数环境司法案件是通过提出检察建议的诉前程序来定分止争的，从而有助于消解检察环境公益诉讼中为了“政绩”而运动式起诉、抢诉、诉讼竞合等情况，但是，仍需要预防环境公益诉讼出现立法滞后而司法能动过度、司法躁动②甚至是不成体系的政治作秀等问题。

四、生态环境检察的法治化前瞻

近年来司法生态化与环境司法专门化实践表明，生态环境检察工作的专门化是未来环境问题法治化治理的重要发展趋势，是生态文明建设的重要司法保障，因此有必要进行整体性观察与反思。目前我国已基本形成环境司法专门化体系，检察机关在遏制生态环境保护领域的行政不作为、对生态环境领域民事行政案件的法律监督等方面发挥了积极的功能。此外，我国“政府主导、公众

---

① 该司法解释于2018年3月生效，现已修订。——编者注

② 参见孙洪坤：《环境公益诉讼专门立法研究》，法律出版社2018年版，第71页。

参与、司法保障"的多元共治型环境司法格局也已经基本形成，这是一种"专业化法律监督＋恢复性司法实践＋社会化综合治理"的环境司法模式，将进一步推动我国环境司法的审判工作与检察监督工作的均衡与纵深发展。

客观而言，在生态环境保护在公法、私法规范体系中的比重和地位不断加强的情况下，生态文明建设的"入党章""入法""入宪"在一定程度上满足了环境权甚至环境法难以司法化的功能期待。而环境治理的法治化势必需要"打破部门法的樊篱，构建以宪法为核心、跨部门法协同的法律机制，并探索新的研究范式"①，从而理性地对生态文明法治做出"满足实际需要的阶段性安排"②。因此，还需要加强公检法司等司法机关之间的协同与专业化构建，更大程度上发挥检察机关的环境风险防御功能，遏制生态环境保护领域的行政不作为。新时代，司法文明的生态化回应③需要进行整体性的制度建构，加强检察机关环境司法工作的体系化、法治化，践行"经由形式主义的实质法治"的司法形式主义④，以更有效地促进权力机关、行政机关、司法机关等国家机关共同履行"共同但有区别的"国家环境义务。值得指出的是，需要客观地认识到环境司法专门化在一定程度上并不是环境纠纷解决的唯一场所，也未必是最好的场所⑤。

在全面推进依法治国的背景下，有必要系统推进科学的生态法律体系、严格的生态执法体系、公正的生态司法体系、自觉的生态守法体系四位一体的中国特色生态法治体系建设⑥。党的十九大报告要求"实施健康中国战略，加快生态文明体制改革，建设美丽中国"，这些表述是环境国家观的宪法法

---

① 参见张震：《中国宪法的环境观及其规范表达》，《中国法学》2018年第4期，第12–19页。

② 参见李启家：《环境法领域利益冲突的识别与衡平》，《法学评论》2015年第6期，第134–140页。

③ 参见谢玲、黄锡生：《生态文明与司法文明的辩证关系——兼论司法文明的生态化回应》，《温州大学学报（社会科学版）》2015年第3期，第61–68页。

④ 参见周永坤：《法理学——全球视野（第4版）》，法律出版社2016年版，序言第1–6页。

⑤ 参见李挚萍：《外国环境司法专门化的经验及挑战》，《法学杂志》2012年第11期，第112–119页。

⑥ 参见钭晓东、杜寅：《中国特色生态法治体系建设论纲》，《法制与社会发展》2017年第6期，第21–38页。

律表达与政治蕴含。我国环境法治在从“有法可依”向“良法善治”迈进的过程中，生态文明从“入党章”到“入宪”，标志着生态文明建设形成了政治规范、法律规范、宪法规范三位一体的话语体系，也由此完成了从政治规范到法律规范、宪法规范的逻辑转换。2018年宪法修改在序言部分和国务院职权部分增加了生态文明建设等规定，我国宪法上的环境条款发生了重大变化，形成了新的“环境宪法”规范体系，可以有效解决生态文明“政治正确”的路径依赖，以及“解释乏力”“理论虚置”抑或环境法“难以司法化”的困境以及实践诘难。新时代需要确保检察权规范运行与环境司法理性的回归，以适应更高更严的生态文明法治要求。

后　记

接地气才能有底气。尽管未必确有底气，但通过本次编写的确消除了浮躁之气。近年来，在江浙这片沃土之上，回应实践的提问，就地方立法方面，我们较早地提出、建构和运用制度廉洁性评估、社会脆弱性评估等立法前评估的理论与方法，对设区的市立法权限及其行使条件、地方性法规年度进展中规范创设的实质创新及其合法性进行独立评价，参与有关立法论证、备案审查、清理等。我们主持开展了若干省份有关立法项目的评估、调研、比较与草拟等。在法治政府方面，我们率先开展县级行政权力清单、职责清单的法律依据查明分析。我们参与更新省级行政规范性文件全过程监控以及重大行政决策合法性审查机制，对党政联合发文涉信息公开案件、综合执法改革方案等参与论证，持续开展行政规范性文件合法审查与评估。其间，省市县政府及有关职能部门予以了大力支持，其中在与玉环、义乌、路桥、德清、萧山、东阳、桐庐等地的合作中感受到依法行政、依法治理在其所处的社会生态中扎实推进。在社会治理上，我们学习借鉴广东、江苏等地有益经验，参与设计、论证和确立社会稳定风险评估机制，协同开展社会稳定风险评估标准、规程与队伍建设。深入调研外籍人士聚居社区及其参与社会公共生活的情况，提出跨文化治理和融合发展的制度对策与法律建议。设计并运用新型县域法治评估指标体系，持续开展评估并提出县域法治举措，发现并揭示法治运行机制和法治实现机制之间的联系和区别；对县域智慧治理、韧性社区建设等持续跟踪研究；对城乡公共文化空间、文化遗产保护的法治需求进行调研；对“枫桥经验”原发地和再创地的多个基层社会治理样本进行实地考察、深度访谈、文本检视与效能评价，特别是就治理法治化，立足创设“枫桥经验”检察论坛、“长三角”检察公益诉讼创新联盟等，与景宁、江干等多地检察机关持续合作，对社会治理网格化基础上公众监督与检察监督的衔接协调、公益诉讼适用范围与条件、诉前检察监督权限与方式等进行重点考察。同时，我们持续参加的某省若干年度法治考核评价的设计、实施与总结，省委政法委法治研究重大课题《“六个重点领域”清理规范法治保障》的调查研究，“健全党和国家监督体系研究”等国家社科基金课题的研究，在更为丰厚地感悟法治实践的发展、症结、诱因与破解之基础上，凝聚、言说所生发的些微理论认知。

尽管上述过往可能是浮光掠影的，但却促使“枫桥经验”的研究产生了三个显著变化，一是，法治的理想与现实上，由注目某种法治“蓝本”转而注目从社会治理实践中生长的法治根苗、发掘法治的真实和真正的进展，在治理与法治的矛盾论中抽取法治的实践论与原理论。对治理理念、治理政策、治理机制、治理成效进行实事求是、历史纵深、人民立场的审视，对权利与义务、权利与权力、参与与制约、程序与实体、引导与问责、原则与规则、法制与村规的关系如何载负和展现法治的价值与目标有了更为真切的理解。二是，学术的抽象与具体上，由学科的视角与疆域转而以问题的聚焦与集成。深入剖析某个领域、层级社会治理及其法治化的共性问题、特殊问题，思考社会问题、社会治理与法治运行、法治实现之间的“传导”“通达”关系，坚持经验性与学理性、建构性与批评性的统一，从经验总结到学理反思，从学科话语到学术语境，以治理问题及其实践破解中法治元素的提取及其理论表达为指向，寻求新表述但不是制造新语词，提出创新观点但不是故弄玄虚，既要准确理解既有的学科理论，又要注入时代赋予的科学要素，提出真观点、实观点，接受实践发展的检验和深化，推动法治实践的现象描绘、历史书写提升为学术表达、学理阐发。三是，论证的务虚和务实上，从此前的学说阐释中的文献互验拓展为规则阐释和实证诠解之间的双向互文。笃定深耕，面向真问题、新问题，从典型解剖到类案比较，在更丰富的样本基础上，在域内外的法治实践与法学话语的双重观照上，增进研究的纵深性和科学性，突出研究的服务性与应用性。并非所谓公私合力就前沿高深，并非仅仅某种效力理论就价抵万金，更不是所谓地方法制的进路就是印证“非规划和设计的”。为公众、为人民所认可和接受的实践成果，一定蕴含着治理的意义和规律的“密码”，自应伴随着制度成果与理论成果。实践是转化和激发理论的；理论是依托和回归实践的。归纳上述的历练、演进的切片或片段，不只是个体的，而且是团队的，闻道先后，更是折射出本书所呈现的多学科、多团队的研学实践、治学探索的合奏、交响与共鸣。

本书系受权遴选《浙江工业大学学报（社会科学版）》近年刊文而成的专题文集。该刊以“社会治理”特色专栏为纽带和园地，结缘化缘，孜孜矻矻，浸于甘苦，探求和维系学术性与时代性的对立统一，在以更为开放的胸襟，消化汲取域外优秀文明成果之际，更为坚实地扎根、立足生动的实践，既虚心求教，又理性审视；既肯定其中的创造性和有效性，又剔除可能的形式化、溢美化，在人民性、规律性、适用性上加以辩证地分析，从中得出对于新时代“枫桥经验”价值内涵、构成要素、制度规范等多方面的科学认知和审慎研判。本书就是要通过更为精实的经验总结和更为普遍的理论阐述，揭示制度运行机理及其社会生态，以学术语言和学科原理的新论理、新概括、新表达，将制度优势和治理绩效中的规律因子有效提取和转化为学理上的推陈出新，并据此尝试构建与文明新形态相适用的既有中国气派又有通约魅力的话语、学术和学科形态，而并非讨巧地在既有某种学说前提下移用、套用。当然，这就要求更为规范与谨严，遵从学术研究的逻辑与科学，使得论文成为学科演进、创新与发展中承前启后的一环。论文的引言中在时代与学科的维度简明精准地提出问题，以比较权威的文献梳理问题研究脉络、理路争点等并精准评述。论述中摈弃口号化论断，以客观的事实、科学的方法、新颖的角度和规范的语言符合逻辑地进行推理。结论中予以周延的观点概括并富有启发性。引注中要有展现问题研究基础与过程的代表性参考文献，避免引用未经核实的数据或文献。上述或虽力有不逮，但却心向往之。祈愿通过一系列的努力，使得脚力、眼力、脑力和笔力得以锤炼，使得不仅来自域内外的学科知识资源及其比较，而且来自民众实践的朴素情怀、一线智识、原初规则等资源及其提炼都映入眼帘、融汇脑中，破除所谓的学科迷思及其绵延而来的“隐性天花板”。

值此付梓之际，谨向各位作者、审稿专家，向牛太升、贾宇、朱福惠、王祺国、崔永东、冯卫国、余钊飞、林蔚文等多位专家，向本书副主编金一超、编委薛蓉、王惠芳、周西西等老师，向中国法制出版社及马春芳老师、陈兴老师，向浙江工业大学文化与法制研究中心、中共厦门市委党校法学教研部等对本项目立项予以宝贵支持的各个方面，致以诚挚敬意和由衷谢意。
书作尚有不足之处，恳请各位读者不吝指正。

石东坡

于天竺书房

图书在版编目(CIP)数据

新时代“枫桥经验”及其治理法治化：以检察监督为重心 / 石东坡主编. —北京：中国法制出版社，2021.12

（精弘文丛）

ISBN 978-7-5216-2131-0

Ⅰ. ①新… Ⅱ. ①石… Ⅲ. ①检察机关–监督管理–研究–中国 Ⅳ. ①D926.34

中国版本图书馆CIP数据核字（2021）第176754号

责任编辑：马春芳　　封面设计：周黎明

新时代“枫桥经验”及其治理法治化：以检察监督为重心

XINSHIDAI “FENGQIAO JINGYAN” JI QI ZHILI FAZHIHUA：YI JIANCHA JIANDU WEI ZHONGXIN

主编 / 石东坡

经销 / 新华书店

印刷 / 北京虎彩文化传播有限公司

开本 / 710毫米 × 1000毫米　16开　　印张 / 18.5　字数 / 283千

版次 / 2021年12月第1版　　2021年12月第1次印刷

中国法制出版社出版

书号 ISBN 978-7-5216-2131-0　　定价：69.00元

北京市西城区西便门西里甲16号西便门办公区

邮政编码：100053　　传真：010-63141852

网址：http://www.zgfzs.com　　**编辑部电话：010-63141822**

市场营销部电话：010-63141612　　**印务部电话：010-63141606**

（如有印装质量问题，请与本社印务部联系。）